全 世 界 无 产 者 ， 联 合 起 来 ！

邓小平文集

（一九二五——一九四九年）

中　卷

人民出版社

目　　录

五年来对敌斗争的概略总结与
今后对敌斗争的方针[*]

（一九四三年一月二十六日）

第一部分　五年来对敌斗争的概略总结

我们没有可能对于过去五年多的对敌斗争作出详细的总结，只能就现有材料作出概略的研究。

抗战以来，敌我在华北的斗争大致可分为三个阶段：第一阶段，抗战开始到武汉陷落（一九三八年十月二十五日），这是敌人进攻作战阶段。第二阶段，武汉失守到百团大战[1]（一九四〇年底），这是敌人"治安肃正"[2]阶段，也可说是其"总力战"[3]的实施阶段。第三阶段，一九四一年到现在，这是敌人"治安强化"[4]阶段，也可说是其"总力战"的强化阶段。

三个阶段的敌我斗争，各有其不同特点，兹分述如次：

一、敌人对我们的进攻。

第一阶段，敌人的重点是放在正面进攻，进行徐州、武

　＊　这是邓小平在中共中央太行分局高级干部会议上的报告，发表在中共中央太行分局一九四三年三月十五日出版的《战斗》增刊第十五期。邓小平当时任中共中央太行分局书记、八路军第一二九师政治委员。

汉诸会战[5]。其对华北方针是巩固占领的战略要点和交通线，企图以较小兵力，达到控制华北的目的，其在本战略区周围兵力不过五万人。

此期敌人提出的总口号是"以华制华，以战养战"。其在本区之表现为：在军事上，开始采取"突贯攻击"，继之转变为"分进合击"的战术，进行了三次大的"扫荡"，在"扫荡"中烧杀甚惨。在政治上，着重于恢复"治安"，首先建立治安维持会[6]，招回流亡人民，实施小恩小惠，欺骗人民回家，大肆收编土匪散兵及封建武装，建立皇协军[7]，开始组织爱护村，提出"一人护路万人享福"的口号。在经济上，掌握与没收占领地带之工厂、矿山，实行军事管理，一九三八年春成立伪联合准备银行，大发伪钞，吸收法币[8]，并开始强征壮丁，一九三八年全年出关壮丁五十万以上。

第二阶段，敌占武汉后回师华北，于一九三九年春由华北方面军提出"治安肃正计划"，同时在日本国内颁发"告总力战国民书"，于是开始其"总力战"。

此期敌人强化了巩固与掌握华北的斗争，其在本区之表现为：

在军事上，兵力大增，本区最多时约为八万人。一九三九年冬调走一部，尔后经常保持四万人左右，对根据地进行了十次大"扫荡"和进攻。一九三九年占领了长治、沁州[9]、潞城、辽县[10]等城镇，打通邯长公路[11]，修筑白晋铁路[12]，占领冀南所有城市，其战术指导则为"分区扫荡、分散配置、灵活进剿的牛刀子战术"。一九四〇年的军事特点则为展开大规模的交通战，实施"囚笼政策"[13]，继续修筑白晋铁路，建成德石铁路[14]，兴筑邯济路[15]。在冀南大量修筑公路，密如蛛网，拟将根据地分划为井字、王字、田字诸形状，并开始在铁路、公路线两侧挖掘护路沟。

在政治上，扩张与改进伪政权，强行发展维持会，逐渐改维持会为县公署，利用与收买投降地主及较有声望人士，洗刷初期使用之流氓地痞；提出"与匪团比赛忍耐之斗争""要以五十年至百年掌握民心"等纲领，提出"三分军事七分政治""剿共灭党"的口号，挑拨国共关系，配合反共顽固派向我进攻；加强宣抚工作，扩大特务活动，采用恩威并用、软硬兼施的手段；加强伪军组织，改皇协军为"剿共军"，建立治安军、伪县警备队、警察、保甲自卫团及爱护村民的连坐法等；组织民众团体，掌握封建迷信组织，建立新民少年团、护路队、妇女队等，设立佛教会。在本区，一心堂、长毛道、六离会[16]等曾猖獗一时。

在经济上，封锁根据地物资，隔断我平原与山地物资交流；大量发行伪钞，破坏法币；开发资源，整理煤矿，设立工厂，大量掠夺粮食、棉花，强迫种棉；成立合作社，举办随营商店，日人商店增加很多；大量倾销毒品，设立妓院、赌场，武安、榆太等县受毒尤深。

在文化上，实行"文化提携"，道以上均设报馆，改修县志，改编学校教材，普设日语课，组织留日学生和组织赴日参观。

总之，敌人强调了"军政会民一体"，开始了各方面的"总力战"。

第三阶段，其特点则为：百团大战给予敌人以很大的震荡，使敌人重新考虑了问题，提出了"治安强化运动的方针"，取消了"剿共灭党"的口号，而专致力于"剿共"。所谓"治安强化"，就是"治安肃正"计划的进一步发展，就是"总力战"的进一步实施，也是"三分军事七分政治"更进一步的运用。在一九四一年、一九四二年两年内，敌人实行了五次"治安强化"运动，一次比一次毒辣，特别是在太平洋战争[17]爆发后，敌人更提出了"完成大东亚兵站基地，建立华北参战体制"的方针，所以在一九四二年的第四第五两次"治安强化"运动中，斗争特别尖锐。

前后五次"治安强化"运动可以分成两个阶段来说。

一、二、三次是在一九四一年实施的。第一次口号是"育成强化乡村自卫力"；第二次口号是"乡村自卫力与军警协力以实践剿共"；第三次口号是"强化剿共工作，对敌匪地区实行经济封锁"。其在本区之表现为：

在军事上，较大"扫荡"共有九次，除太岳两次外，每次兵力都不很大，而小的"扫荡"和袭扰则甚为频繁，共有二百五十三次之多。此期的特点则在于敌人更多地着眼于政治进攻。鉴于百团大战的威胁，强调了敌占区的"乡村自卫力"之强化，开始肃清点线内之不稳分子，建立情报网和保甲制度，加强各组织之训练工作，有计划地整训与扩大伪军和警备队，组织与训练"灭共"自卫队、保甲自卫团或"防共"自卫团，身份证改为居住证，扩大太平洋战争胜利的宣传，加强敌占区人民特别是青年的奴化运动。

在经济上，一方面着眼于绝对统制物资，进一步达其封锁根据地的目的，同时进行了严重的货币斗争，打击我们的冀钞[18]；另一方面则是对抗日根据地实行其"三分军事七分政治"的蚕食政策。多采用反复连续奇袭、奔袭的战术，学习并发挥了游击战术，加紧特务工作，在根据地内组织秘密维持会，大肆发展会门[19]、青红帮[20]，策动黎城离卦道暴动[21]和准备沙河柴关暴动[22]，实行自首政策，收买叛徒，派遣大批汉奸深入根据地活动。同时在"扫荡"时，采取"铁环合围阵""驻剿""清剿"的战术，实行"三光"政策[23]，制造无人区，制造失败情绪，一切军事动作，都是配合政治特务进攻，达其逐渐蚕食根据地的目的。

其最严重的为冀南、太行二分区和沿平汉线[24]，公路据点、封锁沟墙大大增加，平汉西侧向根据地发展了第二道封锁线，碉堡平均每八百公尺一个，冀南与太行的交通被割断。这里还应注意的是，一九三九年的较大"扫荡"一般在下半年，主要在冬季。由此可以看出，敌人在敌占区的"治安强化"与对根据地的蚕食和经济封锁，都是为着缩小根据地，割裂根据地，以便于进行大的"扫荡"和企图摧毁根据地的目的。一九四一年的三次"治安强化"运动准备了一九四二年对根据地的大进攻。

四、五两次"治安强化"运动是在一九四二年实施的，中间实行了一个夏防计划。第四次的口号是"东亚解放""剿共自卫""勤俭增产"。第五次的口号是"我们要建设华北完成东亚战争""我们要剿灭共匪""我们要确保农产减低物价""我们要革新生活安定民生"。其在本区之表现为：

在军事上，实行了十次大"扫荡"，每次兵力都比过去为多，"扫荡"时间更长，情况也更为严重。小"扫荡"及袭扰次数更为增加，共有二百六十二次之多。其在战术上的特点则为"铁环合围、捕捉奇袭、纵横扫荡、反转电击、辗转抉剔"等等。结果，冀南根据地变为游击根据地，据点大增，平汉西侧构成第三道封锁线。太行占领榆社，太岳占领沁源并企图打通临屯公路线〔25〕。上半年的蚕食曾引起根据地的严重形势。

在政治上，则继续加强以往的一套，强调了伪军的发展，实际上也有很大发展；强化敌占区的统治，切实实行保甲，编成大编乡〔26〕，在伪组织内部实行"清政"，肃清不稳分子，注意健全下层机构，提倡深入下层；大肆掠夺壮丁，平乡一县即抓去四千人之多，特别提出"阵头主义"，要求各级官员亲立前线，将汉奸列在阵头，以便利统治民众，同时强调"中日军的协力"与军政会民的一元化。

在经济上，经济掠夺成了两次"治安强化"运动始终贯彻的中心。而五次"治安强化"运动的重点，完全放在粮食的掠夺上，其当时向根据地的"扫荡"，也是为了这个目的。在敌人掠夺下，冀南吃亏最大。很明显的，一九四二年敌人的重点，主要是放在"剿共"（"扫荡"和蚕食）、经济掠夺之上，以遂行其"完成大东亚兵站基地，建立华北参战体制"的方针。

以上就是五年来敌人对我们进攻的概述。

二、我们的对敌斗争。

五年来，我们同敌人在华北进行一天比一天尖锐、严重的斗争，大致可以分作三个阶段。

第一阶段，敌人前进，实行正面进攻，在华北兵力较少，经验缺乏，更对我党我军估计不足，给了我们从对敌斗争中创立抗日根据地以非常优良的条件。此期我们充分利用了敌人的弱点，打开了局面。当华北中央大军南撤的时候，我党我军即提出了"坚持华北抗战，八路军与华北人民共存亡"的基本口号，确定了坚持敌后斗争的基本方针。这一阶段的对敌斗争，是环绕在打开局面，创造根据地与求得大发展的任务之上。其在本区的表现为：

在军事上，一九三七年我们先以一部在同蒲路[27]北段作战，如在阳明堡火烧飞机[28]，随即全部沿正太线[29]作战，如七亘村、黄崖底、广阳战斗[30]，都是在敌侧背配合正面友军防御作战；只有在太原失守之后，才是本师单独作战，如在正太路粉碎敌人六路围攻[31]。一九三八年进行了三次反"扫荡"作战，其中尤以敌人调兵会攻徐州之前九路围攻晋东南之被粉碎[32]为最激烈，我大部分力量使用于邯长大道的伏击作战[33]，打退了黎涉沿线敌人，光复了长治地区，伸向道清路[34]活动，扩大了我们的影响，形成了晋东南根据地的局面；同时于一九三七年末，即对冀南派出东进小支队，作侦察式的活动，一九三八年春夏正式进入冀南，形成了冀南根据地的局面；当徐州、武汉会战之际，我们组织了平汉线津浦线[35]的破击作战，尤以在平汉线的十余次大破击，给了正面的国军以很大的助力。

在政治上，我们的"坚持华北抗战"的方针，打击了敌人"以华制华，以战养战"的方针。我们严重地打击了敌人的爪牙，打坍了晋东南、冀南广大地区的维持会及为敌利用的封建组织，如会门、自卫团、联庄会[36]等，建立了广大地区的抗日政府；消灭了六七万皇协军及伪化了的土匪会门等封建武装，普遍成立了抗日游击队，发展了正规军数倍；进行了广泛而深入的抗日宣传和民族教育，激发了人民的抗日积极性，打击了敌人"招回流亡，恢复治安"的欺骗人民的诡计；游击队不断地在铁路两侧的活动，相当程度上打击了敌人的护路计划。

在经济上，我们尚无何种设施，亦未引起注意；敌人则有相当成就，但在广大乡村被我控制的条件之下，敌人未能达到"以战养战"的目的。

我们军事政治斗争的结果，把敌人束缚于点线之内。这是我们的大发展时期。

第二阶段，敌人回师华北，实行"治安肃正"计划，华北斗争局面开始严重。此期我们的方针是"巩固华北，发展华中"[37]。其在本区的表现为：

在军事上，我们进行了十次反"扫荡"作战。一九三九年在太行区进行了敌人打通邯长公路及我们收复邯长大道的斗争；一九四〇年则由我们主动地展开了大规模的破击交通线斗争，以打击敌人的"囚笼政策"，其最大者为冀南全年的破击交通线斗争，五月白晋战役[38]，特别是由八月二十日开始直至年底的百团大战，破坏了敌人进攻重庆、昆明、西安的计划。一九四〇年全年之激烈战争的结果，敌我双方均有相当的削弱，敌人伤亡较我更大（九与七之比）。

在政治上，根据地日趋巩固。一九三九年我党我军仍有相当发展，群众有相当发动，抗日政权初具规模。而一九四〇年夏冀南、太行、太岳行政联合办事处[39]的成立，在统一本战略区强化根据地建设上，特别在对敌斗争上，有其重大的政治意义。这一阶段，我们几乎有一半时间处在寇奸夹击的困难局面当中，一方面顽固派进行蛮横的破坏抗日根据地的斗争，另一方面敌人则抓住机会挑拨国共关系，积极配合顽固派向我们进攻。一九三九年冀南、太行、太岳处在非常严重的局面。直至一九四〇年初，由于我党政策的正确，北方局和朱德、彭德怀[40]英明的直接领导，人民的拥护，以及军事斗争的胜利，才打开了局面，既巩固了根据地，又巩固了国内的团结，打击了敌人挑拨离间的阴谋诡计。

在经济上，一九三九年我们仍然是忽视的，民生凋敝，军队供给极端困难，在敌占区只有需索而无工作，故征集资财亦无成绩，这是我们（主要是太行区）最穷困时期。一九四〇年我们才开始注意经济问题，在根据地注意生产和节约民力，在敌占区反对"把敌占区变为殖民地"的观点（结果又形成了完全不到敌占区工作的偏向），根据地民众才缓过气来。同时，一九三九年发行了冀南钞票，加强了经济斗争力量，军需才有了保障。但在此期间对敌经济斗争的成效，则甚为微弱。

在反特务斗争上，我们只做了些防御工作，故敌人的特务政策仍有相当成就。

此一阶段，在巩固根据地方面，有了进一步的成绩，但忽视了敌占区工作，虽曾屡次提出纠正，转变很少。一九三九年在敌占区的需索政策，给了敌占区人民以很坏的影响，大大损害了我们的政治声望；一九四〇年的不到敌占区，没有挽救这个损失，这恰恰给了敌人以巩固占领区、扩大占领区的很大便利。而一九四〇年讨逆战争[41]后的冀南，一九三九年十二月政变[42]前后的晋东南，都产生了政策上"左"的错误，既损害了根据地的建设和巩固，又帮助了敌人扩大其社会基础。一九四〇年四月黎城会议[43]，克服了混乱，强调了巩固根据地的建党、建军、建政三大方针，有其明显的成绩，基本上是成功的正确的。但在部分问题上亦有其片面性的缺点和错误，如对根据地的群众工作及敌占区工作重视不够，对游击战争的分量估计不够，过分强调了正规军，编并地方武装，结果更便利了敌人的前进和造成了我们的退缩。这一阶段斗争的结果，我们在极困难的条件下，巩固了抗日根据地，开始建设根据地。但敌人亦有其相当的成就，这是与我们忽视了敌占区的政治工作和一些政策错误有关的。

第三阶段，敌人实行"治安强化"运动，我们加强对敌斗争和根据地建设，双方都走向深入，斗争进入空前尖锐化的阶段。其在本区的表现为：

在军事上，我们进行了十九次大的反"扫荡"作战和五百一十五次反小"扫荡"与袭扰，两年作战达七千九百七十六次之多；我们于一九四一年初即强调了军区建设工作，纠正了对地方武装的编并与放任的错误，县区基干队建立与逐渐健全了，不少正规兵团地方化了。人民武装主要是民兵的建设，打下了群众性游击战争的基础，两年来有了相当的规模和战斗能力，开始起了很大的作用。游击集团的组成上亦有进步。这些都大大地增强了保护根据地的力量。一九四一年开始注意向敌占区开展游击活动，但各地对此了解较差，收效不大。一九四二年成立武装工作队，认真地注意了面向敌占区面向交通线，提出与加强格子网[44]内的斗争，特别是北方局、军分会[45]提出反蚕食斗争之后，收效很大。所以一九四二年五月以前，根据地还始终是退缩的，五月以后则完全改观。抗日政府的负担面在太行区有了相当的扩大；冀南则在根据地变质[46]的条件下，顺利地坚持平原游击战争；太岳亦有不少成绩，并开辟了岳南和中条山的局面。惟在某些区域，向敌占区发展的注意力仍嫌不够。

在政治上，一九四〇年底北方局指示了一套明确的政策，一九四一年成立了临时参议会[47]和晋冀鲁豫边区政府[48]，抗日根据地各方面的建设有了显著的进步；惟一九四一年对于发动与组织群众的工作，仍在忽视之列，所以民主建设等工作，还是架在云端之上而无确实的成就。对敌占区和敌占优势的游击区，北方局提出了革命两面政策的运用，开始某些地区不懂得这个政策的进攻性，反变成了主动的退缩，帮助了敌人的蚕食，纠正后获得了不少的成功，冀南对伪军的工作成绩尤大。在反对敌人的蚕食斗争，反对敌人的特务政策，在敌占区进行对敌斗争等方面，一九四一年没有多大成绩，一九四二年则各地都有大的进步。我们采取了"敌进我进"的方针，创立了少数格子网内的隐蔽游击根据地，无论太行、太岳和冀南，在这方面都积累了比较丰富的经验。

在经济上，我们在一九四一年即已提出加强对敌经济斗争，因在摸索之中，未获多少成就，冀钞对伪钞比值甚低，物价高涨即其一例。一九四二年则一改旧观，太行区不仅在根据地建设上有不少成绩，而且在对敌占区经济斗争上，也创造出一些经验，获得了初步的较大的胜利。不过冀南、太岳在经济斗争上仍然无力，敌人收获亦大，应加注意。此问题将有专门报告，毋庸多述。

在反特务斗争上，一九四一年前，对敌人破坏根据地千奇百怪的特务活动警惕不够，直至黎城离卦道暴动、柴关暴动的惊人事件发生后，才略有注意，但对敌人之毒辣性一般均认识不够深刻，虽群众运动发展之后有些进步，但至今仍是我们应该大声疾呼的事情。

在文化宣传上，我们曾于一九四一年进行了对敌三次政治攻势，在敌占区做了广泛的政治宣传鼓动工作，在打击敌人的"治安强化"运动和振奋人民抗日情绪上，起了不小作用。一九四二年继续进行了三次政治攻势，配合以游击活动，在某些地方曾结合敌占区民众反对捕壮丁、反对配给的斗争，而以反对敌人第五次"治安强化"运动的一次为最成功。这是因为过去几次政治攻势，一般只做了一些宣传工作，而反第五次"治安强化"的攻势则主动地抓住了反对敌人抢夺粮食斗争这个中心，组织了真正的一元化斗争，多支的小武装部队作了有力的行动，再配合以恰当的反汉奸、反维持、反特务的斗争和宣传鼓动工作，故成绩甚大。但必须指出：过去的政治攻势，也可以说五年来，我们都一般地忽视了敌占区的组织工作。照目前情形看来，在太平洋战争爆发之后，经过了几次政治攻势和一九四二年的敌占区工作的前进，敌占区的状况与过去大大不同了，我们的政治影响大大地扩大了，人民都认识日本必败了，这就打下了我们在敌占区进行组织工作的基础。可是过去我们是不可容许地忽视了敌占区的组织工作，今后则是我们刻不容缓的任务了。

总起来看，在敌人五次"治安强化"的阶段中，前三次都未引起我们的警觉，麻痹的结果，敌人获得了很大的成功；后两次特别是第五次，我们进行了激烈的斗争，敌人虽仍有其相当成就，但未取得更大的效果，而我们则获得了很大的胜利。

以上就是我们对敌斗争的概述。

三、从变化中来看敌我斗争。

（一）先从敌人和敌占区方面来看：

1. 敌军。敌军在华北的兵力，一九三八年夏共有十五个师团，在本区周围共四个师团及两个混成旅团的番号，人数约五万人。一九三九年夏敌人回师华北，兵力大增，总计有二十个半师团，在本区者约八万人，为全盛时代。一九三九年冬调走约五个师团，此后直到现在，经常保持十五到十六个师团。本区经常保持将近四个师团兵力，现有约四万一千八百人，计太行一万七千一百人，太岳一万三千三百人，冀南一万一千四百人。一九三九年冬以后，数量虽无多大变化，但质的变化颇大。本区现役师团全部调走，预备师团仅留一个（一一〇师团主要不在本区），现有者为四个乙种师团，两个丙种师团及五个混成旅团番号，而兵员亦多不充实，缺额甚多，如四混成旅团定额九千实不到五千人，同时据点增多，守备地区扩大。以四混成旅团来说，一九三九年守备四个县，现兵员减少三分之一，反而守备十个县，因此，形成了敌人兵力不足、兵力更加分散、机动兵力减少的弱点。但是，必须注意一点：敌人的正规师团强于作战，混成旅团强于政治，且久驻一地，情况熟悉。本区混成旅团及以混成旅团为基础编成之师团较多，照过去经验，凡混成旅团控制区域，斗争比较复杂，此一特点，深堪重视。所以，我们不能只以战斗力强弱去估计敌人，还应从政治上的强弱去估量敌人。

很明显的，今天华北敌人战斗力，只有在现有兵团的正规作战性能上看，才能认为有了一定程度的减弱，但在其机动能力与善于游击动作来看，则还有一定程度的增加，对我战术有很大发展，特别在政治上是加强了的。我们不能忽略其政治的一面，而对敌人的"总力战"茫然无知，不加警惕。同时，我们也不能只就敌人现有守备兵团去估量敌人的强弱。当敌人进行一个区域的"扫荡"时，可以从其他战略区抽调兵力，甚至还可以从华北以外抽调兵力（敌仍保有强大的预备队）来加重我们的负担。此点尤应引起我们的注意，而懂得从最困难的局面着想，去准备今后坚持华北的斗争。

但是，我们同样应该看到，敌人亦有其基本弱点。敌人是在世界范围内进行战争，其加重华北兵力虽有可能，但亦有限度，故不能改变其兵力不足、兵力分散的弱点。今后全区性的"扫荡"必然增加，但敌人不能在全华北所有区域同时进行大"扫荡"，有时对于一个区域也不能进行全面的"扫荡"，这就造成了此起彼落、此落彼起的形势，这就告诉我们要善于抓住空隙来进行我们的工作。同时，还要看到敌人内部特别是士兵、下士官的政治情绪日益下降。第一阶段异常顽强，第二阶段开始对战争表示厌倦，第三阶段军队中厌战情绪一般化，士气日渐低落。而且由于敌人分散守备，内部并不完全一致，两个系统、两个据点之间的敌人，因为地域关系、掠夺赃物等问题也有磨擦，故有某种程度的缝隙为我利用（已有这样经验）。这些说明我们对日军工作的可能比前增加，今后应该增加它的比重。

2. 伪军。伪军人数，在抗战初期，为数很多，但素质极弱，经我大量消灭，所余无几；第二阶段，敌又重新建立，逐渐改变成分，加强质量，有相当发展；第三阶段，则有很大发展，士兵成分多为强征的壮丁。伪军大发展时期为一九四〇年、一九四一年，一九四二年仍有发展，较一九四一年增加百分之三十八。现全区计有伪军六万零二百四十人，内太行一万五千一百一十五人、太岳一万二千八百人，冀南三万二千三百二十五人。敌伪比例：山地一般为五比四，平原则为一比三。由此可以看到，冀南局面的日益严重与伪军的日益发展有密切的关系。这也可以看到，敌人采取了强化伪军的方针，以弥补其兵力不足、兵力分散的弱点。

伪军大量发展的原因，一方面是由于敌人的重视，特别在太平洋战争爆发之后，另一方面也由于我们的弱点，特别是政策运用上还有毛病。首先，与我们过去长期忽视敌占区工作有关。伪军大发展时期（一九四〇至一九四一年），恰恰就是我们向后退缩的时期。第一阶段我们在敌占区的"抓一把"，第二阶段和第三阶段的初期不到敌占区，都给了敌人发展伪军以便利。其次，对伪军工作本身，我们不仅忽视了打入工作，至今一般只有外部的关系，而无内部的组织基础，而且在政策运用上也有偏向。我们对伪军的基本方针应该是瓦解，瓦解的方式有打击，有争取，是争取与打击的灵活运用，主要是争取，打也是为了争取，争取正是为了瓦解的目的。自然，我们瓦解的方针，并不等于急求反正，更不等于零星逃跑，而要以是否适合于抗日斗争乃至反攻的需要，来决定其反正、削弱或埋伏。过去我们强调了争取，而又忽视了打入的组织工作；强调了现有伪军的争取，而忽视了阻止伪军发展的工作；强调了政治争取，也作了一些必要的军事打击，而忽视了政治上打击伪军伪组织的工作。过去我们提出的"身在曹营心在汉"的口号，如用之于已经当了伪军和汉奸的人，则是适当的，但是把它变成敌占区的口号则是错误的，而且对伪军、汉奸也不能只是这个口号或以之为中心口号。更主要的还应强调反汉奸、反伪军伪组织的宣传，指出当伪军当汉奸是可耻的，只有使他们懂得自己失足的可耻，才更便利于我们的争取，也才会做到"身在曹营心在汉"。这些都是今后应该注意的。

再从伪军内部政治情绪来看：第二阶段是依靠敌人的情况发展，可说是比较稳定的时期。第三阶段，太平洋战争爆发后，大都考虑到战后靠山的问题，加上成分的变化，敌伪矛盾大大发展，给了我们争取的便利条件。我们在利用敌伪矛盾，经过社会关系，争取伪军家属去打通伪军关系，发展两面派等方面，曾获得不少成绩，创造了不少经验。但是必须指出，国民党从抗战开始就注意了伪军工作，在其中建立了相当基础。直到今天，在伪军中，国民党力量仍大于我。经验证明：凡国民党有基础的伪军，我们较难进行工作，这是值得非常警觉的。

3. 伪组织。与伪军的变化差不多，不必赘说。这里只提出一个问题，即摧毁与掌握伪组织的问题。经验证明：要摧毁那些最坏的伪组织，才便于我们争取更多的两面派和建立革命两面派，故不能一般地作普遍的摧毁。但在一定时机，环绕一个中心任务，应坚决打烂敌人的统治机构，以达成破坏敌人的企图，完成我们的任务，仍是必要的。最好的例子是在太行、太岳反五次"治安强化"运动中，我们为了打破敌人的灌仓计划[49]，普遍打烂了维持会，虽然也打断了一些我们的关系，但在打击敌人、保护敌占区人民利益，及完成我们一定任务上是成功的。所以打断与否，要看当地当时的情况和我们的中心目的来决定。

4. 敌占区人民。第一阶段，敌人前进，只控制了点线，敌占区范围很小。由于我坚持华北抗战，得到敌占区人民的热烈拥护，此时我只做了一些宣传工作，群众对我一般尚好，但我游击队的纪律不好，也种下些不好的影响。

第二阶段，敌占区扩大，游击区亦扩大，我们发生了严重的向敌占区游击区需索的错误，加上敌人的欺骗和镇压，人民抗日情绪低落，对我观感很坏，游击区变成的敌占区亦然。一九三九年末，我提出了"反对把敌占区变为殖民地"的观念，又发生了不到敌占区和不敢到敌占区的现象。有些部队到了敌占区，也只是游一游。在政治上，我们并未真正结合敌占区人民，为他们着想，帮助人民解决困难，告诉他们如何去同敌人作斗争的具体办法，就是说没有一套敌占区政策。就是百团大战的军事胜利也由于在敌占区没有政治工作，没有把握政策，巩固胜利，以致退缩。一般说来这一阶段敌占区人民对我始终隔膜，过去的不好影响尚未得到纠正。而讨逆后根据地的"左"的错误，逼跑了一些人到敌占区，加上敌人顽固派利用我之弱点，大肆造谣宣传，在敌占区影响甚大。

第三阶段，一九四○年九月北方局高干会议及十二月的县干会议，提出了敌占区政策，特别是革命两面政策的提出，起了很大作用。当然在执行初期，也曾发生了一些偏向。这些偏向帮助了敌人的蚕食，这在以后还要说到。五月在太行区提出了反对关起门来建设的倾向，尔后才开始了对敌占区工作的注意。同时，太平洋战争的爆发，敌人的高度掠夺与压迫，提高了敌占区人民的抗日积极性，加之根据地建设进步，引起了敌占区人民的羡慕，我又不断进行政治攻势，才改变了对我党我军的观念。但是这一阶段，我们仍仅有宣传工作，而缺乏对组织工作的注意，故虽打开了门路，仍说不上有多大基础。这说明敌占区人民的动向，主要决定于我们的政策，不仅是对敌占区的政策，而且是对根据地的政策。我们发生错误，就会便利敌人和顽固反共派发展其在敌占区的基础。

5. 游击区。游击区是敌我争夺的焦点，人民生活也最痛苦，对敌负担较敌占区为重，还要对我负担。我们过去长期忽视了这个特点，对游击区一般只有财粮任务，而无明确的政策，于是敌人抓住这个弱点，一面镇压，一面欺骗，斗争结果，游击区多被敌人蚕食变为敌占区，一部分变为无人区。我们是失败的。第三阶段才开始转变，特别是一九四二年获得一些成绩，如太行二分区就做得不错，一方面正确执行革命两面政策，一方面加强了游击区的军事政治指导，曾把游击区的一线定为斗争"胶着点"，于是阻止了敌人的前进，把一部分游击区变为根据地，还将不小的敌占区变成了游击区。这说明小游击队深入敌后配合党的地下工作，执行党的正确政策，作用很大。这种经验各地都有一些，值得研究与仿效。

一九四二年斗争的特点是，敌人前进，我亦前进，游击区大大增加。这种现象将来更要发展，这引起我们对游击区斗争的严重注意。要有一套游击区的做法，今天这个问题还未完全解决，而游击区人民负担太重，人民生活太苦，更应从我们这方面加以关注。

（二）从我们这方面来看：

1. 武装。抗日武装是对敌斗争的骨干，是坚持抗日根据地的主力。我们武装政策和军事指导原则是否正确，关系特别重大。我们的武装在第一阶段和第二阶段前半期有了很大发展，一九四〇年达到了最高峰，一九四〇年以后即有逐渐的部分的削弱，但在素质上则有很大的提高。我们的武装政策，从整个看来基本上是正确的。一九三九年以前我们掌握了发展，以后则注意了巩固和提高战斗力。从战斗来看，五年半共作战一万三千一百一十五次，敌伪伤亡十一万四千一百五十四人，我军伤亡四万四千一百三十五人，敌我伤亡为八比三。战斗次数每年增加，敌我伤亡则均逐年减少，如抗战第二年战斗一千三百六十三次，敌人伤亡四万一千四百四十四人，我军伤亡七千八百二十四人；第五年战斗增到四千八百七十三次，而伤亡则减至敌人一万三千六百五十二人，我军九千人；一九四二年后半年战斗增至三千一百零三次，敌我伤亡则为敌八千一百九十四人，我二千六百一十七人。这是游击性增加和我战术上进步的证明。若以野战军与地方军相比较，以野战军每年为一百，则地方军（包括游击队）一九三八年为二九强，一九三九年七十强，一九四〇年五十强，一九四一年七七强，一九四二年约为二百弱。一九四〇年地方武装削弱是由于编并错误的结果。一九四一年以后地方军比例大增，是由于又把许多野战军变为地方军，同时注意建立地方武装的结果，也是游击性增大的表现。这证明我们在武装建设上是走了弯路的。从武装政策对敌斗争的影响来看，一九四〇年编并地方武装的结果，影响到了游击区的坚持，是形成一个时期内严重退缩的主要原因之一。百团大战中本区军事力量过于突出暴露，不仅自己伤亡很大，元气不易恢复，且引起了敌人对我们的严重注意，也产生了不利的影响。这说明我们武装政策的重要，也说明对敌斗争应隐蔽力量不可过于刺激敌人的重要。

武装问题的另一个重要问题，是人民武装特别是民兵的建设问题。这是群众游击战争与坚持根据地不可缺少的重要部分。人民武装建设是从一九四〇年开始的，到一九四二年已开始培养出了相当的战斗力，已经在保卫根据地方面起了很大的作用，但现有人数还少，冀南则多随根据地变质而坍台，且各区发展仍不平衡，脱离群众现象仍很严重，教育仍很缺乏，军事训练多学正规战术，政治训练与群众生活联系少，故不能以现有成绩为满意。估计到今后的斗争环境，特别顾及到人民负担的可能程度，脱离生产的武装，还有在精兵主义的原则下继续减少的可能，所以今后必须更加强调民兵的建设包括数量的发展，军事政治质量的提高，及武器主要是地雷、手榴弹和民间旧式武器的解决。

2. 根据地。我们过去和今后斗争的主要任务，是巩固我们的抗日根据地和游击根据地。因为根据地是坚持敌后抗战的堡垒，没有根据地，就不能设想过去五年多的胜利，更不能设想能够坚持今后更困难的斗争。关于根据地问题，彭德怀同志在去年十二月中旬的报告[50]指示得很清楚，不必再费篇幅。这里只说我们根据地几年来大概的变化。

本区根据地在一九三七年冬或一九三八年初即已形成，经过几年的反"扫荡"反蚕食及一度反顽斗争中，才逐渐巩固与坚强起来。冀南则在敌人严重进攻下，业已变为游击根据地，其所以仍能坚持游击战争，也在于过去有了根据地建设（包括武装、政权、群众、党的建设）的相当成绩，并从纠正"左"右偏向中，基本上巩固了统一战线。太行、太岳的根据地逐年都有一些缩小。这是由于敌人进攻的结果，也是我们发生了某些错误的结果，前面已经说到这点。但总的方面来看，根据地是日益巩固的。

根据地的各方面建设与对敌斗争是不能分离的，要击退敌人的"扫荡"和蚕食，才能保卫根据地；要打击敌人的经济进攻，才能建设起根据地的经济，以保障军需民生；要打破敌人挑拨离间特务阴谋，才能巩固根据地的团结。过去的经验证明，关起门来建设是要失败的。

根据地的建设与开展敌占区工作是不能分开的。根据地巩固与建设的成绩，给了人民以抗战胜利的信心和光明的希望，反之，如果根据地不巩固或发生错误，也可增加敌占区人民的离心倾向和失望情绪，便利了敌人的统治。这也是几年的经验所证明了的。

今天，平原已经变为游击根据地，今后山地还有可能缩小或被敌分割，游击性必大大增加。我们必须加强根据地的建设和开展敌占区工作，来迎接最困难的斗争局面。我们有足够信心，依靠过去几年的成绩，丰富的经验，和开展敌占区工作的方针，一定能够坚持根据地到抗战的胜利，并为战后打下和平建国的基础。

3. 根据地人民。人民是一切的母亲，是对敌斗争一切力量的源泉。敌占区人民的变化已如上述，根据地人民的变化也是很大的。抗战初期，群众的抗日积极性有了相当发动，其后由于敌人的摧残，战争的影响，和根据地建设极差，民力的浪费等等原因，形成了一九三九年民生凋敝、情绪低落的严重现象。一九四〇年后我们开始根据地建设，强调爱护民力，组织生产，民生始甦，根据地日渐繁荣，人民抗日情绪大大提高，特别在敌人不断"扫荡"下，坚强地锻炼了人民的斗争意志。但是，过去我们长期忽视了深入减租减息、合理负担[51]等改善民生的工作，广大的基本群众尚未发挥其应有的抗日积极性，这样是经不起更严重的风波的。一九四二年执行中央指示[52]后，这方面已经引起注意。今后则应坚持发动群众工作，注意爱护民力，实行精兵简政[53]，提高人民生产热忱。而发动群众中，尤应注意于农村统一战线的巩固。有了这样的条件，任何困难都能克服。

这就是五年来敌我斗争中的变化。

这些变化说明什么呢？

说明了敌人力量开始向下，敌占区已经开始了巨大的变化而有利于我。但敌人今天仍保有强大的优势，其"治安肃正"与"治安强化"工作，亦有不少成就，经验亦很丰富。在其变华北为大东亚兵站基地的方针下，敌人必将加紧"总力战"，特别在其愈接近死亡的时候，对我们的进攻，必愈残酷、愈毒辣。这决定了今后斗争的空前残酷性。历史上的经验证明，我们愈接近胜利的斗争，将愈是残酷的。

说明了我们的力量是在不断增强着。我们已经打下争取抗战胜利的基础，但今天我们仍居劣势，故应百倍地提高自己的警惕性，不仅要有足够的思想准备，更主要是加强根据地的建设和敌占区的工作。有了坚强的信心和坚强的实际工作，我们就一定能够克服任何困难，走向胜利。

四、小结。

在五年来敌我斗争及其所引起的变化中，我们看到了些什么呢？

（一）敌我双方都有强的指导能力，都有政治上的锐敏性。我们善于总结经验，研究敌人，提出对策。敌人也善于研究我们，接受经验，不断改进其方针政策。所以敌我斗争不仅是军事力量的竞赛，而且是全副本领的斗争；不仅斗力，更主要是斗智。今天敌我双方都进入有计划有组织的斗争阶段，这说明了今后的斗争将更加巧妙而尖锐。我们在此复杂斗争中，下层干部能力甚嫌不够，今后应切实注意加强下层，提高下级对敌斗争的能力。

（二）在对敌斗争中，要掌握住持久战与敌强我弱的特点。所以我们的原则应是削弱敌人，保存自己，隐蔽积蓄力量，准备反攻。过去我们对此原则认识不够，常常发生暴露自己的错误，每次暴露的结果，都遭到敌人的报复或破坏，吃亏很大。今后在一切方面都要注意不暴露，善于隐蔽地从各方面积蓄力量，要使敌人看不起我们，要善于采取一切方式去麻痹敌人。惟有如此，才能积蓄起力量，也才能打到敌人的痛处。敌人也很注意隐蔽问题，如敌一一〇师团的文件即曾提出"不震荡敌人，不刺激敌人，突然的跃进"的策略，实际上也是这样做，而收到了效果（如每次"扫荡"、蚕食前的准备），故我们一方面要隐蔽自己，一方面也要善于发现敌人。

（三）敌我斗争的胜负，决定于人民，首先是敌占区人民的态度。人民即使反对敌人而对我中立，也只是便利了敌人。所以我们要有正确的政策，不仅根据地的政策要正确，尤应在敌占区、游击区要有一套明确的政策，否则发生错误，易为敌所乘，而敌人则恰恰善于利用我们的弱点以弥补其在中日矛盾中的基本弱点。经验证明：过去有一时期因为我们政策错误，敌占区人民对我采取中立乃至反对态度，给了敌人以很大发展。经验又证明：敌占区工作不开展，根据地也要退缩；游击区不能坚持，不仅根据地要退缩，而且失却了向敌占区前进的有利阵地。经验还证明：在敌占区、游击区采取简单生硬的办法，是必然失败的，而必须照顾那里的环境，一切为保护人民利益打算，提出恰当的对敌斗争方法，才会得到人民拥护，也才能取得胜利。经验尤其证明：谁关心人民的问题，谁能帮助人民想办法去和敌人斗争，保护人民利益，谁就是群众爱戴的领袖。

（四）无论在根据地或敌占区、游击区，一切政策、一切工作的出发点，都必须紧紧掌握住扩大中日矛盾的原则。这正打到敌人的痛处。现在敌占区开始起了有利于我的巨大变化，其基本表现就是人民抗日情绪大大增长，敌伪矛盾发展。我们应好好抓住这个基本特点去发展工作，掌握中日矛盾的实质，发展抗日民族统一战线，团结各阶层一切抗日人民对敌斗争。经验证明：在敌占区不应该去扩大中国人自己的阶级矛盾，基本是团结一切中国人对敌。能如此我们便能开展敌占区工作，反之我们便不能在敌占区立足。经验又证明：团结中国人对敌，也包含有斗争。斗争的内容，主要是反对那些不明大义、破坏团结、帮助敌人、自私自利的个别分子，而斗争方式也应是和平的、政治的。只有对于那种死心事敌、为人民所痛恨的汉奸、特务分子，才采取坚决打击的方式。在根据地亦应切实注意巩固团结问题，比如根据地的减租减息、合理负担法令的执行，是为了充分发动群众打下统一战线的坚实基础，发挥其更伟大的抗日力量，这是完全必需的；但是在发动群众中，必须把它约束于统一战线之内，这仍是今后应该注意的。坚持根据地，需要广大的基本群众的发动，同样地也需要各阶层的团结，忽视了任何一面，都将发生错误而有利于敌人。

（五）建设根据地（包括武装、政权、群众和党的建设）与对敌斗争，具有不可分离的联系性。经验证明：没有根据地，就不能坚持对敌斗争；没有对敌斗争，企图关门建设根据地，也要影响到根据地的存在。今后要更加加强爱护根据地的观念，努力建设根据地，进行顽强的保护根据地的斗争；同样要在敌占区组织强有力的斗争，以保护根据地。

（六）敌我斗争形势是敌进我进。敌人一定要向我们前进，所以我们也一定要向敌人前进，才能破坏或阻滞敌人的前进，巩固我们的阵地。敌进我进的结果，华北根据地的游击性将不断地增加，敌占区的游击性也将不断地增加。在此犬牙交错的复杂斗争中，要求我们细心地了解敌人，善于发现敌人的规律，善于利用缝隙钻敌人的空子，以争取主动。敌人"扫荡"这一区域时，其他区域即应利用空隙展开对敌斗争，被"扫荡"区域亦应组织腹地坚持与外线活动相配合的反"扫荡"斗争，以取得主动。"敌进我进"的斗争，也表现于隐蔽斗争上，敌人伸入根据地的特务活动，和我伸入敌占区、伪军伪组织内隐蔽积蓄力量的斗争，也将是日益发展日益激烈的。总之，争取对敌斗争的主动，应是今后非常注意的问题。

（七）我们作战的指导原则，是基本的游击战，不放松有利条件下的运动战。由于我们过去对这个原则认识不够，强调了正规军的建设，而在相当期间对地方武装与人民武装的建设重视不够，对地方武装发生了编并和放任两方面的错误，所以影响对敌斗争甚大。这也是对战争的长期性和敌强我弱的特点了解不够所致。今后（在反攻之前）根据地的游击性将不断增大，运动战在平原已无可能，在山地也可能缩到很小限度，所以应发展广泛的群众性的游击战争。这方面一九四二年已获相当成绩，此后还应加强其指导。对于武装的爱护和党员干部的军事化，亦应切实注意。

（八）敌人对我实行"总力战"，我们对敌亦提出了"一元化"的斗争。过去经验证明：一元化实行得好的地方，对敌斗争才有力量；如果内部磨擦，互相埋怨，结果只会放松或放任对敌斗争，遭受很大的损失。今后应根据中央对敌后根据地统一组织机构的决定[54]，认真实行一元化，从组织上保证军事、政治、经济、文化和敌占区的领导与各种工作的密切结合。领导要统一，步调要一致，以加强对敌斗争。

（九）过去我们同志一般有坚持敌后抗战与取得胜利的明确观念，而尚未树立起巩固战后在华北阵地的明确观念。这从几年来忽视敌占区工作，可以证明。而国民党从抗战开始就着眼到打入伪军伪组织长期埋伏准备战后的问题，故先我取得先机，已有不小成就；我们则在战略上大大失算，需要从今后的努力来补救。我们同志对于我们在敌后斗争的一举一动都可以影响全国这种政治意义认识不够，所以往往缺乏全局观念，在言论行动上，政策决定上，都还有不慎重的地方，对中央的方针，还缺乏深刻的了解。这些就是中央指摘的闹独立性、党性不纯的主要表现。我们的责任，显然不仅是争取抗战胜利，而且是以建设根据地、坚持敌后对敌斗争去示范全国、影响全国，争取战后团结建国。我们一切政策行动都应不仅照顾到根据地本身，而且要照顾到对全国的影响。这个观念应在干部中特别在领导干部中树立起来。

（十）我党中央和毛泽东同志，北方局和朱总司令、彭副总司令，对于敌后坚持的原则，历来都有明确的方针和指示。我们基本上执行了这些方针和指示，所以我们有几年来的成绩。但一到我们对中央和上级指示了解不够的时候，就要发生错误，如对游击战争的认识不够，对敌占区工作的忽视，影响很大，损失不小。这教训我们：每一个干部在自己的工作中，对于党中央和上级的指示，必须精细地研究，并使之适用于自己的工作环境。这将成为今后克服严重困难，取得抗战胜利与战后建国的重要保障。

第二部分　新的形势与新的任务

一九四二年恶斗的结果，世界战争的主动权业已转入同盟国[55]的手中。苏联战场，苏联于斯大林格勒解围[56]之后，旋即进行中路、南路的反攻。现已前进至距斯摩棱斯克二十余英里，距罗斯多夫六十英里的地方，德寇正在不断败退中。十二月英美在北非的登陆与胜利，给开辟欧陆第二战场架上了宽广的跳板，同时欧洲被法西斯蹂躏的各国人民的爱国运动与游击战争所构成的第三战场在日益开展中。这些说明希特勒[57]正处在溃败的过程中，其最后败亡之期已在不远。在东方，经过日本在所罗门群岛海空战[58]失利之后，战争的主动权，亦已落在同盟国手中。日寇在中国战场，虽曾发动了若干次的正面进攻与敌后的频繁"扫荡"，然并无多少成就。从总的方面看，日寇虽不似德国已经走向崩溃之途，而尚保有强大的后备力量，但其下降的趋势则是很明显的。在不久的将来，德寇败亡之后，日寇的崩溃时间便也为时不远了。

但是，必须看到，日寇实力虽在下降仍甚强大，仍有作困兽之斗的力量，甚至在今年内还可取得一些战术上乃至战役上的重大胜利。这种胜利虽不能改变其战略上业已肯定的败局，但亦可欺骗人民于一时，引起若干的思想混乱。尤其重要的是，日寇愈感其局势危险的时候，愈要强化其大陆政策[59]，企图控制大陆作为长期战争的根基，以作困兽之斗。敌酋今年元旦强调解决中国事件，强调"消灭渝共"，今年一月九日汪逆对英美宣战[60]的丑剧，便可证明其战略布局，将于今后对我国加强其"正面进攻"和"敌后扫荡"。

敌人对于华北从未放松，以其一半兵力对付敌后，便是明证。太平洋战争爆发后，敌人更提出了"把华北变为大东亚战争兵站基地"的方针，两年来的敌我斗争更形尖锐。而我们则从五年多斗争中，坚持了华北抗战，根据地日趋巩固，粉碎了敌人"掌握华北"的计划，这是伟大的胜利。但是各根据地已大致被敌分割，平原变为游击根据地，山地游击性增强，敌人今后对我们的压力必将加重。最近敌人正实施"新国民运动"[61]，王逆揖唐[62]强调以"确立治安""增强农产粮食""开发国防资源"为今后三大目标，深堪重视。这些都显示了我们今后坚持敌后任务之繁重和斗争的艰苦性。今后的艰苦，将可能表现出如下的特点：

敌人在华北的兵力可能有一定程度的增加，敌人"清剿"式的"扫荡"更加频繁，蚕食更加猛烈，"三光"政策更加残酷，我们将进行严重的反"扫荡"反蚕食的斗争。

在平原，敌人将增加据点、碉堡和封锁线，将完成大乡制[63]，将实行猛烈的抉剔地下组织的"清剿"，将可能无村不资敌；山地某些重要城镇可能被敌占领，某些大道可能被敌打通，根据地将被敌更加割裂，游击性增加。我们将在更困难的条件下，采用新的斗争形式和组织形式，以与敌人斗争，坚持抗日根据地和游击根据地。

敌人向根据地前进，我们向敌占区前进，敌人掌握敌占区，我们开展敌占区工作，将形成错综复杂、互相插花的斗争局面。我们将以多种多样的形式和灵活运用的政策去与敌人斗争。

敌人对根据地的"扫荡"，不能在各个地区同时进行，我一区受到摧残，他区可利用时机发展，这将形成此起彼落、此落彼起的斗争局面；我们将利用这个特点来进行恢复或发展的工作，达到坚持的目的。

敌人对我们将强化其军事、政治、经济、文化、特务的"总力战"的进攻，我们也实行一元化的斗争去反对敌人来自各方面的进攻，并向敌人进攻。敌人的进攻和破坏，还会引起我们财政经济的困难，我们不应自满于现有成绩，而必须作进一步的打算。

直至反攻前，我们的斗争环境将是逐渐严重的。如果不认识这些困难，疏于警惕，而致忽视了思想上组织上的准备，那是非常危险的。但是，这些困难我们都是能够克服的。克服的条件是：国际国内条件于我有利，同盟国争取了主动权，法西斯正在下降，国内团结更趋巩固，胜利到来的时间不远，我们在敌后的斗争不是孤立的；根据地日益巩固，各方面建设均有不断的进步，已成为坚持抗战的坚强堡垒；敌占区已经开始了巨大的变化，中日矛盾大大发展，人民确信日寇必败，我之政治影响扩大，打下了建立组织工作的基础；我有了五年半坚持华北的丰富经验，党中央、北方局和朱总司令、彭副总司令领导的正确，党政军民在党的统一领导下的一致努力，给了胜利以保障。有了这些条件，只要我们在工作中不犯严重错误，就一定能够克服困难，达到胜利。

根据上述的分析，我们今后的基本方针应该是什么呢？应该是：在极端困难的条件下，坚持华北抗战，坚持抗日根据地和抗日游击根据地，从根据地和敌占区的各方面去积蓄力量，为反攻及战后作准备。

实现这个方针的具体任务应该是：

第一，在根据地，必须巩固抗日民族统一战线和各阶层的团结，大大发挥人民的抗日积极性，准备足够力量，以反对敌人的蚕食、"扫荡"和来自各方面的进攻。

为此目的，必须加强根据地的民主精神、民主教育和民主政治的建设，以巩固各阶层的团结，并为战后建国打定基础，以示范于全国；必须认真地彻底地实行减租减息、合理负担等法令，改善人民生活，以进一步发动群众，在发动群众中，应切实保障农村统一战线进一步的巩固，在平原，则应从进一步发动各阶层人民团结对敌中，切实保护人民的利益；必须加强抗日武装的建设，而着重于地方武装的巩固及人民武装（民兵）的发展和战斗力的培养，提高正规军的质量和游击战术的修养，一切为了发展广泛的群众游击战争，进行胜利反"扫荡"反蚕食斗争，保卫根据地；必须加紧根据地的经济建设，着重于农业与手工业的发展，以保障军需民生，并打定自给自足的基础；必须加强游击区的斗争，这是保卫根据地，开展敌占区的重要环节之一。

第二，在敌占区，必须发展游击战争，建立小型的隐蔽游击根据地，加强敌占区人民中、伪军伪组织中的组织工作，积蓄力量，准备反攻，并配合保卫抗日根据地的斗争。

为此目的，必须在敌占区强化政治攻势，并把政治攻势经常化；必须认真地实行打入工作，在伪军伪组织内部建立组织基础，在敌占区建立与发展革命力量；必须以保护人民利益，减少人民对敌负担，保存民族力量为出发点，去团结敌占区各阶层对敌斗争；必须在敌占区实行革命两面政策，对敌进行巧妙的隐蔽的斗争。

第三，为着胜利地进行今后的艰苦斗争，必须执行中央指示，加强党的一元化的领导，认真进行整风工作，并实行精兵简政，改善组织形式，缩小上层机关，加强下层力量，以适应于今后的斗争环境。

这就是我们今后努力的方向。

第三部分　敌占区的组织工作与政策运用

敌占区组织工作的基本内容是"打入"工作，是在敌占区建立党和群众组织的基础，是在伪军伪组织内部发展革命工作，是革命两面政策的正确运用。

没有组织工作，就不能在敌占区、伪军伪组织的内部去积蓄力量，去起发酵作用，去打下我们的组织基础。过去，党曾屡次提出这个问题，但在实际工作上，我们不但远远不及国民党努力，严格说来，简直还没有真正开始。

过去，我们某些部门也曾做了一些尝试，个别的是收到效果的，但大多数是失败的。我们曾抽调一部分干部派到敌占区，企图打入伪军伪组织中去，但因为派出的干部多与当地的工作对象缺乏一定的联系，始终得不出一个结果来。我们一般不善于从广大的敌占区或伪军伪组织内部去物色打入人才，不善于争取敌占区的知识分子、开明进步人士去实现打入工作，不善于争取伪军伪组织内部的两面派成为革命两面派，变为我们的打入干部，不了解只有他们才与敌占区或伪军伪组织具有密切的联系，只有他们才具备打入工作的现实条件。实际上这样的机会过去是不少的，问题是我们轻易地放过了。在伪军伪组织中，有一些是可以争取成为革命两面派的，个别的已经成为革命两面派。试问，我们除了对他们作些宣传，发生联系，取得情报之外，又做了多少工作，使其进步，成为打入生根的组织力量呢？甚至有某些很好的关系，因为我们自己工作的混乱，不守秘密，而遭受敌人的破坏，这更是痛心的事。由于主观主义的做法、关门主义的狭隘作风和相当满足于现状的观点，使我们的敌占区工作始终停留在宣传阶段，所谓组织工作至今还只是口号。反观国民党，从抗战开始，它就着眼于在敌占区积蓄力量，着眼于战后优势，努力争取伪军伪组织，派人打入、长期埋伏，在敌占区建立它的党和特务组织，依靠封建势力为基础，以掌握各种封建组织乃至帮会、土匪，其成绩是不可轻视的。我们对此能不警惕？

时间不容许我们再稽延了。为反攻及战后作准备，要求我们加紧敌占区的组织工作，以紧张的缜密的工作，打下反攻和战后的基础。

今天我们在敌占区虽仍处于劣势，但是敌占区一年来的变化具备着空前有利于我们进行组织工作的条件：敌占区人民同日寇的矛盾空前增长，今后还会日益加剧，人民抗日情绪增长，大大地扩大了我们进行组织工作的社会基础；我党我军及抗日民主政府在敌占区的威信大大提高，而且经过几年的努力，我们已有不少的进行组织工作的线索；伪军伪组织人员一般是华北人，有身家顾虑，且已逐渐相信华北是与八路军共产党不能分离的；国民党威信在逐渐下降（这是它的特务政策和在敌后破坏抗日工作的结果），其组织基础也有了部分削弱。

但是我们也有困难：敌人的特务方法高明，对伪军伪组织的掌握将会特别加强，对敌占区的控制政策将会加紧；国民党特务的破坏和借刀杀人政策，必将是我们日常工作中接触到的障碍；我们本身缺乏在敌占区进行组织工作的经验，关门主义宗派主义的狭隘作风影响到工作的开展，特别是干部掌握政策的能力还差，缺乏秘密工作的经验和常识。

我们要利用有利的环境，尤其要注意克服困难，主要是克服自己方面的困难，并从工作中创造许多宝贵的经验。

现在说几个具体问题。

一、打入工作。

打入工作是组织工作的第一个问题，是开门见山的问题，不能打入就谈不到一切。

打入的对象是很广泛的，打入到敌占区群众中去，打入到敌占城市中去，打入到伪军伪组织中去，打入到黑团、帮会、土匪中去，打入到一切组织中去，而伪军应该是目前打入的主要对象。

打入工作的任务是：长期埋伏，进行隐蔽的、巧妙的、谨慎的宣传组织工作，积蓄力量，提高自己和革命者、抗日分子的地位，以待时机，配合反攻，适应革命的需要。因此必须善于掌握革命两面政策的运用，善于进行公开工作和秘密工作的联系。至于供给情报，应该是次要的，只能在不妨碍其基本任务与秘密条件下才可以去做，或只供给带紧急性的特殊重要性的情报。尤其不可要求他们购买物资或向他们需索，以免易于暴露。

打入者的人选应是多方面的，或由根据地物色派去；或由敌占区物色人员，特别是知识分子和进步的士绅名流；或由现有伪军伪组织的关系中争取转变为革命两面派分子，而以后两者为主。打入的干部应多，尤要注意派精干人选透入其内部去发展组织。只要我们能够从敌占区和伪军伪组织内部去找干部，是能够解决这个问题的。从根据地找出一批干部来派到敌占区去工作也是必要的，但派出者必须是与敌占区有关系有打入条件的同志，否则作用不大。同时，我们必须抽调一些有敌占区工作经验或条件的同志加强敌占区工作部门，担负训练联络等工作。

对打入人员的训练是很重要的，训练时间要短，内容要简单，任务要明确而不复杂。训练要采取座谈讨论的方法，启发他们尽量提出问题，然后给以明确的解答，切忌党八股的灌输的方式，有的则只能采取个别谈话的方法。

派出之后，必须保持经常的联系（但不是随便来往），帮助其解决打入的困难，如活动费的可能帮助，方法上的指导等，此时要预防其遇难而退的心理，鼓励其打入的决心。打入之后，尤要加强政治联络工作，随时帮助其解决工作中的困难，使其了解政治形势，勿使迷失方向而趋堕落腐化。

打入工作是一个巨大的耐心的组织工作，过去经验是很少的，必须在今后努力中，创造经验，积累经验，以解决这个重要问题。

二、革命两面政策的运用。

革命两面政策的问题，一九四一年初北方局就提出了，两年来收到不少成果，但在开始运用时，也曾发生一些偏向，有的犯了自动退却的错误，结果丧失了自己的阵地，扩大了敌人的控制面；有的一度取消了人民武装与游击战争，招致了人民的不满和失败情绪的增长，引起了一些混乱。其原因是不了解革命两面政策的本质是向敌占区的进攻。把革命两面政策误解为退却方针，当然要发生错误。因此首先要确定，革命两面政策是属于敌占区或敌占优势的游击区范畴的政策，是一种进攻政策。

在敌我交锋的斗争中，经常要发生区域的变化，敌占区可能变为游击区乃至游击根据地，根据地也可能变为游击区乃至敌占区，所以我们在指导上，不仅要着眼于有利时的进攻，而且要着眼于不利时的退却，但是无论进攻或退却，都应该有计划、有步骤、有秩序，这样才能巩固与坚持阵地，否则必然引起混乱。

其次，我们有不少地区、不少同志，对革命两面政策内容的认识还是模糊的，把革命两面派与两面派混淆起来，以建立一些普通关系或者能从两面派手上得到一些情报为满足，甚至对敌人的汉奸两面政策丧失警觉，这也是不正确的。因此必须确定，革命两面政策是深入到敌人（主要是敌占区和伪军伪组织）内部的进攻政策，它所包括的范围是很广泛的，包括着革命两面派的建立，两面派的争取，一切可能力量的利用，而其主要目标则是革命两面派的建立与发展，以便依靠他们去团结与组织一切可能的力量，进行对敌斗争，保护人民利益，在敌占区和敌伪组织内部积蓄力量，以待时机，配合反攻或反正。

第三，革命两面政策不仅有革命的抗日的这主要的一面，还必须有不得已而应付敌人的一面，而其应付敌人的一面，正是为了掩护其革命的抗日的一面。没有抗日革命的一面，就不能称为革命两面政策，同样，忽视了应付敌人的一面，也无法实现革命两面政策。这里区别革命两面派与两面派是很重要的。两面派的特点是应付敌人又应付我们，而革命两面派的特点则是一切努力为着积蓄力量，保护人民利益，准备反攻，即使不得已而应付敌人，也是为着这样的目的。我们应以这样的标准去判别谁是革命两面派，谁是两面派，以及如何去建立与发展革命两面派。我们许多同志不懂得这种区别，所以以利用两面派为满足，而忽视了革命两面派的建立。因此必须确定，革命两面政策以及革命两面派的两面性，与两面派的两面性有区别。革命两面政策是以非法的对敌斗争为主，但又必须善于充分地运用合法形式、合法地位来掩护配合非法斗争，善于利用公开工作来掩护秘密工作，否则，便谈不上在敌占区进行对敌斗争，或者陷于盲动而遭失败。

以上三项是谈革命两面政策的性质问题，下面谈它的运用问题。在运用上又要分别两种不同的范围：一是在伪军或上层伪组织内的运用；一是在敌占区或敌占优势的游击区的乡村中的运用。前者是带革命两面派活动的性质，后者是带群众活动的性质。

先说革命两面政策在伪军、上层伪政权中及半伪化的封建组织封建武装中的运用：

第一，充分利用与掌握日伪矛盾及伪军伪组织内部的矛盾，是其工作的基本出发点，应主动地扩大日伪矛盾，抓住每一个矛盾的缝隙，乘机发展自己的工作。

第二，广泛开展交朋友工作，取得同事、下级特别是上级的信任，以提高自己的地位，增加自己的活动条件。但在交朋友中要注意适合自己的身份，不可因此引起他人的嫉妒和猜疑。

第三，利用自己的地位，以非常隐蔽和巧妙的方法，进行宣传组织工作，但不可操之过急。组织形式应是多种多样不拘名义的，最好是用灰色的或敌人不注意的名称，组织不宜大，以众多的独立的小组为适宜。

第四，采用各种方法，利用各种机会，争取同事、下级特别是上级成为两面派，乃至革命两面派。

第五，随时注意在隐蔽的方式下，照顾中国人特别是革命抗日分子的利益。

第六，对死心踏地的汉奸及借刀杀人分子，应不惜采取各种手段加以消灭。对特务分子，在其没有危害我们时，应采取"敬鬼神而远之"的态度。各地经验证明，我们对此问题处理不郑重是要吃亏的。

第七，只作紧急关头的或重要的情报供给。

第八，任何时候都要注意秘密工作，善于隐蔽自己的面目。在环境于己不利时，或能够增强自己地位时，甚至把革命的一面缩小到最低限度，也是允许的。总之，一切要从长期隐蔽、以待时机的利益着想。

第九，活动的重点应该放在伪军方面。在其他方面的活动，也应力求逐渐发展到伪军方面。

第十，革命两面派的活动，是一个残酷的斗争，斗争的形式是多样的复杂的，既要防备敌特的耳目，又要防备国特的破坏，所以我们的活动应该是大胆的而又非常谨慎的。一切不夸张、不蛮干、不暴露，脚踏实地去做，就一定能够收到效果。

再说革命两面政策在敌占区或敌占优势的游击区的乡村中的运用。这样的地区的乡村，必须具备下列条件：

第一，它必须是全乡全村一致对敌的。为此，必须有很好的统战工作以团结各阶层；尤其必须坚决肃清死心踏地的汉奸。团结全村一致对敌的工作，不能认为是简单的问题，而是要经过斗争才能达到的。这里，一个最基本的环节，就是看能否把大多数人民群众发动起来实行对敌斗争，大多数群众发动起来了，问题就可以迎刃而解。

第二，它必须有武装斗争的配合。不仅应有外面的公开的武装的配合，而且还应有本村的小型的隐蔽的武装的配合。没有外面武装斗争的配合，就不容易欺骗敌人；没有本村的武装，常使配合不及时，而且这也正是发展广泛群众游击战争所需要的。各地经验证明，游击战争成了实行革命两面政策的重要组成部分之一。武装的掌握是争取村中优势的重大问题，要力求掌握在我们和革命分子的手中。这种武装的组织必须是短小精悍的，绝对秘密的，其活动一般只应限于夜间，使敌人认为这是八路军游击队干的。

第三，它的各种组织形式，表面上不能不是伪组织的一套，但其实质则必须是抗日的。在政权方面，应建立统一战线的类似民主政权的村民代表会，一切实权不操于村长而操于代表会。必须认识，惟有这样的政权，才能保证村民一致对敌，才不致为敌利用，才能照顾与保护人民的利益。不能设想地主阶级统治的政权能够实行革命两面政策，最多只能是应付敌人又应付我们的两面派（当然程度上各有不同），更说不上保护人民的利益。至于群众团体，除了原有工作基础的村庄还可保持其原有组织形式外，一般应力求单纯，组织统一的抗日救国会。

第四，它必须由一村的一致发展到几村乃至一个区域的一致，才更便利于应付敌人欺骗敌人。否则，少数村庄过于突出，易遭破坏。

具备了这些条件，才配称为实行革命两面政策的村庄，它不仅可以顺利地进行对敌斗争，而且可以真正地保持我们的优势。

由此可见，革命两面政策的范围，包括革命两面派的工作，对两面派的争取，乃至对一切可能用的人的利用，但必须以发展革命两面派为目标。当然，这不是说我们可以放松对两面派的工作，过去许多两面派对抗日作了不少的帮助，而且两面派是最广泛的，也是争取成为革命两面派的基础。

由此可见，革命两面政策是合法斗争与非法斗争、合法形式与非法形式、公开工作与秘密工作的配合，它主要是发展非法的秘密的一面，但必须有合法公开一面的掩护。

由此可见，革命两面政策的运用，是一个严重的斗争，必须依靠精细的组织工作，耐烦地脚踏实地地一点一滴地去做，才能取得预期的效果。盲动、乱干、急躁或粗枝大叶，都必然招致失败。

三、发展敌占区的游击战争与创造隐蔽的小块游击根据地。

敌占区（当我武装能进入作经常活动时，则已变为游击区）应以非法斗争为主。非法斗争的最高形式是武装斗争，是游击战争的开展。

敌占区中日矛盾的发展，有利于两面派的争取和革命两面派的建立，更有利于游击战争的开展，甚至隐蔽的小块抗日游击根据地的创造。今后我们必须有计划地去开展敌占区的游击战争，开辟隐蔽的小块游击根据地。这不仅从积蓄力量准备反攻和战后着眼，而且是坚持山地根据地和平原游击战争的重要环节之一，是熬时间争取胜利的重要手段。

尽管敌占区存在着开展游击战争的良好的条件，但在敌占区建立小块游击根据地仍然是一个艰难的创造，如果以为随便可以干起来那只是一种幻想。有的地区的经验认为，要达到建立隐蔽根据地的目的，应该是稳扎稳打，应该经过政治攻势首先从政治上创造成熟的条件，是很有理由的。开始时，应切实了解当地的具体情况，派遣小的游击部队伸入作跳跃式的进出游击，并物色与当地有联系的干部进入或随游击部队工作，进行群众的和社会的准备，以模范的纪律和明确的政策去扩大影响，进行宣传和组织工作，争取两面派和建立革命两面派，利用中日矛盾去提高各阶层对敌斗争的热情与勇气，利用一切可能建立本地的隐蔽武装。完成了这样的准备工作，我们便有可能派出或由本地生长出小型游击队，坚持当地的经常的游击战争。

敌占区游击战争的坚持，必须由以八路军名义出现的游击队（不管是派出的或是由本身生长的）与当地群众小型武装相结合，缺乏哪一方面都会显得没有力量。没有以八路军名义出现的武装，就不能起欺骗敌人、迷惑敌人的作用，没有本地的群众武装，也会使基干游击队"裸体跳舞"而终于不能存在。

在敌占区坚持活动的武装，不管是基干的或群众的，它的活动都必须采取隐蔽的方式。基干部分采取时隐时现的方式最为有利，而群众部分则应完全是夜间活动，且须假借八路军的名义出现。

敌占区游击战争的主要任务，是保护人民利益，减轻人民（特别是本区本村人民）对敌的经济和劳役负担，特别是保护壮丁粮食不被敌人捉去抢去，打乱敌人的统治秩序，阻止敌伪对人民的摧残，维系人心，打击敌伪的特务奸细活动，并在十分有把握不暴露自己的条件下，打击小股敌伪，以达成在敌占区坚持斗争和积蓄力量的目的。敌占区游击战争必须与革命两面政策相结合，而成为执行革命两面政策的主要依靠。游击武装在活动中要考虑的两个问题：第一是照顾人民利益，凡是能够保护人民利益的事，应努力赴之；凡是可以招致敌人摧残人民的事，都应谨慎从事。第二是处处力求隐蔽，不夸张、不暴露、不大吹大擂，使敌人捉摸不住而麻痹起来。

敌占区隐蔽游击根据地的存在与坚持，不只是发动群众与坚持游击战争，而且必须与争取伪军伪组织的工作，争取封建武装（自卫团、会门、土匪等）的工作相配合，在中国人一致团结对敌的方针下去进行这些工作。对于敌人不可过于刺激，一切从长期坚持着眼，引起了敌人的警觉是非常不利的。总之，那里必须是合法斗争与非法斗争的配合，切不可忽视合法的一面而走入盲动，要防止胜利冲昏头脑的蛮干行为。

此外，不仅在我们的周围，而且要在附近的敌占区灾荒区域，开始组织游击战争的准备工作，这是从战略着眼的重要步骤。

四、尽一切努力保护中国人的利益。

我们的游击队武工队工作人员在敌占区的活动，必须以保护中国人利益为前提，这是保存国力与积蓄力量的问题，是在敌占区发展革命工作的起点。如果我们在敌占区的活动不能与人民的利益结合起来，那么我们不仅不能建立隐蔽游击根据地和发展革命两面派，而且将没有我们立脚的余地。革命两面政策的实质，就是建筑在保护人民利益的基础之上去发展革命抗日力量的。

在敌占区保护人民利益，包括两方面的问题：一是团结各阶层对敌，减轻人民对敌的负担；一是在对敌负担和日常生活中照顾基本群众的利益。后者应约束于共同对敌的范围之内。

在敌占区及敌占优势的游击区，不可能避免对敌负担，而只能是减少对敌负担。对敌负担是多方面的，如人力物力的被掠夺，敌伪人员的敲诈，村款的大量负担与严重的贪污浪费等等，所以要从各方面去减少人民的负担。

减少对敌负担是一个复杂的斗争，有非法斗争，也有合法斗争，这是革命两面政策的具体运用。采用武装斗争的配合，伪装八路军劫回民夫、壮丁和被敌伪掠夺的金钱资材等方法，过去收效很大。其最显著者为反对敌人第五次"治安强化"运动中的粮食斗争，这次斗争完全粉碎了敌人的灌仓计划。我们的武装活动给了人民以很好的借口去欺骗敌人保护自己，至少也达到延缓时间或减少负担的目的。这是属于非法的斗争。

合法斗争方式也是必须采用的。虽然在敌人的统治下合法斗争的范围是很小的，但只要它能够多少于人民有利，也就必须充分利用。即使采用合法方式毫无结果，也可暴露敌人的凶恶面貌，给人民以政治经验，逐渐走入非法斗争乃至武装斗争的阶段。经验证明，合法斗争的巧妙运用，也可以收到一定程度的效果。必须指出，过去在保护敌占区人民利益方面，我们做的工作还非常之少，甚至某些地方还存在着只要同时对我负担就以为满足的观点，这是非常有害的。特别是对保护壮丁的斗争，显得非常无力与办法很少，应引起今后的严重注意。

在对敌负担和日常生活中照顾基本群众的利益，不仅是必要的而且是可能的。除了敌人完全统治的我们毫无工作基础的地区（这样的区域正在缩小），凡是我们游击战争特别是政权力量能够经常达到的区域（这样的区域正在扩大），都应该提出与解决这个问题，只是在不同区域不同工作基础的条件下，要有程度上的差别和方法上的不同而已。

要教育党员和干部善于从当地群众日常生活中去发现问题，寻求机会解决问题。照顾基本群众利益的方法很多，比如，在对敌负担中坚持合理负担原则；利用人民拥护抗日政府的热情，宣传政府法令，鼓励实行法令；村游击小组保护全村的利益，提出减租减息；不放松对每一个租佃关系、债务关系和主雇关系乃至一般的民事案件加以调解等等。又比如，当敌占区人民向抗日政府提起民事诉讼时，应乐于接受，秉公办理，以调解方式为主，而适当照顾基本群众利益。秉公办理的实质，就于基本群众有利。农村中这类问题是很多的，我们很可以按照实际情形，帮助基本群众解除很多痛苦。当然，在要求上不宜太高。不能一区一村地去做，可以一家一家地去做。减租减息，不能是二五减租、分半减息，可以少减一些。只要于基本群众有一点利益，都要积极地去做。同时，照顾基本群众利益必须与团结对敌的利益求得一致。

在敌占区或敌占优势的游击区，无论对敌斗争或解决阶级关系问题，都必须着眼于当地群众的发动，使每一个要求都成为群众自己的要求，而给以应有的配合和援助，并且要随时注意组织群众、建立秘密党的工作。惟有这样，才能锻炼群众，发挥伟大的力量。同时，必须注意群众的教育，特别是使群众从自己的经验中相信我们主张的正确。任何脱离群众、不问群众态度如何的干法，必然要失败的。

五、宽大政策与镇压政策的运用。

宽大政策与镇压政策的运用，应求恰当。我们不仅要防止乱干的复活，始终反对乱杀暗杀造成社会混乱的行为，而且应防止另一偏向，即放纵与听任汉奸破坏分子的活跃。

我们镇压的对象，主要是那些死心塌地的汉奸特务和对抗战危害很大而为群众最痛恨的破坏分子、借刀杀人分子和坚决反动的叛徒。对于那些胁从分子、次要分子，应采取争取的方针，给以回头的机会。经验都证明，只有真正痛击那些坚决反动的敌人的爪牙，才能争取那些动摇的分子。有些地方对于应该杀的汉奸破坏分子不敢杀，是不正确的。我们只是反对乱杀暗杀，而不是应该杀的也不杀，这是要弄清楚的。

对于伪军伪组织，我们在政治上必须采取反对的立场，至于对具体的对象，要分别情况采取打击或争取的方针，而以瓦解其组织，减弱其反动性，以孤立日寇，利于革命抗日工作为目的。

六、合法斗争与非法斗争的配合与联系。

这也是一个公开工作与秘密工作的配合与联系问题，是在敌占区、游击区和打入伪军伪组织内部工作中必须解决的问题。

要解决这个问题，必须了解什么是合法斗争与非法斗争，什么是合法形式与非法形式。所谓合法与非法，都是对敌人来讲的。合法斗争就是敌人允许的斗争，非法斗争就是敌人不允许的斗争；合法形式就是敌人允许的形式，非法形式就是敌人不允许的形式。合法斗争与合法形式是相关联的，没有合法的形式就没有合法的斗争。敌人并不允许我们有什么斗争，只是这种斗争是用合法形式表现，而为合法形式所隐蔽，才得到了敌人一定程度的许可。非法斗争则是用非法形式出现的，是敌人不许可的。合法斗争的形式是多样的，如请愿、告状、利用伪组织活动等等，都是敌人今天一般还许可的。非法斗争的形式也是多样的，如示威游行、抗缴粮款、拒绝维持、组织革命团体，乃至暴动、反正、武装斗争等等，而以武装斗争为非法斗争的最高形式，这些都是敌人不许可的。

在敌人统治下，有没有进行合法斗争的可能呢？事实回答是有一定限度的可能的，各地群众曾进行了不少这样的斗争。群众有没有进行合法斗争的勇气呢？事实回答是有的。在新被敌人占领的区域，由于敌人为使人民就范开始采取高压政策，而人民又没有在敌人统治条件下对付敌人的经验，所以一般表现不出什么合法斗争。但是经过了一些时间，群众往往摸索出一些对付敌人的办法，因此便产生了在某种情况下也可以和敌伪斗争的经验和心理。

既然在敌人统治下合法斗争的可能是很小的，而且效果不会是很大的，所以我们必须以非法斗争为主。但是，即使是这样，也不应该抛弃任何一点合法斗争的可能，因为它不仅多少可以使人民少受一些损失，而且可以帮助非法斗争的发展。合法斗争与非法斗争应该是密切配合的，合法斗争可以掩护非法斗争，非法斗争也可以帮助合法斗争，而且必须注意以非法斗争去掩护合法斗争，非法斗争不能暴露合法斗争。所以我们不是抛弃任何一种斗争的问题，而是讲求两者如何配合与联系的问题。

如何配合与联系呢？

首先谈合法斗争与非法斗争。这两者都是可以独立进行的，如过去敌占区往往没有任何非法形式的斗争，也可以独立地进行一些合法的斗争，但是惟有互相配合，才能收到大的效果。

其次谈合法组织与非法组织。这是组织形式问题，是充分利用合法形式来掩护非法组织的建立、存在与发展的问题。我们的革命两面政策，就是利用合法形式来达到建立、发展非法的抗日革命组织与进行非法斗争的目的。我们打入到伪军上层伪组织中，就是要利用敌人的组织形式和敌人给予的地位来发展革命工作和革命组织，并且还可以从了解敌人中，来保护革命组织。所以用各种方法钻进敌人的组织是非常重要的。同时，打入的革命分子可以而且应该利用我党、我军和抗日政府的行动和主张，抓住机会进行革命工作。如我们发布了对敌军的主张，就应该运用巧妙的和不暴露的方式透露给工作的对象；如我们打了胜仗，就可以乘机散布失败情绪，甚至为对方着想，提出"还是要与人家勾搭一下才行"，以达到建立两面派和发展革命两面派的目的。

再次谈公开工作与秘密工作。公开工作的目的，是为着建立秘密工作。没有公开工作的掩护，秘密工作是很难建立的，有了公开工作的掩护，才更保护了我们工作的秘密性。

再次谈公开武装与隐蔽武装。它们也是互相帮助互相配合的，有了公开武装才能掩护隐蔽武装的存在，有了隐蔽武装才能掩护公开武装的活动与坚持。

以上这些，都说明合法斗争与非法斗争、公开工作与秘密工作，是密切联系着、配合着、互相帮助着的。因此，当我们布置合法斗争时，一定要想到非法斗争的配合，布置非法斗争时，也要想到合法斗争的配合。所谓联系与配合，不是把合法与非法、公开与秘密混淆起来，或由一个人去兼任两种工作，这样的结果没有不暴露而遭失败的。必须着重指出，我们虽然不允许抛弃合法与公开的一面，甚至有一点公开合法的可能都要尽量利用，但是我们的目的，却是发展非法与秘密的一面，这才合乎我们积蓄革命力量、削弱敌人力量的要求，忽视了这一点，就会陷入合法主义的错误。同时，在进行合法斗争时，我们一方面要领导群众争取斗争的胜利，一方面必须充分暴露敌人的狰狞面貌。在斗争胜利后要指出这种胜利是有限度的，是中国人民团结一致斗争的结果，是抗日军队政权帮助的结果，以免在群众中增加对敌的幻想。如果合法斗争失败了，更应抓紧机会鼓励群众对敌斗争的情绪。在合法斗争中，我们还应充分了解敌人，掌握敌人内部的矛盾。过去有些同志把敌人看成非常一致的整体，完全是主观的错误的想法。

估计到敌后斗争的犬牙交错此起彼落的特点，决定了公开工作与秘密工作、合法斗争与非法斗争具有很大的变动性。尽管我们主观上要扩大非法的一面，但客观条件常常与我们的愿望相反。有时某些地区变成了我们的隐蔽根据地，于是扩大了非法斗争的一面；有时则因为敌人的摧残，又大大缩小了非法斗争的可能。这样的变动性，要求我们在任何时候都要采取稳重的方针，不暴露自己，不过于刺激敌人，随时都有坚强的秘密工作的准备。这样，即使环境恶劣，我们也能作有秩序的退却，而不致吃大亏。

七、把政治攻势经常化。

所谓政治攻势经常化，就是除了大的重要事件和带全局性的问题之外，一般不进行带全区性的政治攻势，而是根据各分区特别是各县的具体要求，去经常地布置一个分区、一个县乃至一个小的区域的政治攻势。惟有这样的政治攻势，才更能抓住中心，与当时当地的具体斗争要求相结合，也才能真正地打到敌人的痛处，并与人民的利益更密切地结合一致。

过去政治攻势积累了许多经验，都应很好采用。同时应指出，过去政治攻势更多的是作了广泛的宣传工作，对于敌占区的组织工作，尚未提到议事日程之上。过去在敌占区宣传鼓动，给今后组织工作奠定了基础，这是重大成绩，今后的政治攻势，不仅仍应强化宣传鼓动，而且必须提高到组织阶段，成为敌占区组织工作的重要武器。

为此，我们在政治攻势中，必须有计划地去团结敌占区开明进步人士特别是知识分子，帮助他们形成抗日组织，或动员他们秘密地到根据地参观；必须注意秘密党的建立，谨慎地发展党员；必须加强争取两面派及帮助两面派成为革命两面派的工作；必须注意帮助当地人民对敌进行合法斗争与非法斗争，保护人民的利益，从斗争中锻炼群众的抗日勇气；在条件成熟时，我们还必须建立群众的隐蔽的游击小组或其他形式的抗日武装，建立隐蔽的小型的游击根据地，这正是我们今后政治攻势的重要目标。

武工队仍然是今后对敌开展政治攻势的骨干，必须加强其力量，在组成中应有与当地人民息息相关的队员，这样才能使政治攻势经常化。因此必须提高边地游击队（县区基干队）的军事政治质量，使之成为能够担负进行政治攻势的力量。同时为了加强组织工作，必须在政治攻势一元化的斗争中，加强党特别是抗日民主政府在敌占区活动的比重。

八、在敌占区建立党。

这里只提出这个任务，而不谈如何建立的方法，这方面的经验我们许多同志是很丰富的。几年来我们完全忽视了这个基本的工作，现在不能再马虎下去了。

敌占区秘密党的任务，是从各方面去隐蔽地积蓄力量，以待时机。在组织上要力求隐蔽精干，在活动范围上要力求广泛。我们的党员要钻进一切敌伪组织和地方封建团体中去进行自己的活动，纠正过去闭门训练、自视清高等关门主义（实际是一种等待主义）的倾向。

第四部分　反"扫荡"与反蚕食

坚持与巩固抗日根据地的主要斗争形式是反对敌人的

"扫荡"与蚕食。过去我们对于敌人的"扫荡"，有很高的警惕与重视，但有相当长的一个时期，对于敌人蚕食政策的毒辣性警觉不够，吃了很大的亏。几年来根据地的缩小，大半是由于敌人蚕食的结果。经过北方局、军分会五月四日反对敌人蚕食政策的指示[64]之后，才引起了普遍的注意，去年太行反蚕食的斗争，获得了相当的成果。

反"扫荡"反蚕食的共同特点有两个：

一是群众性的武装斗争问题。反"扫荡"或反蚕食是以武装为斗争的骨干，但绝不能只认为它是一个军事斗争问题。它牵涉到人民的生活和动向问题，是军事与政治、武装与人民密切结合的问题。只有当不仅军队而且人民把争取反"扫荡"与反蚕食的胜利，认为是自己的事情的时候，只有当军事行动与人民利益结合一致的时候，我们才能取得完满的胜利，我们自己的损失才会小，给予敌人的打击也才会大。以太行区而论，过去反"扫荡"的发展过程大约是这样的：在初期反"扫荡"时，以反对敌人九路围攻为代表，只有军队作战，群众一般是怕战争，无组织状态，以家庭为单位逃跑或不逃跑，不相信空室清野。在没有军队活动的地方，敌人横冲直闯，大烧大杀，人民损失很大，战后悲观失望。在百团大战后期三次反"扫荡"时，仍是军队作战，有了人民参战。群众有了依靠军队打击敌人的观念，开始相信空室清野，开始有组织地分散逃难。敌人实行"三光"政策，战后群众埋怨军队。在去年二月、五月"扫荡"时，敌人重点在我腹心地区，大部为工作薄弱区，群众战斗经验很差，"扫荡"亦很严重。群众的心理是害怕敌人，不相信军队和民兵力量。国特大肆活动，挑拨军民关系。在工作稍好的地方，群众是无组织的混乱状态，大量分散逃避；在工作不好的地方维持敌人；而我工作好的区域，"扫荡"并不严重，群众能有组织地行动，相信空室清野，民兵亦比较活跃。这些说明，经过战争锻炼的区域和未经过锻炼的区域，工作好的区域与不好的区域，有很大的差别。在去年十月"扫荡"时，工作好的或经过战争锻炼的区域，军队分散与民兵结合斗争，胜利很大，损失很小。群众相信军队和民兵力量，逃难逐步组织化，空室清野逐渐彻底化、经常化。战后民兵虽伤亡百余，人民情绪很高。以上说明群众问题在反"扫荡"中的重要。群众有了积极性，民兵有了力量，并与正规军游击队相结合，才会有真正的群众游击战争，也才能使军事上容易求得胜利；群众有了战时的组织性和很好的空室清野，才可以少受敌人的摧残。军队的孤军作战，在过去"扫荡"不严重的情况下，还可勉强支持，像去年五月那样的"扫荡"就不行了，今后更不行。同时还应指出：过去人民不相信军队，这是与地方干部和人民不了解游击战争有关，也与军队在反"扫荡"中把自己的行动与人民利益结合不够有关。

　　二是腹地坚持和外线出击相配合的问题。敌人的方针是：治安区（敌占区）"清乡"；准治安区（游击区）蚕食；非治安区（根据地）摧毁。三者的运用是互相联系着的，有时为了蚕食而进行"扫荡"，有时为了"清乡"而进行"扫荡"，有时三者并行。同时敌人在"扫荡"时，对于其交通补给线是极为重视的。所以我们也必须把反"扫荡"反蚕食和面向敌占区、面向交通线三种斗争密切结合起来。过去经验证明：我们组织得最有力的反"扫荡"斗争，是以一部军队分散与地方武装民兵相结合，以与人民利益相结合的群众游击战争形式，坚持腹地的斗争；另以有力部队，有时甚至主力，转到敌后去打断敌人的补给线，破坏敌人的交通，打烂敌人在敌占区的政治机构，粉碎敌人的"清乡"和蚕食计划。这样就能争取主动破坏敌人的部署，引起敌人的混乱，而起着引退敌人的作用。所以腹地坚持与外线出击的配合，应成为今后反"扫荡"反蚕食斗争的一个重要指导原则。

以下再分别来说反"扫荡"与反蚕食中诸问题。

一、反"扫荡"。

（一）反"扫荡"作战的指导原则是广泛的群众性的游击战争，是腹地游击战争的有力坚持与外线游击战争的有力配合。所谓群众性的游击战争，就是军队与广大人民武装（民兵）相结合的斗争，就是军队行动与人民利益相一致的斗争，就是人民有组织地进行反"扫荡"的斗争。惟有群众性的游击战争，才能发挥根据地最大的威力，才能打击敌人的"驻剿"和"清剿"，保护根据地的人力和物力，才能打击汉奸、特务的活动，也才能给敌人以重大打击而自己损伤较小。去年十月太行二、三分区的反"扫荡"经验，太岳沁源反"扫荡"经验，都证明了这点。

（二）反"扫荡"的群众性游击战争，必须在平时准备好。估计到今后敌人的"扫荡"将带更多的突然性，敌人对于"扫荡"的准备是切实注意隐蔽的，其遂行"扫荡"兵力的集结地点，不一定在被"扫荡"区域的周围，所以常常不易从周围敌人的动态判明"扫荡"的征候。去年五月"扫荡"，我们对此估计不足，是吃了亏的。因此今后反"扫荡"的准备主要靠平时，而不是判明"扫荡"征候后临时动员

（当然这是必要的）。准备反"扫荡"的主要工作是：第一，民兵的发展，尤其是军事政治的训练，地雷、手榴弹、宣传品等的经常准备；第二，县、区、村指挥部和情报网的建立与健全，并在平时就要养成其指挥的习惯；第三，人民的思想准备和战时人民撤退的组织准备，并假设各种情况实际演习，要估计今后"扫荡"时间可能拖长，敌人的"抉剔清剿"战术还要发挥，"三光"政策将要厉行，故思想和组织准备都要充分；第四，空室清野的经常准备；第五，机关的大量紧缩等等。有了这些经常准备，就可以随时应付敌人的突然"扫荡"和"清剿"，不致引起慌乱。

（三）以群众性的游击战争方式遂行胜利反"扫荡"作战，就必须加强正规军的游击战术的教育和战时分遣结合人民斗争的政治工作；就必须加强游击队的巩固和战斗力的提高；就必须加强民兵的组织与军政训练，尤以游击队民兵两者为重要。我们的游击队已有相当发展，但战斗力仍薄弱，政治质量仍差，不巩固的程度仍然严重，与人民的结合非常不够。今后军区、军分区的指导重点，应放在游击队的加强上面，同时要以最大努力，指导与帮助武委会进一步地建设人民武装，特别是民兵的建设。民兵工作在太行、太岳都已初具基础，但发展极不平衡，锻炼亦极不一致，过去训练多犯形式主义的毛病，使用旧式武器提倡不够，地雷战极不熟练，这些都是今后应加以纠正的。特别要指出："扫荡"的中心常常在根据地的腹地最为残酷，而我们在腹地不可能建立大量的脱离生产的武装，故民兵建设尤为重要。可是腹地的民兵工作恰恰是薄弱的，战斗锻炼恰恰是差的，亟应加以补救。

（四）敌人"扫荡"的目的，或为摧毁根据地，包围袭击我之机关，消灭我军有生力量；或为建立据点、交通线，割裂根据地；或者以伸入"扫荡"掩护其边地蚕食或敌占区清乡。所以我们的反"扫荡"，必须判明敌人的企图，进行积极的斗争。在腹地，我们一切斗争是为了打击敌人的"三光"政策，切实保护人民的财产和生命。如果判明敌人打通据点或打交通线企图时，也必须组织顽强的斗争，以打破敌人的企图。认为敌人计划无法破坏的观点，只能是机会主义者的观点。要知道敌人的"扫荡"、蚕食计划能否实现，主要决定于敌我斗争的结果，我们斗争胜利了，是会逼使敌人放弃或暂时停止其计划的。过去许多事实证明了这点。最近敌人企图打通临屯公路，在我积极斗争下破坏了，更是明显的例证。不少经验证明，即使明知不能不走到维持敌人的道路，也必须采取坚决斗争之后再有计划地实行维持，因为这样既可教育人民，又可争取时间准备新的对敌斗争，以便为将来寻求有利时机打退敌人，取消维持的斗争打下基础。今后这类性质的斗争将会增多，值得大家很好地考虑。

（五）每次"扫荡"之先，敌人必派大批汉奸爪牙到根据地刺探军情，准备"扫荡"时发动维持。所以我们要在平时，在"扫荡"前及"扫荡"中，注意锄奸防谍工作，在"扫荡"中防止维持敌人，并进行反维持斗争。这基本是一个群众问题，故应在群众中进行深入的教育和动员。

（六）军队在反"扫荡"中，要与各级战时指挥部取得密切联系，关切人民的生命财产，及时供给人民情报。这样的军队才配称为人民子弟兵。军民结合起来，才能成为不可战胜的力量。

（七）为了准备应付最困难的反"扫荡"斗争，同时从长期打算，减轻人民的负担，必须进一步地实行精兵简政，彻底地紧缩上层机关，加强下层的工作力量。

这是过去反"扫荡"中得出的重要经验。

二、反蚕食。

（一）游击区的坚持与根据地边沿地区工作的加强，成为打击敌人蚕食政策的重要环节。敌人的蚕食与"扫荡"不同，一般是兵力不大，采取利用我工作薄弱、政策发生错误的弱点，事先布置特务，发动秘密维持，时机成熟，即突然跃进，乘虚而入，组织维持，构成据点和封锁线的方式和步骤；或者采取突然跃进一线，用点线圈出一块区域实行蚕食。故反蚕食不只是军事问题，更主要是政治问题、群众问题。如果我们在游击区、边沿区的阵地巩固，敌人无隙可乘，就很难施行其蚕食计划。所以加强游击区、边沿区，特别是工作薄弱点的区域，更是非常重要的。而我们的游击区和边沿区，恰恰一般是我们的薄弱点。边沿区是一般根据地的建设问题，这里只谈游击区问题。

过去在许多游击区，由于敌人的摧残厉害，负担很重，敌特、顽特横行，特别是我们对游击区人民照顾不够，游击战争仍嫌不力，游击队纪律不好，所以人民抗日情绪不高，多采取中立态度，或无条件地维持敌人，也对抗日政府负担，或向根据地、敌占区逃避，变为无人区。这种情况，大有利于敌人的蚕食政策。今后必须加强对游击区的注意与指导。

游击区的中心问题，我想有三个：

一是要使坚持游击区抗日斗争变成游击区人民自己的事

情。因此，必须处处照顾群众，为群众的困难设想，帮助他们想办法和敌人斗争，这样来改变某些游击区人民对我的中立态度，走上积极的抗日斗争。只有把对敌斗争与人民利益结合起来，才能实现这个要求。

二是游击区的对敌斗争必须有一套灵活的政策。由于那里是敌我经常进出的区域，没有巧妙的斗争方式是不能坚持的。具体说来，就是革命两面政策的灵活运用问题，不仅在敌占优势的游击区，即我占优势的游击区，也应允许一定程度地采用应付敌人的方式，其不同处就是我占优势区的应付敌人，只是一时的手段，敌人一去我又打断，如此既可避免敌人过大的摧残，保护人民的利益，又可巩固我们的阵地，加深各方面的基础。不管哪种游击区，在今后犬牙交错、互相插花的复杂斗争中，伸缩性都是极大的，时而我占优势，时而又变为敌人占优势。我们在指导上要善于掌握情况，决定办法，一切以打击敌人蚕食政策，保护人民利益，引导人民进入积极的抗日斗争，以巩固我们在游击区的阵地为出发点。

三是从斗争中建立游击区人民自己的抗日武装（游击队和民兵）。惟有这样的武装，更能坚持游击区的斗争。一切在游击区活动的游击队，必须加强政治质量，保证有严格的群众纪律，做到与人民一致。

（二）切实了解敌人，发现敌人的蚕食计划时，就应一面坚决肃清敌人的特务爪牙，一面主动地向敌占区出动，把斗争的焦点引导到敌占区去，以破坏敌之计划。

（三）当敌人实行蚕食时，我应采取"正面坚持与后面配合"相结合的斗争方式。正面不坚持，放纵敌人无阻碍地前进，是不对的。但只有正面坚持更是不能成功的，还必须伸到敌占区活动，打烂敌人的计划以引退敌人，甚至有时置重点于后面，都是可以的，这也是过去经验所证明了的。敌人对各地的蚕食，常常采取不同的办法，我们应依据不同特点，采取不同方式，进行反蚕食斗争。

（四）在我打退了敌人的蚕食之后，敌人不会甘心，常采取报复手段进行反攻。故我不可因胜利而麻痹，应及时动员群众准备打击敌人的反攻。只有打退了敌人的反攻，反蚕食斗争才获得了坚固的胜利。

这是过去反蚕食斗争中获得的重要经验。

三、平原的反"扫荡"。

平原今天是反"扫荡"的问题。今天冀南的特点是：敌人分割计划已经完成，据点公路密如蛛网，我大兵团活动困难，已采取分散坚持平原游击战争的方针。敌人则采取小兵力的频繁"扫荡"，以求打击和消耗我军，抉剔地下组织，镇压人民抗日情绪，发展伪军伪组织，大量掠夺人力物力，达到其逐渐控制平原的目的。

这不是说平原已无大"扫荡"的可能，这样设想是危险的。固然敌人的大"扫荡"主要是为着摧毁我之"集团战力"，但不能说敌人已认为我们在冀南没有了"集团战力"。固然敌人在过去一般是集中兵力对一个区域"扫荡"，但不能说今后敌人不会像冀中那样采取对冀南全面的"扫荡"。固然我们的分散状态，使敌人大"扫荡"发生困难，不易捉摸，但不能说敌人不可以进行以无数小支队组成全面的"扫荡"和"清剿"。事实上敌人不需要加重很多兵力，就可以进行这样的"扫荡"。所以在思想上组织上我们都必须有足以应付这样"扫荡"和"清剿"的准备。总之，从最困难处去设想，是不会吃亏的。

平原的反"扫荡"有其特殊的规律。冀南已经创造出许多宝贵经验，无法一一介绍。其基本特点是更带群众性，更与我们的革命两面政策的运用和伪军伪组织的工作有着密切的联系。冀南今天的最大弱点是地方武装与人民武装还非常薄弱，如不克服，将在最严重的环境中发生困难，应加以特别的注意。而在极度分散的情况下，保持我们部队和一切干部的政治纯洁性也很重要。

第五部分　一元化的斗争

坚持敌后抗日战争，与敌人进行一元化的斗争，从各方面积蓄力量，准备反攻和战后，决定于党的领导。中央去年九月一日《关于统一抗日根据地党的领导及调整各组织间关系的决定》，就是从组织上保证我们进行统一的斗争，以取得胜利。

中央决定的主要精神，是建立一元化的党的领导机关，以统一和加强斗争的领导。过去在本区，我们军队党和地方党的系统，虽然都在中央和北方局的领导之下，基本上是统一的、一致的，但"统一精神不足，步伐不齐，各自为政，军队尊重地方党、地方政权的精神不够，党政不分，政权中党员干部对于党的领导闹独立性，党员包办民众团体，本位主义，门户之见等等。这些不协调的现象，妨害抗日根据地的坚持与建设，妨害我党进一步的布尔什维克化"。这些毛病在本区都是存在过的，虽经不断纠正而有不少克服，但并未完全肃清。所以中央指示我们："根据地的建设与民主制度的实行，要求每个根据地的领导一元化。加以日寇'扫荡'的残酷，封锁线与据点的增强，上下级联系的困难，抗战的地区性与游击性的增大，要求各系统上下级隶属关系更加灵活，每一地区（军区、分区）活动的独立性，以及活动各方面的领导统一性更加扩大与增强，要求各地区的各种组织，更加密切的配合，不给敌人以任何可利用的间隙。"这对于我们是非常重要与非常适用的。

过去对敌斗争的经验证明：我们不统一，就可以给敌人以利用的间隙，如一九四〇年、一九四一年之间的退缩现象，就是军队与地方互不配合、互相埋怨的结果。而反五次"治安强化"运动的政治攻势之胜利，也就是党的统一领导的结果。冀南在统一党的领导之后，各方面都有了显著的进步。

今天，各地在组织上都采取了一些步骤，以实现中央决定中的规定，但是否没有问题了呢？我以为还是有的。

中央指出："党的领导一元化，一方面表现在同级党政民各组织的相互关系上，又一方面则表现在上下级关系上。在这里，下级服从上级，全党服从中央的原则之严格执行，对于党的统一领导，是有决定意义的。"试问本区过去对于一九四一年中央和北方局关于大城市工作指示做了些什么成绩呢？对于北方局加强敌占区工作的指示又做了些什么呢？这是值得我们反省的。在太行，某地区对于中央土地政策的指示及区党委执行这一指示的决定，搁置一边，认为这不是本区的"中心"，经区党委严格批评，才得到纠正；又如分局因为两个村的问题，提议区党委加以检查，并责成辽县、黎城两县委向区党委和分局作正式报告，至今半年，经屡次催索，两县委完全采取不理态度。试问党纪何在，这不是闹独立性是什么呢？太岳过去对中央和北方局指示很少讨论，冀南专署级的农救会主任，还未看到中央土地政策的指示，难道这些不是很严重而需要纠正的现象吗？很明显的，不克服这些现象，党的统一领导是无法实现的。

中央指出："为统一根据地的领导，为改进党政军民关系，必须在党政军民各系统党员干部中进行思想教育，整顿三风[65]，肃清主观主义宗派主义的遗毒。""教育干部识大体，顾全局，号召干部实行批评自我批评，使干部懂得全局，不陷于局部和本位的偏向。"难道这些现象不是还在部分同志中存在着吗？主观主义、宗派主义不是到处可以发现吗？把干部私有，把资财私有，着重局部利益，不顾全大局等现象，不是还在许多问题上可以发现吗？这也是我们要从加强整风中加以纠正和克服的。

中央指出："加强各抗日根据地领导的统一，是为了更顺利的进行反对日寇的战争，'一切服从战争'是统一领导的最高原则。"这就要求我们细心研究敌人，研究对敌斗争的政策乃至方式方法，正确地灵活地把上级对敌斗争指示运用于自己的实际中。这在今后敌我残酷斗争中尤应切实注意。

中央在去年十二月《关于加强统一领导与精兵简政工作的指示》中指出："各根据地很多都是机关庞大，系统分立；单位太多，指挥不便；干部堆在上层，中下层虚弱无力；军区、分区两级有些缺乏领导中心，许多人谁不服谁，而不能承认一个比较强一点的同志为领导中心，这些现象，与目前及今后极端严重的分散的游击环境完全矛盾着，如果再不改变，简直是自杀政策。"我们这个区域，虽曾执行过精兵简政工作，但仍是不痛快、不彻底的，中央指出的现象，同样与本区今天的状态完全符合。这就要求我们注意配备与培养各级党的领导的中心，坚决来一次痛痛快快的精兵简政，把上层机关缩小到最低限度，把干部加强到下层去，合并同性质的部门。所谓培养党的领导中心，并不等于书记包办一切，是与集体领导的原则相一致的。在精兵简政中，必须坚决克服本位主义，不顾全大局的观念，才能保证其彻底地实施。在精兵简政中，必须注意动员所有适合于敌占区工作的干部到敌占区、敌伪内部去工作，以实现我们在敌占区与敌人斗争和积蓄力量的任务。

在统一党的领导和精兵简政的原则下，我们必须加强敌占区工作部门的领导，主要不在人多，而在质量强，更多的敌工干部应派到敌占区去。我们的敌工部门系统还太多，组织还太复杂，步调极不一致。对同一对象，这部门要打击，那部门要争取，影响甚大，故应考虑作适当的改变，使之更便于统一对敌斗争的领导。我们要求一切党政军民系统下的各部门，今后在自己的工作范围内，以最大的注意力，加强对敌斗争和利用一切可能的机会去开展敌占区工作。

在今年和明年一个时期内，在反攻以前，我们的斗争都很艰苦，我们的任务也是非常繁重的，我们要以高度的警觉性，紧张的工作，细心研究敌人，特别是正确执行中央、北方局的一切指示和正确地掌握政策。只要我们不犯大的错误，我们就能够克服任何困难，战胜敌人的阴谋诡计，迎接胜利的到来。

在艰苦的斗争环境中，我们必须克服可能发生的右倾悲观情绪和蛮干乱干、在敌人面前轻易暴露自己致遭损失的错误。只有同这些"左"的和右的倾向作不断的斗争，我们才能与奸猾的日寇进行胜利的斗争。

我们坚信，在新的有利条件下，在中央和毛泽东同志的英明领导下，在北方局和朱总司令、彭副总司令的就近指导下，依靠我们的努力，我们一定能够胜利。

注　释

〔1〕百团大战，是全民族抗战以来八路军在华北发动的规模最大、持续时间最长的一次带战略性进攻的战役。一九四〇年八月二十日至一九四一年一月二十四日，八路军出动了一〇五个团二十余万兵力，在广大民兵和群众的配合下，向华北敌后主要的交通线发动攻击，并配合各根据地军民进行反"扫荡"作战。至一九四〇年十二月初，进行大小战斗一千八百多次，攻克敌人据点二百九十多个，毙伤日、伪军二万五千余人，俘日军二百八十一人、伪军一万八千余人。

〔2〕"治安肃正"，指日本侵略军在一九三九年初至一九四〇年三月为强化对华北的占领而实行的残暴行动。其主要内容包括以军事进攻摧毁抗日根据地，建立伪组织、培植亲日武装团体，实行所谓"自卫"与"自治"控制民众，施以怀柔政策欺骗民心等。

〔3〕"总力战"，是抗日战争战略相持阶段日本侵略者实行的政治、军事、经济、文化等各方面相结合，以控制占领区、进攻抗日根据地的战略方针。

〔4〕"治安强化"，是日本侵略者为扩大和加强在华北的统治所采取的法西斯措施。其主要内容是：对"治安区"（指敌占区）实行"清乡"，强化伪军、伪组织，清查户口，建立保甲制度，进行奴化教育，以禁绝抗日活动；对"准治安区"（指游击区）进行蚕食，广设据点，设立封锁线，辅以特务情报网，以分割、压缩游击区，扩大占领面；对"非治安区"（指根据地）加强军事"扫荡"和经济封锁，实行烧光、杀光、抢光的"三光"政策，以彻底破坏抗日根据地

的生存条件。自一九四一年春至一九四二年冬，日本侵略者在华北地区连续进行了五次"治安强化"运动。

〔5〕徐州会战，指一九三七年十二月至一九三八年五月中国军队同日本侵略军在以徐州为中心的广大地区进行的一次战役。武汉会战，指一九三八年六月至十月中国军队同日本侵略军在以武汉为中心的广大地区进行的一次战役。

〔6〕维持会，是抗日战争期间日本侵略者在中国沦陷区指使汉奸建立的临时性的地方傀儡政权组织。

〔7〕皇协军，指日本侵略军为达到以华制华的目的收编的部分降日国民党军和土匪武装。其任务是协助日军守备交通线和据点，配合日军进攻中国共产党领导的抗日根据地。

〔8〕法币，指一九三五年十一月国民党政府实行币制改革以后所发行的纸币。一九四八年八月，国民党政府发行金圆券以代替业已崩溃的法币。

〔9〕沁州，今山西沁县。

〔10〕辽县，今山西左权。

〔11〕邯长公路，指河北邯郸至山西长治的公路。

〔12〕白晋铁路，指日本侵略军为分割太行和太岳抗日根据地而修筑的自山西祁县白圭到晋城的铁路，日军称之为东潞线。实际上在根据地军民不断破袭下，只铺轨到夏店镇。

〔13〕"囚笼政策"，是日本帝国主义妄图消灭中国共产党领导的敌后人民武装和摧毁抗日根据地的一种残酷政策。它是以铁路为柱，公路为链，碉堡为锁，辅以封锁沟、墙，对抗日根据地军民实行网状压缩包围。

〔14〕德石铁路，指山东德州至河北石家庄的铁路。

〔15〕邯济路，指河北邯郸至山东济南的铁路。

〔16〕一心堂、长毛道、六离会，是旧中国的民间结社。这些组织的成分主要是破产农民、失业手工业者、流氓无产者等。他们以宗教迷信为联系纽带，有的还拥有武装。抗日战争时期，这类组织由于存在着封建性、落后性，容易被日本侵略者利用。

〔17〕太平洋战争，指第二次世界大战期间反法西斯联盟国家与日本在太平洋地区进行的战争。一九四一年十二月八日，日本未经宣战，以强大的海空军突然袭击美国在太平洋地区的主要海空军基地珍珠港，使美国太平洋舰队遭到惨重损失。同日，美英对日宣战，德意对美宣战，太平洋战争正式爆发。日本

军队先后侵占了东南亚的许多国家和地区以及太平洋上的一些岛屿，后来在各反法西斯国家武装力量的沉重打击下，不断遭到失败。一九四五年八月十五日，日本宣布无条件投降。九月二日，日本代表在投降书上签字，战争结束。

〔18〕冀钞，指冀南钞票，是晋冀豫边区冀南银行发行的法定货币。一九三九年十月开始在冀南、太行地区发行，后在整个华北地区流通，对保障和促进华北地区生产、贸易的发展和经济建设起过重要作用。一九四八年十二月中国人民银行成立后，发行全国统一使用的人民币，冀钞停止发行和流通。

〔19〕会门，是旧中国的民间结社，有三合会、哥老会、大刀会、在理会、洪门等。这些组织的成分主要是破产农民、失业手工业者、流氓无产者等。这类组织由于普遍存在着封建性、落后性，往往容易被反动统治阶级甚至日伪所利用。

〔20〕青红帮，指青帮与红帮两个中国民间秘密结社。青帮源于明朝罗祖教支流，成员为江浙等地的无业游民和浪荡江湖者。红帮最早为明朝天地会代称，其支派有哥老会、小刀会、红钱会等，由福建、台湾发展至两广及长江流域。民国成立后，有些组织渐为反动势力操纵和利用，沦为以流氓匪特为主体的组织。抗日战争时期，青红帮部分成员沦为汉奸。

〔21〕一九四一年十月，山西黎城封建迷信组织离卦道的数百名教徒，在汉奸、特务的操纵下，发动武装叛乱，企图占领县城，推翻抗日政府，组织伪政权，投靠日本侵略者。中共黎城县委、黎城县政府当即领导抗日军民平定这一叛乱。

〔22〕一九四二年春，平汉铁路线上的日本侵略军策划对冀西抗日根据地进行"扫荡"，破坏当地的春耕生产。为了配合日本侵略军的行动，少数潜入根据地的汉奸、特务暗中活动，预谋于四月十一日在河北沙河柴关村集合，并裹挟受骗群众发动武装暴动。当地的抗日政府迅速破获此案，将首犯就地正法，粉碎了敌人企图摧残抗日根据地的阴谋。

〔23〕"三光"政策，指日本侵略军对中国抗日根据地实施的烧光、杀光、抢光的政策。

〔24〕平汉线，即平汉路，指北平（今北京）至湖北汉口的铁路。

〔25〕临屯公路线，指山西临汾至屯留的公路。

〔26〕大编乡，是日本侵略军为加强对华北占领区人民的统治而采取的户籍制度。即若干户为一甲，若干甲为一保，设甲长、保长，若干保组成大编乡。

〔27〕同蒲路，指山西大同经太原至蒲州镇以南风陵渡的铁路。

〔28〕阳明堡火烧飞机，即阳明堡战斗，指一九三七年十月十九日八路军第一二九师第三八五旅第七六九团在山西代县阳明堡袭击日本侵略军飞机场的战斗。这次战斗焚毁敌机二十四架，歼灭日军百余人。

〔29〕正太线，指河北正定至山西太原的铁路。

〔30〕七亘村、黄崖底、广阳战斗，指一九三七年十月下旬至十一月上旬，八路军第一二九师第三八六旅先后在山西娘子关以南的七亘村、黄崖底、广阳地区伏击日本侵略军的战斗。

〔31〕指一九三七年十二月八路军第一二九师在山西太行地区反击日本侵略军于太谷、榆次、寿阳、阳泉、平定、昔阳等地出动六路围攻的作战。此役毙伤敌七百余人，为建立晋冀豫边抗日根据地创造了条件。

〔32〕指一九三八年四月八路军第一二九师和第一一五师一部与在山西东南部地区的山西新军以及国民党军反击日本侵略军大规模围攻的作战。此役共歼敌四千余人，收复县城十八座，巩固和扩大了晋东南抗日根据地。

〔33〕一九三八年三月上旬，日本侵略军第一〇八师团沿邯（郸）长（治）公路西犯，企图配合沿同蒲路南下的第二十师团消灭退至晋南的国民党军。八路军第一二九师奉中共中央军委和八路军总部命令，进至山西襄垣东南地区，伺机破袭邯长路，打击西犯之敌。十六日，先以一部袭击敌重要兵站基地黎城，吸引潞城之敌来援，然后在黎城与潞城之间的神头岭地区伏击援敌，共歼灭日军一千五百余人。三十一日，又在涉县西南的响堂铺伏击日军辎重车队，歼灭日军四百余人，毁敌汽车一百八十辆，缴获大批军用物资。邯长大道上的这两次伏击战的胜利，有力打击和钳制了日军，支援了晋西、晋南地区的国民党军。

〔34〕道清路，指河南滑县道口镇至博爱清化镇的铁路。

〔35〕津浦线，指天津至江苏浦口的铁路。

〔36〕自卫团、联庄会，指抗日战争期间日本侵略者为维持占领区的"治安"在各乡镇组织的武装，有的地区称民团。

〔37〕参见毛泽东一九三八年十月在中共扩大的六届六中全会上所作的政治报告《论新阶段》。

〔38〕白晋战役，指一九四〇年五月上旬八路军第一二九师在根据地人民群众配合下，对日本侵略军抢修的白（圭）晋（城）铁路实施的破击战。此役破坏铁路五十余公里，摧毁大小桥梁五十余座，歼敌三百五十余人，打破了敌人

的修路计划和分割根据地的企图。

〔39〕冀南、太行、太岳行政联合办事处，简称联办，一九四〇年八月一日成立，是当时晋冀鲁豫边区的最高政权机关，并担负边区的立法任务。一九四一年八月晋冀鲁豫边区政府成立时，联合办事处撤销。

〔40〕朱德，当时任八路军总司令。彭德怀，当时任八路军副总司令、中共中央北方局代理书记。

〔41〕一九四〇年讨逆战争，指抗日战争中在蒋介石发动的第一次反共高潮期间八路军为制止国民党顽固派的军事进攻而实行的自卫反击作战。从一九三九年冬至一九四〇年春，八路军连续粉碎了国民党顽固派石友三、鹿钟麟、朱怀冰等部对冀南、太行等抗日根据地的进攻。

〔42〕一九三九年十二月三日，阎锡山调集四个军又一个师、一个旅的兵力围攻驻守在晋西地区的山西青年抗敌决死队第二纵队及八路军第一一五师晋西独立支队，惨杀隰县等六个县的抗日民主政府和山西牺牲救国同盟会的干部及八路军伤病员数十人。十二月八日至二十六日，阎锡山所属孙楚部联合蒋介石的中央军向活动在晋东南的抗敌决死队第一、第三纵队发动进攻，摧毁沁水、阳城等七个县的抗日民主政权和人民团体，屠杀共产党员和群众五百余人，逮捕千余人，并策动抗敌决死队第三纵队部分反动军官叛乱。这些反共事件统称为十二月政变。

〔43〕黎城会议，指一九四〇年四月中共中央北方局在山西黎城召开的高级干部会议。

〔44〕格子网，指日本侵略者向抗日根据地实施的网状"囚笼"。日军为巩固其占领区，摧毁、缩小抗日根据地，大量修筑据点、碉堡、公路、沟墙等，将抗日根据地分割成若干小块，切断联系，严加封锁。这些公路、沟墙等纵横交错，形如网状，被称作格子网。

〔45〕军分会，指中共中央革命军事委员会华北分会。

〔46〕根据地变质，指根据地在日本侵略军大规模"扫荡"中变为游击区或敌占区。一九四二年四月二十九日，日军第十二军集中独立混成第一、第七、第八旅团及伪军各一部，共一万二千余人，对冀南抗日根据地进行大规模"扫荡"。冀南抗日根据地被严重分割，大部分变为游击区或敌占区。

〔47〕临时参议会，指晋冀鲁豫边区临时参议会。

〔48〕晋冀鲁豫边区政府，参见本篇注〔39〕。

〔49〕灌仓计划，指日本侵略军在华北地区实施的一种抢粮计划。所谓"灌仓"，即打着代为保管的幌子，强迫占领区和游击区的群众将自己收获的粮食放进设置在日军据点附近的仓库里。其目的是解决侵华日军的粮食需求和防止粮食流入抗日根据地。

〔50〕指彭德怀一九四二年十二月十八日在太行区军队营级、地方党县级以上干部会议上的报告，发表在中共中央北方局一九四三年一月十五日出版的《党的生活》，题为《怎样继续坚持与巩固抗日民主根据地》。

〔51〕抗日战争时期，中国共产党领导的抗日民主政权为改善根据地人民的生活，动员人民支持抗战及解决财政困难，实行减租减息、合理负担政策。减租减息政策的主要内容是：地租一般以实行二五减租为原则，即不论何种租佃形式，均按原租额减去百分之二十五，利息一般减到不超过一分半。合理负担政策的主要内容是：按资产及收入多少规定纳税的比例，除少数最贫困者得免征外，其余的人均须按照比例纳税，但最高不超过每人全年收入的百分之三十至三十五。解放战争时期和新中国成立初期，在新解放的地区也曾实行过减租减息政策，解放战争时期在一些地方也实行过合理负担政策。

〔52〕指一九四二年一月中共中央发布的《关于抗日根据地土地政策的决定》及关于地租及佃权问题、关于债务问题、关于若干特殊土地的处理问题等三个附件。

〔53〕一九四一年十二月，中共中央发出"精兵简政"的指示，要求切实整顿党、政、军各级组织机构，精简机关，充实连队，加强基层，提高效能，节约人力物力。这是在根据地日益缩小的情况下，克服财政经济严重困难和休养生息民力的一项极其重要的政策。

〔54〕指中共中央政治局一九四二年九月一日通过的《关于统一抗日根据地党的领导及调整各组织间关系的决定》。决定要求各根据地实行党的一元化领导，党的各级委员会成为各地区的最高领导机关，统一领导各地区的党政军民工作，取消各地党政军委员会；强调要严格执行民主集中制及下级服从上级、全党服从中央的原则；同时注意纠正和防止党委包办政权、民众团体工作的现象。

〔55〕同盟国，指第二次世界大战期间共同对轴心国德国、意大利、日本作战的中国、美国、英国、苏联、法国等国。

〔56〕一九四二年五月，希特勒下令集中主力向斯大林格勒（今伏尔加格勒）方向突击。苏联军队经过五个月一系列防御作战，大量消耗德军的力量后，于

十一月转入反攻，包围并重创进攻斯大林格勒的德军，从而解除了德军对斯大林格勒的包围。

〔57〕希特勒，德国法西斯首领，纳粹党党魁。一九三三年在德国垄断资产阶级支持下出任总理，次年总统兴登堡死后，自称国家元首，实行法西斯统治，积极扩军备战。一九三九年九月派德军入侵波兰，挑起第二次世界大战；一九四一年六月大举进攻苏联。一九四五年四月三十日在苏军攻入柏林时自杀。

〔58〕一九四二年八月至十一月，美国、日本两国舰队为争夺制海权，掩护陆军在瓜达尔卡纳尔岛作战，先后在萨沃岛、瓜岛、圣克鲁斯岛等所罗门群岛所属岛屿附近海域进行大小三十余次海战，其中大规模海战共六次。美军从此掌握了制海、制空权。

〔59〕大陆政策，指一九二七年日本首相田中义一提出的吞并"满蒙"，并进而灭亡中国、称霸世界的侵略计划，又称田中政策。

〔60〕一九四三年一月九日，在日本帝国主义策动下，汪精卫的伪国民政府发布《宣战布告》，宣布自即日起，对英国、美国处于战争状态。同日，日本政府、伪满洲国政府发表声明，对汪伪政府向英国、美国宣战表示支持。

〔61〕"新国民运动"，指一九四一年至一九四四年日本帝国主义通过汪伪政府在敌占区进行的奴化教育运动。

〔62〕王逆揖唐，即王揖唐，当时任伪华北政务委员会委员长。

〔63〕大乡制，即大编乡，见本篇注〔26〕。

〔64〕一九四二年五月四日，中共中央北方局、中央革命军事委员会华北分会发布《关于反蚕食斗争的指示》。指示指出：蚕食政策是目前敌人向华北各抗日根据地进攻的一个主要手段，其危害较以前的"扫荡"和"清剿"有过之无不及，因此，反蚕食斗争成为目前华北全党、全军的一个紧要任务；反蚕食斗争的基本方针，是组织全部力量来停止敌占区的继续扩大；在反蚕食斗争中，必须正确处理武装斗争和合法斗争、政治斗争和军事斗争的关系。

〔65〕三风，指延安整风运动中提出要整顿的学风、党风和文风。

在太行分局
高级干部会议上的报告[*]

（一九四三年二月二十日）

大会的三个报告[1]，经过几天的小组讨论和十一天的大会讨论，特别是彭德怀同志对大会的指示，一般问题都得到解决了。

我完全同意彭德怀同志的报告和发言、罗瑞卿[2]同志及其他同志的发言，并认为大会的报告与精神是完全符合于"北方局关于华北敌后抗日根据地一九四三年工作方针的指示"[3]的精神的。

第一部分　过去的检讨

过去工作检讨的目的在于研究过去工作的规律，提出真正的经验教训，作为今后工作的借鉴，不是埋怨，不是懊悔，也不是为着其他。因此，我同意罗瑞卿同志的意见，检查过去工作的标准应该是：不是从局部看问题，而要从全局去看问题；从当时当地的具体情况去看问题，而不是笼统地

＊　这是邓小平在中共中央太行分局高级干部会议上的结论报告，发表在中共中央太行分局一九四三年三月二十五日出版的《战斗》增刊第十九期。

一般地去看问题；任何事物都有其认识与发展的过程，简单拿今天的认识去批判过去是不妥当的；检查应是各方面的，但应着重于自我反省，特别要区别是指导方针的错误，或者是执行中的偏向。惟有从这样的标准，才能得出真正的经验教训，也才是实事求是的精神，对于工作才有好处。

在报告和讨论中都提到黎城会议，对于黎城会议的正确估计是什么呢？首先要看黎城会议所处的环境，是刚在反顽大磨擦之后，形成了严重的干部蛮干的"左"的行为，导致了社会秩序的混乱；当时是在大发展之后，几个区域的政权没有统一，武装部队单位很多，骈枝林立，战斗力不足，是一个泛滥状态；民生凋敝，人民生产情绪不高。黎城会议解决了这些问题，它的功绩表现在：

1. 确定了建设与巩固根据地，坚持长期抗战的明确观念，解释了中央关于巩固根据地的三个基本环节（发展进步势力，争取中间势力，反对顽固势力），特别注意在大磨擦之后争取中间势力的重要性，明确了统一战线观念。

2. 执行了北方局一九四〇年四月三大建设（建党、建军、建政）的方针，提出了"十年树木，百年树人"的精神，初步确定了一些正确的政策，开始财政经济的建设，规定了许多"爱护民力，发扬民力"的具体办法，并获得很大的成绩，打定了几年坚持斗争的基础。

3. 纠正了当时的混乱，克服了统一战线破裂的危险，巩固了各阶层的团结。

4. 实行了政权军队的统一，建政建军收到相当大的成绩，政权威信大大提高，军队战斗力大大增强。

所以我们说黎城会议基本上是正确的，有其显著的功绩。

但是黎城会议也有其缺点和错误，在部分问题上有其片面性，表现在：

1. 没有估计到群众运动发展的严重不平衡，多少带有平均方式。当时虽也提到减租减息，"建党以进一步依靠群众为核心"，并规定了巩固群众组织的任务，但没有足够认识到当时许多地方发动群众工作很差，没有把群众运动提高到应有的位置并以群众运动为三大建设的灵魂，所以导致黎城会议后一个相当长的时期内群众工作的消沉。

2. 在纠正混乱的"左"的现象中，没有认识到这是一个大转弯，须要一个艰苦的教育说服过程，更没有从思想根本上去揭发"左"的实质和其危险性，以教育党组织和干部。当时虽也提出了纠正"左"中要注意"组织、教育、纪律"三个办法，但更多地着重了行政的组织的办法，所以在各地执行中产生了严重的偏向。特别是由于未从根本上揭发"左"的思想的危险性，"左"的错误在新的问题新的条件下又复发起来。

3. 武装政策在严紧组织、提高战斗力、建设正规军上是收到不小成绩的，但在武装建设上是不够全面的。如在黎城会议上提出野战军队与地方武装自卫队建设及其后规定军区组织纲要，对于地方武装和人民武装强调不够。这是由于对敌后游击战争的份量估计不够，以致在黎城会议之后，特别是在百团大战和茂林事变[4]之后发生了对于地方武装的编并与放任两方面的错误。

这些问题，除地方武装问题外，在黎城会议本身决定中，是找不出错误根据的。但因为在大转弯时许多问题解释不够，对于可能发生的偏向防止不够，特别是教育不够，结果在执行中发生了不少偏向，这正是黎城会议的毛病。

所以我们说：黎城会议基本上是正确的，缺点和错误是部分的。夸大了黎城会议的错误，说它泼冷水，忽视了当时的情况，忽视了执行中的检查，是不妥当的，是不会有教育意义的。

黎城会议的缺点和错误，经过四个多月之后，在同年九月的北方局高干会议上是得到了纠正的。北方局高干会议对于群众工作提到足够的份量，在传达高干会议的一九四〇年十二月县级干部会议上还有专门的群众工作报告，提出与解决了不少问题。所以，认为过去在指导上忽视了群众工作的说法是不正确的。问题在于我们（从太行军政党委起）各级党部对北方局指示的研究与贯彻很差，因而放过了一九四一年的大好时机。有人说过去我们没有像今天这样划定一个阶段来发动群众。是的，假如过去特别是一九四〇年、一九四一年划定一个阶段来做减租减息、发动群众的工作，当然会好些。但是必须了解这是一个认识的过程，而且不等于一定要划出一个阶段才能发动群众。假如我们对于中央、北方局历次发动群众的指示，真正去体会、研究和执行，今天又是什么状况呢？很明显的，这是我们自己的责任。

武装问题，北方局高干会议上左权[5]同志有专门的发言（这是北方局审查过的发言），强调了游击战争。北方局、军分会历来指导敌后的军事原则，是掌握到中央和毛泽东同志的"基本的是游击战，但不放松有利条件下的运动战"的原则的，即使黎城会议中在这一问题上发生了一些偏向，在北方局高干会议上也是得到了纠正的。而且一九四一年初一二九师的领导同志即曾公开作了自我批评的，我们不仅指出有编并错误，而且有放任错误。可是此后个别地方去年下半年仍有编并错误（中条区）。放任现象虽有不少纠正，但对地方武装仍然注意不够。所以，在一个正确原则确定之后，还有一个执行的问题。有人说一九四〇年下半年和一九四一年上半年的严重退缩，就是因为武装政策发生偏向的恶果。是的，这是重要原因之一。但如只看到这一点，而无视当时对敌占区、敌伪军工作之忽视，和在敌占区政策运用的偏向（如只需索不做工作）等等，能否得出应有的教训呢？我以为也是不可能的。人民武装的建设，自一九四一年提出加强民兵建设后，是有成绩的。但如根据彭德怀同志提出的民兵三个建设标准[6]来检查我们的民兵工作，我们可以发现很多严重的缺点。特别是太行三、五分区某些区域国民党夺取民兵武装，昔阳、和顺敌人夺取民兵武装，不少地方党员不愿参加民兵，一般教育中的形式主义等等，是值得我们特别警惕与纠正的。党员军事化的口号，是要我们去贯彻的。至于军队与地方的关系，还应根据彭德怀同志的指示，加以特别注意。必须承认军队爱护与帮助地方工作还是不够的，而党政在提高八路军、决死队的地位方面，也是不够的。这都是对于武装与人民结合（特别敌人一贯在做军民分离的勾当）以及根据地武装问题的重要性认识不够的结果。彭德怀同志指出：华北党对武装重要性的观念一般是不深刻的。这点值得我们很好注意，不仅地方同志，军队同志一样要注意。

反倾向问题，黎城会议反"左"是完全正确的，但在执行中是有偏向的。黎城会议本身的缺点就在于它没有强调教育，从思想上去反"左"，揭发"左"的根源。所以我们看到反"左"中右的生长，看到在今天执行中央土地政策中，某些同志、某些区域"左"的观念的复发，这是我们真正的教训。黎城会议后不久（六月初），我们即发现了部分区域对锄奸的放任，提出了要纠正，但也只采取了一些组织办法，收效不大，这正重复了同样教训。有人问：今天看来，冀南这一阶段主要是"左"还是右呢？我想，北方局一九四一年三月会议[7]的回答是正确的，冀南是"左"右摇摆，这一问题是"左"，另一问题是右；同一问题此时是"左"，彼时是右；或此地是"左"，彼地是右，而主要是"左"。即在群众工作上，也有"左"有右，讨逆后发生了严重的干部包办蛮干的"左"，同时对于改善基本群众生活又是右的观点。所以笼统说冀南在这一问题上是右，也是不正确的。我们应从具体的内容方面去区别"左"、右，才是对的。

根据地巩固程度的估计问题，我完全同意罗瑞卿同志意见，认为今天不巩固或巩固很差的说法是不正确的。是的，我们根据地建设还有很多缺点。根据地的巩固程度还未达到应有的要求，不平衡的现象还严重存在，发动群众不够，这是事实。但必须承认：我们的根据地基本上是巩固的，群众也有了相当的发动，否则不能回答为什么我们能够在非常困难的条件下坚持了近六年，也会对今后坚持的条件丧失应有的信心。而且必须承认，正因为中央、北方局领导的正确，我们同志也没有睡觉，所以是有成绩的。

根据这些，我们从过去检查中，得到些什么经验教训呢？

第一，中央和北方局的方针与指示，历来是非常明确的。我们工作中是否发生偏向，成绩的大小，完全看我们对于中央、北方局指示的了解和贯彻的程度。正因为我们基本上执行了中央、北方局的正确方针，所以我们取得了几年斗争的胜利。反之，当我们对于中央、北方局指示了解不够、研究不够、贯彻不够时，就一定要发生错误和偏向，我们过去在群众工作、武装问题上所发生的偏向和错误，就是这样产生的。

第二，太行军政党委员会和几个区党委是基本上执行了中央、北方局方针的，但必须承认，过去是有程度不同的错误和缺点的，特别是一般对中央、北方局指示的贯彻太差，使工作遭受一些不应有的损失，走了一些弯路。同样，各地工作的好坏，也看对于中央和上级指示的研究与贯彻程度而有差别，这是应引起今后纠正的严重教训。

第三，过去我们在工作中，由于对下层的了解不够，常在决定和指导中发生偏差。今后下级报告要真实，上级了解要具体，分寸要掌握得很稳，考虑问题要成熟，要从实际出发而不是从感想出发，才不致发生大的错误。要知道上级的一点偏差，都可以导致错误。

第四，检查工作应是多方面的，但应着重于自我检查，要认识自己工作成绩，尤要善于发现自己工作的弱点，加以及时地克服。上级领导机关要随时检查自己领导是否正确，下级要随时检查自己执行上级指示的程度。这才是检查工作的正确立场，也才对工作有好处，使同志有进步。要反对责人苛、责己轻的观点。

第五，检查工作不是算账，必要的责任是应追究的，但不能把责任问题提到第一位。我们是对事不对人，只有对于那些纠正不过来的人或委员会，才应该而且必须提出责任问题。

第二部分　新形势下的工作任务

目前国际国内形势，空前有利于我们坚持敌后斗争，取得战争的胜利。我们有着充分的胜利条件，也有着需要渡过难关的严重困难。我以为，我们应该教育党和人民充分建立胜利信心，而且应从一些根本问题上去坚定人民的信心，才不致在局部的严重事件下，如日寇可能取得的战役胜利，"扫荡"中的摧残等等，发生悲观失望的情绪。这是非常重要的。同时，我以为，尤应使党和人民深刻认识接近胜利的困难，这些困难是能够克服的，但需要我们党政军民一致努力才能克服。这些困难是否我们认识够了呢？没有。我们存在许多贪污浪费现象，我们反"扫荡"、反蚕食的经常准备还差，我们的人民武装建设还有许多缺点，我们发动群众工作还不够普遍与深入，我们在发动群众中还有一些地方照顾统战不够，我们的精兵简政工作还非常不够痛快与彻底，等等，都证明了这点。所以我们必须加强思想上、组织上的准备，来迎接困难，渡过难关，以争取胜利。

同时，我们要懂得，在法西斯被打倒之后，国际国内会发生基本变化。这种变化有利于人民。我党不仅在今天领导人民争取抗战的胜利，而且要在抗战胜利之后，在实现和平建国、民主自由的任务中，去巩固我们的阵地，去团结中国人民。我们在华北不仅要争取敌后坚持的胜利，而且要打下基础，以巩固我党战后在华北的地位。所以，我们今天的努力，不仅是为了抗战的胜利，而且是为了战后的建国。严重任务摆在我们面前，任务当然是繁重的，可是我们必须肩负着这样的繁重任务前进。中央和北方局的指示以及三个报告都贯穿着今天和明天的精神，应引起全体同志的注意。

必须指出，没有今天就没有明天，不渡过今天的难关，争取抗战的胜利，明天是不会到来的。在讨论中，对于今天如何克服困难这一点发挥不够，这是一个缺陷。自然，只看到今天，看不到明天也要发生错误，使我们丧失明显的目标，影响到我们的将来。所以我们的一切工作，必须着眼于今天，同时也为了明天。譬如我们加强敌占区工作，既为了配合今天坚持与巩固抗日根据地的任务，也解决了为明天积蓄力量的任务。

在新形势下，我们今后的任务是什么呢？我们今后的方针是什么呢？北方局指示[8]已经给我们明白确定了："华北党的基本任务，在于进一步巩固敌后抗日根据地，坚持敌后抗日游击战争，克服困难，积蓄力量，替反攻及战后做准备，以便准备迎接伟大新时期之到来。"

实现这个基本方针的具体任务是什么呢？应该是：

第一，贯彻实现民主政治。这是依据于巩固统一战线的基本方针提出的严重政治任务，是巩固抗日根据地的基本一环，也是贯穿于一切工作和党政民组织中的基本精神和内容。惟有民主政治，才能进一步地巩固各阶层团结，克服困难，争取抗战胜利，也才能示范全国，争取人心向我。而统一战线的巩固不仅对于今天非常重要，而且对于准备战后也非常重要。巩固统战本身，就是巩固战后阵地的基本内容之一。不能设想，今天统战不巩固，能够争取抗战胜利；也不能设想，战后统战不巩固，能有我们的坚固阵地。

惟有发扬民主精神和实质，才能达到充分发动群众的目的，才能实现群众自觉自动起来为自身政治经济利益而斗争的目的，也才能巩固群众的发动和群众的组织。不能设想，没有民主的干部包办，能够启发群众的自觉性，能够把群众充分发动起来；不能设想，当群众既经发动之后，不把群众提高到争取民主的政治斗争阶段，而能够使群众形成为一个独立的自为的阶级力量，去与地主资产阶级进行统一战线的联合与斗争，以巩固统一战线和已得的经济政治利益。所以北方局指示指出要"把民主斗争与民生斗争联系起来，把减租减息，增加工资，反贪污浪费等等群众的经济斗争，逐渐提高到争取民主的政治斗争，摧毁残余的封建统治，以巩固党在斗争中既得的阵地"。

北方局指示指出："在党政民系统中更加发扬民主精神，实行真正的民主集中制，在干部中应进行普遍的民主教育，肃清干部思想上违反民主的残余封建影响。"不能设想，在党政民系统中，在干部中没有民主思想、民主精神，能够发扬人民的民主精神，实现真正的民主政治；不能设想，干部中没有平等民主的精神，能够发挥干部的高度的工作热忱。所以，北方局指示指出："全党同志必须深刻了解民主自由不仅是基本群众的要求，而且也是团结各阶层的旗帜，不仅是大多数人民今日的愿望，而且是战后全国人民的政治动向，党必须负责解决这个问题，才能胜利完成历史任务。"这正是把民主问题提为第一位任务的出发点。

北方局指示指出，为了贯彻民主政治，必须"有步骤地改选各级政权机关，特别是着重改选区村两级政权机关，吸收广大人民直接参加管理国家的工作，真正自上而下地实行民主，实现新民主主义的政治制度；示范于全国，使之与敌伪顽占区有基本上的区别"。改选政权机构，应在发动群众的基础上去进行，在发动群众减租减息等斗争中密切联系村政权的真正改造。在一个县大致实现减租减息之后，即可实行县选，其他县份则可以年底前成立推选式的临时县议会，边区大选可在多数县份完成县选之后举行。各县村选举或推选不必同时举行。

民主教育的实施，必须采取一些具体办法。民主教育本身就带有削弱封建统治的革命意义，这种意义在彭德怀同志的小册子[9]中说得很清楚。今天的民主教育，应贯穿于一切日常工作、日常斗争中，党、政府、群众团结都应加以特别的重视，要研究出具体办法，编定教材，加以实施。

第二，依据各地区发展阶段的具体情况，继续发动与深入群众运动。在群众尚未发动的区域，迅即实行减租减息、合理负担等法令，发动群众争取经济政治权利的斗争，从斗争中大量发展群众组织，不应畏首畏尾，延误时机。在群众尚未充分发动的区域，应继续充分发动，深入检查土地政策、劳动政策等等的执行程度，制止封建残余势力的任何翻案复辟的企图，同时加紧巩固群众组织，健全各个群众组织的内部生活。在群众工作已深入的地区，应特别着重民主建设、生产建设、文化教育建设、人民武装建设，使广大群众在政治上、经济上、思想上都提高一步。

在游击根据地和游击区，则应以发动群众，团结各阶层一致对敌，减轻人民对敌负担，保存民族力量，为一切工作

的主要出发点。减租减息、雇工增资[10]仍有其一定程度的
可能，但应采取一点一滴的方式和说服调解的方法去实行，
以不损害团结地主阶级对敌为原则。在冀南的少数基本区，
则应抓住此宝贵时机，实行减租减息、雇工增资等法令，但
不能像山地那样采取较硬性的方式，而应以说服调解为主，
只有对个别过于顽固的分子才采取斗争方式。在封建势力
（土匪、民团、局子[11]）统治的区域，目前不是在那些地方
发动减租减息斗争，而应以扩大中日矛盾，扩大统一战线为
一切工作的出发点。我们应采取有效办法去争取上层分子，
团结士绅名流和知识分子，开始建立党和群众的秘密组织，
树立我们的工作基础，这应是一个相当时期内的任务。要知
道今天引起了这些地方实力派的疑惧，对我们是没有丝毫好
处的。

这就是不同地区不同的群众工作任务。

在各地发动群众工作中，必须贯彻统一战线的精神。今
天我们处在敌后斗争非常艰苦的环境，有些区域已经相当地
发动了群众，个别地区在群众运动中发生了一些"左"的偏
向。根据这些条件，在本区内不应机械笼统地都提出打的阶
段或拉的阶段，而应根据不同的县区去确定打的阶段还是拉
的阶段。在打的阶段中，要善于运用打中有拉的策略指导原
则；在拉的阶段中，要善于运用拉中有打的策略指导原则。
打得要恰当，拉得要及时。过去个别区域随便乱斗，打得过
分，把削弱封建变成消灭封建地主的经济地位，是应适当纠
正的，甚至说服群众自动退还一些过去曾经做得太损害地主
利益的东西，也都是必要的。这些就是把群众运动约束于统
战范围之内的道理。在群众运动中，既要充分发动群众，又

要巩固统一战线，这正是党的领导的责任。

在各地群众运动中，还应贯彻运动本身的民主精神，培养群众领袖，克服干部包办的现象。同时在群众运动中联系到人民武装建设，要逐渐诱导群众进入武装斗争，发挥其生产热忱，实现民主政治，并密切党与群众的联系，这些道理在彭德怀同志的小册子中和大章[12]同志的报告中都已说得很清楚，惟有这样才能巩固群众运动的胜利。

最后，为了充分发动群众，巩固群众组织，必须加强群众团体的干部，调动在群众中有威信的干部去主持群众团体的工作。

第三，强化普遍的群众性的游击战争。在群众运动的基础上，加强人民武装建设，尤其是民兵建设工作。动员共产党员及群众组织中的贫苦积极分子加入民兵，扩大民兵数量，提高民兵政治质量，保障民兵在党的领导之下，武器掌握在可靠分子手中。太行三、五分区某些地区夺取民兵武装，以及昔阳、和顺敌人夺取民兵武装的现象，应引起我们的严重警惕，因此建议各县区党部及军区武委会，应切实检查民兵的成分和支部的领导。对于某些地方民兵脱离群众的行为，应耐心地加以纠正。彭德怀同志提出建设民兵的三个原则，应切实研究和执行。对于民兵的军事教育，应着重于现有新旧武器的使用和适合于现实战术的实地演习，反对形式主义。同时，在人民武装的政治教育上发扬尚武善战、保家卫国的风气。这是武装力量的准备与积蓄，现在将来都很重要。在群众运动的基础上，应动员群众积极地完成各个时期的参战任务，要使群众懂得参战任务是与他们自己的利益不可分离的。要动员群众进行经常的备战工作，以迎接随时可能到来的"扫荡"和"清剿"。

巩固现有的游击队，加强其军事政治教育，派好干部到游击队中去，以加强其领导，使之成为群众性的游击战争的基本力量，一方面能独立担负战斗任务，另一方面成为民兵的模范，领导民兵作战。县区长和党委书记兼任游击队长和政委，必须做到兼职又兼工作，纠正某些同志只挂名不去实际领导武装的现象。这对发展群众性游击战争，保卫根据地，有极大的意义。

提高正规军的质量。加强正规军中游击战的教育，尤应提高干部军事政治的素养，改善教育方式，适应游击战争环境，加强各种具体政策教育，至如文化教育在基本根据地亦须大力进行。同时要采取更有效的办法，密切军队与人民的联系，真正符合于人民子弟兵的称号。

第四，发展生产，建设自给自足的经济。在发动群众的基础上，大大提高群众的生产热忱。党指导群众运动的每一步骤，都应诱导群众走向生产战线，因为发展生产是坚持根据地的重要保障。

关于根据地的财经建设，必须着重指出，发展农业和手工业的生产，应是财经建设的基本环节。在今天严重的灾荒，敌人残酷的粮食掠夺，敌人的封锁，社会积蓄很少的条件下，其意义尤为重大。要估计到敌人的封锁与对敌占区的掠夺还会加强。如果不从建设自给自足的经济着眼，必将遇到严重的困难。过去在贸易政策上，太行区是有不少成绩的，我们应该继续将这些经验用之于其他各地。但应密切注意由于敌人的警惕，必将采取新的步骤来对付我们，我们则必须在新的情况下，采取新的办法去与敌人作经济斗争。要切实了解敌人，善于钻敌人的空子，才能得到新的成就。今年赋予经济部门的财政任务是很大的，如果不注意这点，将可能发生很大的影响。所以我们不能满足于过去的成就，而应足够估计到今后的变化，采取新的办法来完成任务。譬如掌握粮食问题是过去获得成绩的重要一环，今后还有没有这样顺利的条件呢？我以为不会如过去那样顺利了。所以，我们应注意根据地的农业生产，增加粮食的生产，掌握住根据地的余粮，去同敌人斗争。特别要善于潜藏与保护粮食不被敌人挖去以保障军需民食，同时必须加强农村中手工业的生产。手工业生产主要解决根据地人民自身的需要，但同时应注意输出品的生产，去以有易无。我们所谓自给自足的涵义，一方面是根据地人民需用的东西主要由根据地人民生产，一方面是逐渐争取输出与输入的平衡乃至相当的出超。不逐渐解决出入平衡问题，同样不能解决自给自足的问题。

农业生产的标准，应是逐渐恢复战前的产量。为此，不仅要大大发挥人民的生产热忱，把对生产的领导贯穿于全年的生产过程中去，而且还应在减租减息、合理负担等法令实现之后，求得农村阶级关系相当稳定，就在发动群众中也应切实照顾这点，否则也要影响到生产。今年特别在灾荒区域应注意解决春耕中的各种困难问题，切实检查分局去年对春耕准备指示的执行程度，这是渡过难关的重大问题。军队和机关的生产方向，主要是农业生产。手工业的发展，也是与群众运动不可分离的。要发动群众组织与加入合作社，主要是生产合作社，或生产、贸易、运输、信用几种作用混合的合作社，同时必须注意吸收地主富农的资金投入生产和存储银行，这对于根据地建设有很大的好处。

为了建立巩固的财政基础，今年应在太行区实行统一累进税〔13〕，在太岳区认真实行合理负担，准备明年实行统一累进税。统一累进税与合理负担的实施，只有在群众发动的基础上才能做到，所以它是群众运动的内容之一。

反贪污浪费的斗争，应引起很大注意。那些恶棍如不加以反对和制裁，会使根据地遭受不应有的损失。

党政军民机关和干部，应切实遵守财经政策，反对本位主义。

第五，开展敌占区和游击区的工作。为了保卫根据地，为了积蓄力量，替反攻和战后做准备，都必须加强敌占区、游击区的工作。在敌占区、游击区，应以团结中国人对敌，减轻人民负担，保存民族力量为一切工作的出发点，进行敌占区、游击区的组织工作，特别是伪军中、人民中的组织工作。没有组织工作，就不能积蓄力量。对于敌占城市和交通线上的工作，应采取有效办法认真地开始。切实运用革命两面派政策，正确掌握与运用公开工作与秘密工作、合法斗争与非法斗争的联系和配合，而以非法斗争和秘密工作为主，把政治攻势经常化，要求政治攻势与当时当地的具体情况和对敌斗争要求密切联系，经常地进行。提高日军工作的比重，掌握各地日本反战同盟〔14〕的活动。

第六，认真贯彻整风运动。整风是一个思想革命，是用无产阶级的观点、立场和思想方法去战胜小资产阶级的观点、立场和思想方法的斗争。去年虽在进行，但成绩不大，今年应切实贯彻。下面有一部分专门说这个问题。

第七，实行一元化的斗争。必须加强一元化的领导，按照中央决议的精神和原则，把各系统统一在党的领导之下。

第三部分　统一认识及一些具体政策

一、根据地建设与群众运动。

（一）根据地建设的规律。

在讨论中有同志提到根据地建设的规律性问题，这个问题在彭德怀同志的小册子中已经回答了。一个革命根据地除了必须具备的地理、敌情、时机等条件外，其本身必须具备着革命的武装、政权、群众组织和党等四种力量。彭德怀同志说："革命根据地的巩固不巩固、健全不健全，就决定于上述四种组织的巩固不巩固、健全不健全。"这四种革命力量是缺一不可的，缺了一种都不能形成革命根据地。这四种力量又是互相配合的，任何一部分不得力都会影响到其他部分，互相配合不好也会使根据地受到损害。

有人会问：根据地的创立是先有武装还是先有党和群众运动呢？这是一种机械的提法。实际上，有的地方是先有党和群众运动，实行农民暴动，自己创造武装和政权，形成根据地，然后又用这个武装和政权的力量去扩大根据地，创造新的根据地。有的地方则是先有了革命武装，以武装力量打开局面，建立党、政权和群众组织，形成根据地。但是，不管哪个在先，只有在上述四种革命力量形成起来的时候，才有革命根据地。

有人会问：这四种革命力量哪种更重要，哪种是中心环节呢？我以为这同样是机械的提法。实际上，这四种力量既然是缺一不可的，所以是同等重要的。假设一定要定个先后的话，则应根据中国革命的特点、战争的特点，将武装放在第一位。但必须懂得，只有武装，没有党、政权和群众力量，武装斗争便不能支持而会走向失败，历史上有些区域由于单纯军事观点而失败的例子，证明了这点。只有群众运动或坚强的政权工作，而没有坚强的足够的武装，或军事路线发生错误，也会使根据地失败，党政工作群众工作垮台，第五次反"围剿"〔15〕失败后退出中央苏区〔16〕的例子，证明了这点。没有坚强的政权工作，财经建设、锄奸司法等工作无成绩，不仅不能建立根据地的秩序，而且要影响到军需民食，这样也会影响到根据地的巩固与坚持，太行区一九三九年的例子可以证明这点。最后，没有坚强的党的领导和党的组织基础，没有党的一元化的领导，党的领导不贯彻于武装、政权、群众组织等各系统中，党的领导发生错误，都要影响到根据地的建设、巩固与坚持，许多例子证明了这点。所以说，哪种力量最重要最中心的提法是不对的。但是，是否我们应该在任何时间任何条件下，都同等地去注意这些工作呢？不是的。党的指导要依据于当时当地的情形，提出当时注意的中心。如政权工作薄弱就加强政权工作，群众工作薄弱就加强群众工作。当然，在加强这一工作时，要有其他几种力量的配合。例如，在华北的开辟阶段，与历史上的前例又有其不同特点，首先抓住以强大的八路军的力量打开局面为中心，接着把中心放在建立政权，自上而下地建立、发展党和群众组织，建设财政经济，建立社会秩序。这样就抓住了规律性，因而获得了伟大成绩。又如在巩固阶段，我们应以执行土地政策、发动群众为中心，并建设健全的民主政治制度，但在这一点上我们过去执行中央、北方局的指示不够，在一九四〇年、一九四一年注意群众工作不够。这正是我们的历史教训。

有人会问：武装、政权、群众、党四种力量如何联系与配合呢？首先是党的领导问题，党是领导一切的核心。在没有党的地方，革命队伍的责任是建立党与发展党。根据地的党的责任是要善于掌握几种力量的联系与配合，根据不同条件去决定自己注意的中心方向，在解决这一中心工作时要求得其他工作的配合。武装力量的责任是保卫根据地，保卫革命政权，保卫人民利益，建立党而又服从党的政治领导，建立革命政权而又服从政府的革命法令，参加群众工作，发动群众，而又为群众所帮助、所监督。政权的责任是服从于党的政治路线和政策的领导，扶植群众运动和照顾基本群众利益，巩固统一战线，爱护军队和解决军队的供给、补充。群众团体的责任是在党的政治领导之下，独立地去进行发动、组织与教育群众的工作，把群众的认识提高到政治斗争武装斗争阶段，使群众形成一个自觉自为的阶级力量，去与地主资产阶级实行统一战线而又巩固统一战线，诱导群众执行政府的革命法令，号召群众参加与拥护革命军队并把自己武装起来加入民兵。这就是这几种力量的配合与联系。有了武装就有了一切，或有了群众就有了一切的说法，只有在一定条件下才是对的，否则是有毛病的。

还要着重说到的是，我们敌后抗日民主根据地的巩固，还要看统一战线巩固的程度，这也是一个决定条件，也应引起我们注意。

以上就是根据地建设的规律。

有人还会问：我们过去是否掌握住根据地建设的规律

呢？肯定地回答，一般是掌握住的，所以才有这几年坚持与建设根据地的伟大成绩。否认这一点，就不能解释为什么我们能坚持，根据地能日趋巩固。但是，我们有无缺点和错误呢？我们的回答是，有的，如一个时间内武装政策中的偏向，相当一个时期内对群众工作的忽视，几种力量的联系与配合还很不够。假如没有这些偏向，我们的工作会做得更好，根据地会更巩固些。有人说我们根据地还不巩固，当然是不正确的。

中央、北方局历来就有建设根据地的明确方针，我们的偏向或错误，就是对中央、北方局的指示研究不够、执行不够的结果，这正是我们的历史教训。

今后在残酷斗争中，我们必须正确掌握根据地建设的规律，提高根据地的巩固程度，并以最大努力保卫我们的根据地。如果我们没有根据地，则抗日与民主政治的建设乃至反攻将无所依托，切不要忘记历史上没有根据地时候的痛苦。

（二）群众运动的规律。

群众运动有其自身的规律，党在指导群众运动中，必须掌握住这种规律。过去由于我们对中央、北方局的指示执行不够，所以今天的群众工作没有获得应有的成绩。

什么是我们指导根据地群众运动应掌握的规律呢？第一是发动群众，在发动群众中组织群众、武装群众；第二是在发动群众之后，立即注意整理与健全群众组织生活；第三是在发动与组织群众中注意群众的政治教育，在发动与组织任务完成之后，应将重心转入教育群众，把群众运动提高到民主政治和武装斗争的阶段，使群众形成一个自为的阶级力量，去参加统一战线，去参加群众性的游击战争，以巩固既得的政治经济权利；第四是把群众的经济斗争政治斗争约束于统一战线范围之内。不了解这些发展的规律，不懂得诱导群众运动逐渐由低级向高级发展，就会使运动脱节，就不能逐步地提高群众到自为阶级的阶段，也就不能保卫其既得的利益。

有人说，过去我们应该划定一个阶段来集中力量发动群众，没有这样做是个损失，是个缺点。这种说法是很对的。但是也有人说，过去没有划定一个阶段来发动群众，就是没有掌握住根据地建设的规律性和群众运动的规律性。这种说法是不能同意的。应否划定一个阶段，是发动群众的方法问题，而不是规律性问题，不能设想任何地区任何时间都能划定一个阶段来做群众工作。例如中共六届六中全会[17]提出巩固华北，以进一步深入群众工作为中心，但并未指出要划出一个阶段来做；又如华中群众工作做得很好，但一九四一年还未提出划出一个阶段问题，这不等于中央或华中局没有掌握住群众运动的规律性。而且认识是个发展的过程，只有在今天来看过去，才知道我们如果在一九四〇、一九四一两年划出一个阶段来做，是最好的办法，没有这样做，是一个很大的缺点。特别要指出，过去我们对群众运动指导的主要错误，不是没有划出阶段的问题，而是没有在巩固阶段以执行减租减息、雇工增资等土地政策为中心去发动群众的问题。

有人说，过去我们放过了相当的时机，没有把群众充分发动起来。这是对的。但不能说，过去我们没有发动群众。我们不仅有抗战初期广大而深入的抗日发动，反磨擦斗争中热烈的群众运动，而且有今天冀南的中国人大团结的群众运动，这些发展的政治意义是丝毫不可轻视的。就是在减租减息发动群众上，我们也做了一些工作。特别对去年下半年的成绩，要有足够的估计，只是各地成绩大小不同，如太行比太岳、冀南要略好些。

接受历史教训，是为了今后的工作，但不是把历史上可能做的，机械地搬到今天来运用，而要看今天的具体条件，来决定如何去做。今天太行、太岳还可以划定一个时间来发动群众，但在冀南根据地变质后的广大游击根据地（除少数基本根据地），就没有这个可能了。冀南今天是密切结合对敌斗争去适当照顾基本群众利益的问题，是以对敌斗争为中心去发动群众的问题，而不是以减租减息、雇工增资为中心去发动群众的问题了。就是在太行、太岳区也要注意到今天敌后残酷复杂的斗争的特点，对封建地主不能机械地去划分打的阶段和拉的阶段，而应是又打又拉，打中有拉，拉中有打的正确运用，打的时间要求缩短，不宜过长。这是新条件对我们的要求。

发动群众、组织群众、教育群众的工作是困难的，是需要时间的，不能要求过急。但认为"一年做不好有二年，二年做不好有三年"，也是不好的。太岳、太行区一般应在今年内克服不平衡，完成发动群众与组织群众的任务。冀南应大胆地去发动群众、组织群众，但主要是在对敌斗争中，而不是在执行土地政策中去发动组织群众。土地问题在冀南无疑是应居于次要地位的，就是在太行、太岳，也要约束于统一战线之内。所以在冀南单独提出削弱封建的口号，是值得考虑的。

冀南游击根据地发动群众的标准是什么呢？我以为：第

一，广大群众自觉地积极地参加对敌斗争，不仅先进部分，而且落后部分都参加了斗争；第二，在对敌斗争中，基本群众参加了人民武装（公开或隐蔽的），并掌握了这些武装；第三，在村政权中，基本群众自觉地参加，真正实现了三三制[18]；第四，在对敌斗争中适当争得基本群众自身的利益，并巩固了与地主资产阶级的统一战线，共同对敌；第五，有了群众自己的组织，或在统一战线的组织中取得了基本群众的优势；第六，群众相信党和八路军，懂得只有跟着我党我军走，才能得到自己的解放。

有人说，似乎这样的标准要求在冀南不成问题了。这是空洞乐观的估计，实际上还差得很远。没有正确的政治领导，没有艰苦严密而有贯彻力的组织和教育工作，这样的要求是不能完全达到的。

（三）发动群众与巩固统一战线。

这是一个如何把群众斗争约束于统一战线范围之内的问题，是照顾到既能发动群众又能巩固各阶层团结的问题。这里只说几点认识上的问题。

1. 把打的阶段与拉的阶段结合起来，实行打中有拉，拉中有打，打得要恰当，拉得要及时。当然在各个县、区还有划分打与拉的阶段的必要，但打的阶段不宜过于拖长。在打的时候，应更多采取说理方式，争取开明分子来影响其他地主实行减租减息，即使他们假开明，也有好处，也应鼓励；只有对个别顽固分子，才经过一番孤立工作之后，实行斗争的方式。在拉的时候，要防止地主的反攻，特别要教育群众自动地去团结地主。

2. 是削弱封建，而不是消灭封建。我们的方针是既要改善群众的生活，也要使地主保有一定的经济地位。过去有个别地方执行减租清债等法令时，有些过分的地方，应该纠正。政府的法令是一般的原则，在执行中必须依据上述方针，加以恰当的执行，尤应纠正算很久以前的老账的办法。

3. 削弱封建不只是在经济上，而且表现在政治上思想上。在政治上打坍地主阶级的统治，实行三三制民主政治，其本身就是削弱封建阶级在政治上的地位，但绝不能解释为消灭封建阶级的政治地位。地主阶级只要它是抗日的，不反对民主政治的，它就有参加三三制民主政权的权利。所以我们在政治上，不仅要保障群众的人权、政权、财权、地权，还要保障地主的人权、政权、财权、地权。在群众运动中不能提倡侮辱地主人格的行为，如打人、唾口水等。尤其在党的领导上，应防止这些现象成为风气，因为这些做法，会失掉社会同情，有碍团结地主抗日，也妨碍争取落后群众卷入斗争。削弱封建阶级的政治地位，是一个严重的斗争。过去的经验证明，地主阶级，特别是大地主，非常重视其政治上的统治地位，减租减息他们还比较容易接受些，一触及到政权问题，就要遇到他们的严重反抗。所以没有群众自觉地参加政治斗争，要想削弱封建阶级的政治地位，是不可能的。

4. 团结地主抗日，只靠方式上的讲究是非常不够的，主要应使之能够生活，能够保有一定的经济地位，保障其合法的财权，否则即使我们态度很好，即使选他当了代表和参议员，都会无济于事。这点在解决具体问题时，应加以注意。

5. 群众"左"可怕不可怕的问题。只有当我党能够及时掌握与恰当纠正"左"的现象时，"左"才是不可怕的，如果让"左"的东西发展到破裂统一战线的地步，那就是值得可怕的。我们共产党人，不仅要认识世界，而且要改造世界，不仅要当群众的学生，还要当群众的先生，党不是要发展群众运动中的自流性，而是要使党的方针在群众运动中获得实现。这就说明了党的指导的作用。

6. 对富农应采取削弱其封建部分、奖励其资本主义部分的方针。如何解决这个问题呢？主要在政策法令上要照顾这两个方面。同时在斗争中，不能把富农与地主一样看待。过去斗争的对象，富农占的比例不小，这是一种不正常的现象。今天各地已经发生了某些过分的现象，应注意作适当的纠正。

7. 群众运动要求深入，但亦应注意其规模。例如，应该讲究这一区域对另一区域斗争的声援，这一群众团体对另一群众团体斗争的声援，召开必需的一定范围的群众会、群众干部会、代表大会等等，都是很重要的。这样，既可以使群众斗争的经验教训普及，可以影响落后区，争取运动的平衡，又可以提高群众的阶级觉悟和自信心，还可以培养群众的领袖。

（四）党与群众团体。

所谓群众团体的独立性，是在组织意义上讲的，在政治上必须保障其在党的政治领导之下。党对群众团体，应加强其政治领导，不应在组织上去包办。群众团体的工作，应由群众团体自己去讨论和执行。党对群众团体的政治领导，也不能直接下政治命令，而是经过党团[19]去实现。过去各地对群众团体的认识是不清楚的，一般是包办与放松政治领导两个毛病都有的，今后应加纠正。同时，在提出群众团体的组织独立性时，又要防止群众团体脱离党的政治领导的倾向，防止党团脱离党的领导的闹独立性的倾向。

今后的群众运动，应做到由群众团体特别是农会去出面领导，党务工作干部、军事工作干部去从事群众运动时，可以群众团体面目出现，或经过群众团体的介绍。只有这样，才能培养起群众自身的组织观念，培养群众团体的威信，也只有这样，才能培养出群众的领袖。

同时，党对群众运动的指导必须加强，要派遣很好的与群众有联系的干部到群众团体去作负责工作，特别要注意提高下层群众团体的工作能力。对于各种群众团体，不可能加以平均的注意，今天应特别加强党对农会工作的领导，首先健全农会的组织和生活。

各救国会组织在区以上仍采取救国联合会的形式，不必变动，但在村一般应分开组织。上级救联人数尽量减少，把干部充实到下层去。

群众团体的经费，应逐渐做到自给，政府给以足够的津贴。今后群众团体的经济开支，可以自己负责，不必由政府审核。

党应用最大努力去培养大大小小的群众领袖，要知道群众领袖是最值得珍贵的，没有他们是不能支持最困难的斗争的。

（五）政府在群众运动中的地位。

政府对于群众运动应是扶植的态度，所以不应对群众运动采取旁观或漠不关心的官僚主义态度。但是群众运动应该是群众自觉自动的运动，所以政府也不要采取干涉或代替包办的态度。

敌后抗日民主政府，是统一战线的政权，是在我党政治领导之下的政权，它的施政纲领和法令，是符合于党的政策的，是既照顾了工人、农民又照顾了地主、资本家的，所以是有利于基本群众的。我们在群众运动中实行减租减息、合理负担等有利于基本群众的事情，就是在执行政府的法令；而政府在公布了这些法令之后，还必须保障其实现，所以把群众运动和政府态度对立起来是不对的。党和群众团体在指导群众运动中，政府在扶植群众运动中，都是保证这些法令的实现，都是要把群众运动约束于政府法令之内，亦即是约束于统一战线范围之内，所以群众团体和政府对群众运动的立场是一致的，只是在各自的岗位上有其不同的态度和做法。

政府对群众运动的正确态度是什么呢？

1. 当某一地区还没有实行减租减息、合理负担等法令时，应派人下乡解释政府法令，督促实行，并坚决表示不准不实行的态度。

2. 当群众已经发动起来，实行减租减息等斗争时，政府人员应尊重这种自下而上的群众运动，尊重群众自觉自动的阶级觉悟，不应采取自上而下的干预或包办群众斗争，不应利用政府权力，采取行政手段去过早结束群众斗争。这种干预、包办的方法在表面上可以使群众容易得到利益，但是妨害了群众的自觉性，使群众不会相信自己的伟大力量，更不能提高群众的觉悟达到政治斗争的阶段，这是有害的方式。

3. 在群众斗争中，政府人员的工作是加强政府法令的解释工作，这实际上就帮助了群众运动。

4. 当群众与地主发生争执时，政府采取坚持法令秉公办理的态度，这也实际上帮助了基本群众。

5. 当群众运动中发生过左行动时，政府人员首先应通知党或群众团体加以说服纠正，或商定互相配合加以纠正，切忌简单地采取行政方式处理。但当这种"左"的行动影响太大，特别是为反动派利用，造成社会秩序的混乱时，政府就应出面干涉制止，制止后仍须对群众进行充分的解说工作。

6. 在群众运动中，政府人员应对地主士绅进行工作，主要是解释政府法令，劝说他们遵行。不能在地主面前去打击或批评群众团体及其干部，以致增高地主气焰。如群众团体或干部有失理处，可以加以解释，同时指出地主的不合理。

7. 政府人员在群众面前应处处尊重群众领袖，帮助培养对群众领袖的信仰。同时，党及群众团体在群众运动中，亦应提高抗日民主政府的威信，如在群众中损害了政府的威信，是非常有害的。

军队参加群众运动还是很重要的。过去取消民运部门，是因为当时对地方工作成绩估计过高，加上军队干部有些工作方式生硬，影响到有些地区要求军队不要打乱了地方工作的步调，今天看来这是不妥当的。今后军队不仅要派干部以群众团体（主要是农会）的面目，或由群众团体介绍，去参加地方工作，而且军队还应参加群众斗争。这不仅可以帮助群众运动，更主要的对军队本身是很好的活的教育。当然在参加时，不一定要抬着机关枪和大炮。军队派到乡村工作的干部，必须统一于当地党的领导之下，在当地群众团体的工作计划之下步调一致地工作。

（六）村级工作。

一切工作的基础在村，我们必须注意村级工作的领导。关于村级工作的一般原则，彭德怀同志的小册子中都提出了。村级工作是很复杂的，各级党必须继续研究与解决村的工作问题。

我们在简政中，把行政村扩大，固然增加了工作上的一些困难，但不如此会增加人民很多负担，所以不必改变，而要注意于讲究在大村条件下，如何进行领导工作的方式。

二、土地政策中的几个具体问题。

（一）减租问题。

1. 战后土地产量除腹心地区的水地外，一般降低很多，因此，千分之三七五高租率，已不能完全适用。现在各地按照土地好坏，规定几等的租率标准，是必要的。但是在实行中，按年成交租，年成估计往往过低，地主吃亏太大，觉得没有保障，且实际是将固定的租额（死租地）及固定的租率（活租地）取消了，这是不妥当的。

最高租率还是要定的。土地法规定的三七五最高标准不必变更，可在最高租率内，按照土地好坏，规定各等租率标准。规定以后，应按照适当年景（一般是丰收年景的七成），死租地规定固定的租额，活租地规定固定的租率；六成以上的年景，按约定租额交租（死租地）；五成以上的年景，按歉收减免。这对争取地主、巩固团结是有好处的。至于具体的租率标准，各地可根据实际情况规定，但须经边区政府或各地行署批准（在某些被敌人分割的地区，须经专署批准）。

2. 凡战后生产量降低的土地，应以战前的租率乘以战后的产量，这样得出战后未减租前的租额。二五减租[20]应从此租额内减，不应从战前的租额内减，减后再与各等租率衡量。

（二）退租问题。

为了保证减租的贯彻实施，要求地主退出减租法令颁布以后收的租额是必要的，但今年在执行中发生了过左的偏向，如榆社发展到"折地分青"的错误，使部分地主垮台。以后退租，应掌握以下几个原则：

1. 从一九四〇年颁布法令后的秋租计算起，不得再按年成折合，凡是以前交之租额，一律不退。

2. 要适当扣除地主多收租额的负担部分。

3. 要照顾贫苦孤寡的出租人，不是一律退。

4. 应退租额一时出不起，可以分期退还，或以后从应交租额中扣除，但同时要防止地主的对抗。如地主确因经济下降、群众公认无力全额退租时，应该调解，说服对方酌情减少。

（三）合理负担评议的产量与议定租额的产量统一问题。

现在评议合理负担的产量，一般定得高；议定租额的产量，一般定得低。地主觉得自己同一的土地，有两个标准，出东西时定得高，收东西时定得低，是不合理的，表示不满意，这应加以纠正。计定合理负担的产量与评议地租的产量应统一，产量的评定一般应以平常年景（相当战后丰年的七成）为标准。

（四）清债问题。

今后执行上有以下几点值得注意：

1. 付息已超过原本二倍者，清债抽约，不论多寡，均不退还。超过一倍，在一倍半以下者，停利还本。超过一倍半者，补至二倍清债。

2. 清债时，现洋折价发生纠纷，可按一银元折四元冀钞计算。

3. 押地被债主侵占，债主私自税契，或强迫税契者，一九四〇年法令颁布以前，不再变更；以后的以欺骗抗日政府论，所税的契约作为无效，债务人依法清债，并依法处理其土地。

4. 小押当所抵押者，多为日用品及各种杂物，抵押期满，往往拍卖，故期满之抵押品，不应在清债之列。如押期未满，可依照清债办法清理，但押主如有特殊情形者，可照顾之。

5. 在法令公布后，除债主以冀钞高价折合现洋收息，农民利益损失过大，允许退息外，其他一概不得退息。

（五）迅速争取雇工复工。

因为灾荒关系，灾民流入内地，影响雇工工资及复工问题。加以某些地方群众运动中过左行为，灾农对复工表示迟疑。必须抓取时间争取复工。工资过高者，可说服雇工适当减低一些。同时，说服雇主雇用原来工人和本地工人，免因灾民流入，增加主雇纠纷及雇工失业。

三、对敌斗争问题。

（一）几种地区的界说。

第一，敌占区。敌占城镇点线及其附近，敌人统治力量强大，而我武装不能或不能经常进入游击的区域，称为敌占区。在敌占区积蓄力量，是以秘密的非法工作为主，但为了很好地掩护我们的非法秘密工作，必须充分地利用合法形式

（组织形式与斗争形式）。正因为它是最少可能的，所以更是可贵的。在敌占区，党和革命抗日群众组织，应采取隐蔽精干政策，打入伪军伪组织进行秘密的革命工作。积蓄力量是那里的重要任务。

在敌占点线附近，敌人统治力量强大的区域，经过我们的工作，当我们的武装能进入作经常的游击活动时，它就变成了游击区，乃至逐渐发展成为隐蔽的游击根据地。我们应争取这种变化。

第二，游击区。我们的工作薄弱，敌人仍有相当大的控制力，或敌占优势，或敌我均势，但我武装能经常进出游击活动并开展工作的区域，称为游击区。在游击区应以非法斗争，首先是武装斗争为主，但因为敌人仍有相当大的控制力，人民也有合法斗争的要求，所以我们必须充分利用敌人可能允许的很小限度的合法斗争，把合法斗争与非法斗争正确地配合起来，以保护人民利益，并从对敌斗争中，在各方面积蓄力量。当我们工作基础打定时，这种游击区就可变为游击根据地。我们应争取这种变化。决定这种变化的条件为：这种区域是否已经形成为革命两面派的区域。

第三，游击根据地。这是我占优势的游击区，即使它不能不资敌，不能不在形式上是伪组织的一套，但在人民中存在的仍是抗日秩序，实际上仍是抗日的组织，能顺利实行革命两面政策。这些区域，还能进行一定程度的抗日建设工作，并成为武装政权的依托。这种区域称为游击根据地。游击根据地一般是资敌区。冀南现有少数不资敌区，因为它的比重很小，也是在敌人的格子网内，所以也是游击根据地。

所谓隐蔽游击根据地，也是游击根据地的一种，其不同处仅仅在它是广大的游击区建立起来的小块抗日堡垒，故应更隐蔽，即其做法应较大块游击根据地更带隐蔽性。

游击根据地（除少数基本区）是以非法斗争为主，并应建设一定的抗日秩序和进行公开的武装政权的活动，要有较强的党的组织基础，成为武装政权的依托。但亦应充分利用可能的合法斗争，尤其是隐蔽游击根据地更应注意及此，更要善于隐蔽自己，才能长期坚持，而不致遭到不应有的摧毁。游击根据地如果不巩固统一战线，不懂得以非法斗争为主而又善于利用可能的合法斗争，不善于隐蔽自己，特别是脱离了群众，也会在敌人摧残下，变为游击区或敌占区，这点应引起注意。

第四，根据地。即我抗日组织、抗日秩序公开存在，抗日建设能有计划进行的区域，而且是有相当范围的区域。我们的任务是不断地进行反"扫荡"、反蚕食斗争，加强党政军民的各种建设工作，以坚持与保卫抗日根据地。由于敌人的蚕食和"扫荡"，根据地的游击性将逐渐增大，且有一部分根据地变为游击根据地或游击区的可能。但我们整个根据地是能够坚持且不断巩固的。

在今后的残酷斗争中，区域的变化是很大的，主要是游击区增大。我们要随时掌握住这些变化，及时改变我们的组织形式和斗争形式。

（二）削弱敌人与保存自己。

我们的任务是削弱敌人并保存自己，这两者不是矛盾的，而是相互配合相互联系的，忽视一面，都要发生片面性的错误。保存力量是积蓄力量的内容之一，不注意在斗争中保存力量，过分消耗自己，就会影响到斗争的坚持。削弱了自己就变动了敌我力量的对比，也就是便利了敌人。我们不但着眼于为反攻和战后做准备，而且为今天的坚持都必须保存自己。但不削弱敌人也就不能保存自己，譬如我们的武装不积极活动，既得不到人民的拥护，也会增高敌人的气焰，结果部队本身也不能巩固，并会在被动的情况下去应付敌人。又如我们在游击区、敌占区不善于合法斗争与非法斗争的配合，结果是人民受损失，敌人得便宜。

保存自己是多方面的，包括武装力量、人民利益等各方面的保存，尤其是壮丁的保存。削弱敌人也是多方面的，包括军事上消耗、消灭、疲困敌人，政治上瓦解、削弱敌人。保存自己、削弱敌人的最好方式，是军事上的普遍的群众性的游击战争，政治上的革命两面政策的正确运用，非法斗争与合法斗争的密切联系与配合。保存自己是积极的而不是消极的，要从积极的对敌斗争削弱敌人中才能达到。有些人误解保存自己，把它变为苟且偷安，不积极对敌斗争，其结果不仅不能保存自己，反而要削弱自己，这是非常错误的。同样，同敌熬时间积蓄力量的方针也是积极的，把熬时间解释为"苟延残喘"也是错误的。

（三）积极活动与隐蔽力量。

积极活动与隐蔽力量不是冲突而是一致的。隐蔽力量，不过于刺激敌人，善于麻痹敌人，无论在军事上、政治上都非常重要，这是几年斗争的经验。但不积极活动也不能隐蔽力量，更不能达到积蓄力量削弱敌人的目的。

在军事上，所谓不刺激敌人，是不作大规模的行动，甚至在一定阶段、一定时期内不作军事行动，这要根据当时当地的具体情况来决定。但不刺激敌人、隐蔽自己的意义与行动消极没有丝毫相同之点。今天我们处在敌后残酷斗争的阶段，要想求得敌我和平共居是不可能的。在某些区域，不过于刺激敌人，以免引起敌人过大过多的报复、"扫荡"和"清剿"是对的，如我们的隐蔽游击根据地就应如此。但一般应从积极行动中来保存自己，只是我们的行动不是大规模的，给敌人过分威胁的，而是采取广泛普遍的群众性的游击战争。在游击区、游击根据地，我们必须进行积极的游击战争，才能帮助、配合革命两面政策的运用。这是各地经验都证明了的。就在隐蔽游击根据地，也需要有公开武装的相当活动，才能掩护其坚持与存在。在配合邻区反"扫荡"时，应采取积极活动的方针，应把保卫根据地的整体观念树立起来。

在政治上，我们无论采取公开的或秘密的、合法的或非法的对敌斗争，无论建立秘密的群众组织、党的组织或宣传工作，都应是积极的，只是要注意不暴露不突出，善于隐蔽自己。隐蔽力量本身也是积极的，把隐蔽力量的原则解释为消极、不行动或少活动，都是错误的。今后斗争中，为了实现敌进我进，熬时间积蓄力量的目的，我们还应选择适当时机，用牺牲很小的方法，打下一些小的据点，争取空间时间，都是必要的。

（四）军事行动服从于政治任务。

武装是对敌斗争的骨干，但军事行动必须服从于政治任务，实现一定的政治任务，才算是完成了自己的军事任务。当我们的军事胜利很大，但违反了党的政策要求时，它反而是失败的。今后对敌斗争中，军事与政治的结合更要密切，否则便不能胜利，尤应在指导军事斗争中加以注意。

如果把武装解释为附属物也是不对的。只是在完成总的政治任务上，军事是服从于政治的，而在斗争形式上，武装常常居于主要的地位。如敌占区、游击区以非法斗争为主，武装斗争就是非法斗争的主要形式。所以军事行动服从于政治任务，不能解释为可以放松武装斗争，或丝毫减轻武装斗争的意义。反之，必须深刻认识没有武装，或武装力量不够，都不能坚持敌后斗争，坚持根据地。所以我们党要学会熟练管理武装、教育武装、指挥武装作战。我们要切实做到"党员军事化"。不要忘记斯大林的话："中国革命的特点是武装的革命反对武装的反革命。"[21]

（五）地方武装与正规军。

建设地方武装的重要性，大家是很注意了，但是对于正规军的意义，似乎又易为大家所忽视。过去我们强调了正规军，曾发生了偏向，现在强调地方武装和人民武装，又要防止忽视正规军的偏向，特别在正规军地方化的实行中要加以防止。

今天强调地方武装是对的，正规军地方化也是对的，但正规军地方化不等于取消正规军或削弱它的作用。要知道地方武装有其地方的局限性，而正规军则有其战斗力强、能机动自如的长处。如果没有相当的正规军，敌人一个大队都可以在根据地到处横行，这是显然的道理。所以在正规军地方化之后，军区、军分区的指导，不仅应强调地方武装、人民武装的建设，而且丝毫不可放松正规军的教育管理和军事政治质量的提高，使之成为现在游击战争的骨干和将来反攻军队的基干与干部的源泉。

在将来反攻时，需要大批的正规军。我们今天不仅要加强现有正规军的质量，而且到反攻时，我们还必须把地方武装升级为正规军。所以游击队升级为正规军的军队建设原则本身是正确的，在反攻时还要实行。过去的缺点则是在基本游击战的条件下，在需要广大地方武装的条件下，去编并地方武装，扩大正规军，所以是错误的。

四、财经工作问题。

（一）关于负担政策。

只解答两个问题：一个是资产应否负担，一个是雇工工资应否负担。

资产负担自实行以来，固发生了好多问题，而且在办法中亦有某些不合理之处，但绝不能因某些偏向之发生而根本否认资产税制。我们资产负担政策的基本精神，是配合着土地政策，从各方面来减轻封建剥削，使地主改变其生产方式，变成经营地主或富农的生产方式，以提高生产。这是合乎奖励富农经济的原则的。同时，在战时有时收入是不易调查的，不能不以资产税加以补助，以便增加富力，而裕税收。至于过去个别地区，用过分手段向地主老财硬挤存款存粮，追算多年老账等，是不妥当的行动。除在群众运动指导中注意说服防止外，政府应在不妨碍群众运动和不助长埋伏隐瞒的条件下，从法令上加以适当防止，因此我同意报告所提征收资产税办法。存款中白银折合冀钞问题，应与解决土地清债问题同样，一般以每现洋一元折合四元冀钞为标准。经济部门收买现银，应另按一般行情而定。至于雇工工人工资，根据政策原则，不论多寡应一律不课负担，尤其因目前物价高涨，雇工工人失业的现象相当严重，更不应再加以负担。

（二）节约与掌握粮食救济灾荒。

太行区公粮因灾荒减免，如照实派数征齐，尚缺一个多月的口粮。而截至现在，秋粮还有两万多石未征到（夏粮不在内），冀南公粮在许多地方差三四个月的口粮。严重的灾荒威胁着我们，不仅太行，连太岳、冀南某些地方都将发生春荒。对这样严重的军食民食的困难，我们必须有足够的认识与切实的克服办法。由大会发言所反映的情形看来，粮食浪费现象在许多机关团体部队中，还是一个严重的问题，必须立即进行纠正。各系统进行深入的教育与检查，切实执行检查粮食办法，严格执行制度，反对浪费。对游击区及游击根据地的粮款制度，酌改简易，以便贯彻执行。无论公粮民粮，要切实保护埋藏，避免损失，这应为全党十分重要的任务。应以一切努力，配合各种工作，完成征收公粮任务，以保证军食民食。

太行、太岳区在党的统一领导，各部门密切配合，进行全面的对敌斗争中，政府必须切实掌握粮食。从敌占区吸收粮食，反对敌寇掠夺，维持根据地粮价平稳，并由此来吸收根据地内一部分余粮，调剂有无。有些区域，要贯彻各种粮证制度（即购买证、运输证、售粮证等），以切实做到合理的调剂，反对囤粮走私。在灾区，应在发动群众的基础上，设法实行较严格的粮食管制办法。在春荒极端严重时，可以用动员说服方式从非灾区征购一部分粮食，以调剂灾区，但征购办法要十分慎重，以免为奸人所乘。各级党与政府必须加强粮食调剂工作与领导，因为它是直接影响到民食的。

（三）平原游击根据地的对敌经济斗争。

平原游击根据地财经建设工作，一切必须从开展群众性的对敌斗争出发，这在三个报告中已经指出了。现在就大会发言所提到的关于对敌经济斗争的意见，加以研究总结。

首先应该指出，冀南过去一个长时期忽视对敌经济斗争工作，使冀南经济上受了很大损失，且影响及于太行，今后必须注意。

平原的对敌经济斗争工作，地区的重点应该放在区域最广大的游击区，必须与群众利益密切联系，与反资敌斗争密切联系，这样才能得到广大群众的支持。不能设想在据点林立、敌我插花的环境中，没有广大群众的配合，能进行有力的对敌经济斗争。工作重点应该先集中在某些比较重要的大宗的输出输入物资上面，而不要过分地分散我们的力量。因此，出入口税率应较山地有适当的改变。掌握粮棉与黑白油的输出，有计划地减少大宗仇货[22]之输入，应该为当前之要务。税制服从于整个对敌经济斗争的利益，不要拘泥于小利。

在组织与工作的方法方式上，在游击区应多采用分散及隐蔽原则，如利用分散集市、隐蔽集市以掌握市场；利用与掌握经纪（牙行）在村成交；最好广泛建立群众性的村合作社以代替集市。在基本区则可开展现已实行的交易所办法，惟亦须力求分散及隐蔽，以减少损失。一切为了团结组织商人，掌握主要物资，有计划地组织输出，掌握外汇。能多掌握到外汇，才能更多掌握输入。过去冀南对外汇观念之错误及使用之不当，要迅速改正。在游击区，通过掌握村经纪与合作社流通冀钞，并逐渐掌握伪钞，使其不成为交易的媒介，以打击伪钞，扩大冀钞市场。但要认识游击区是不能避免资敌的，在敌人征收时，我们又应当使群众能得到伪钞，不致涨价，以减轻群众损失，使群众感到我们办法的好处。在敌人强迫群众组织合作社时，我们应向群众坚决揭破其阴谋，并动员群众不使其成立，在不得不成立时，应派人打入掌握配给品，使其在某些时候成为冀钞的准备金。

在平原应更多通过商人开展贸易工作，团结与组织商人，使其有利可图，或投资合伙，以便利我工作，都是可以的。我们的目的在通过他们、适当限制他们，以达到组织输出掌握外汇，并在有利条件下组织输入，扩大冀钞市场，禁用法币，打击伪钞。过去政府投资但不派干部，完全由商人经营的合伙办法是不对的。

冀南征收公粮工作，除负担政策及征收办法已有改进此处不谈外，必须注意过去因征收而致伪钞流通范围扩大之惨痛教训。尤须注意将征到的粮食以各种方法掌握在我们手中，并组织群众性的交通运输，运入我军常到地区。纠正过去以形式的条据交换代替收粮的办法，以致存粮终为敌掠去，加重基本区人民的负担。

（四）各战略区在财政经济上的配合。

1. 太行区是全区的中心根据地，党政军民人数占比多，人民负担最重，物质资财条件困难，虽在财政经济工作上摸索得较有办法，但一九四三年的军政预算，仍有不少部分是赤字，毫无着落。冀南、太岳两区人数较少，党政军民的人数占比少，财政经济工作虽未严加整理，环境虽逐渐变化和日趋困难，但物质资财的优良条件是存在着的。只要党加强领导，全党对于财经工作加强注意，是可以尽可能地在外汇工作上帮助太行区，以解决财政困难问题。具体办法已经决定，责成冀南、太岳的党委负责完成任务。

2. 各区域冀钞价格不一致，物价悬殊不齐，这对全区财经工作配合上有莫大妨碍。责成冀南、太岳两区对冀钞价值争取提高，与太行区平衡，最好还能比太行区高。对伪钞，全区应努力配合于今年内打倒之。

（五）关于加强财经工作一元化领导。

为了统一各区实现一元化对敌经济斗争，在边府行署和专署之下，应设一财经委员会。县可斟酌当地经济形势设立，不普遍组织。财经委员会在党的领导下，以政府面貌出现，参加人员包含政府财经部门、银行及军队后勤人员，均由党委慎重决定，然后以政府决议组织之，公开受政府领导（可以吸收少数党外财经人员参加），是一权力机关，但不干涉各部门内部工作。其决定可由各参加之系统执行，并可直接对下级财经委员会作指示，与各级工商部门、银行设共同的监察委员，以便进一步统一配合。各地银行之资金分配及发行计划应统一于总行，各战略区工商办事处及银行，应接受总局、总行关于全区之总的计划方针之领导。关于各区的具体计划和工作，在配合总局、总行的方针之下，由各地党委就近领导。责成冀南、太岳两区党委对于银行和工商部门加强领导，调补健全干部，定期检查工作，加强政策教育与政治生活。

（六）认真研究敌人、了解敌人。

我们的财经建设，离开对敌经济斗争是不可能获得成绩的。因此，我们必须切实了解敌人，才能钻敌人的空子，利用敌人的弱点，来实现我们的任务。敌人是很厉害、狡猾的，我们不应满足于过去部分的成就，而必须不断研究敌人，采取不同办法去对敌作经济斗争，以建设我们的财政经济。

五、其他问题。

（一）国民党问题。

1. 在任何地区，我们的基本方针，是团结国民党员共同建设与巩固抗日根据地，以共同进行对敌斗争，但要严格区别国民党和特务分子。

2. 在根据地对国民党问题的方策，详见《太行区国民党问题》小册子，那里一般问题都已解决了，大家可以研究。今后各地对此问题，应加强调查研究工作。

3. 在敌占区、游击区对国民党问题要处理得很郑重，主要是团结国民党对敌斗争，但要达到团结对敌的目的，必然是一个严重的政治斗争过程。对于顽固反共分子，必须在群众中进行充分的孤立工作，只有当他们在群众面前孤立了的条件之下，才能达到共同团结对敌的目的。因此，我们不能采取简单的方式，必须深刻认识这是一个群众问题，如果处理得当，既获得群众的同情，又孤立了顽固反共分子，取得我们政治上的优势。反之，如果处理不当，必然失掉群众的、社会的同情，使我们在政治上丧失地位，反而帮助了他们，孤立了自己。

4. 对于顽特必须采取孤立打击和争取其中动摇分子的方针，对于破坏分子和借刀杀人的分子，必须采取坚决镇压的方针。所以，对于顽特不能只是简单的打击问题，更重要的是政治上的孤立，打击最坏的家伙，也要得到群众的同情，引起其内部的分化，以便争取其中的动摇分子。对于破坏分子、借刀杀人分子的镇压，也不能只是一个镇压问题，而必须认识这同样是群众问题，只办其中对革命和抗日危害最大、为群众所最痛恨的首恶分子，对次要分子可采取自首、向群众悔过自新及交保等方式，简单化是没有好处的。在敌占区、游击区捕捉处办这种分子时，除紧急情况外，必须得到地委和分区政治部的批准。

（二）锄奸防谍问题。

1. 在锄奸防谍问题上，必须大大提高我们的警惕性，必须足够认识日伪特务和国民党特务对我们的危害性。今天我们的锄奸保卫工作，始终还是我们工作最薄弱的一环；无论经验上、干部质量上，我们还不及敌特和国特，军队如此，地方更差。特别要指出的是，我们的政治机关及地方党部，对此工作的领导，很多是忽视的，有不少同志借口不懂锄奸工作来掩盖其忽视的实质，必须加以反对和纠正，今后党及政治机关应加强对这个工作的领导。

2. 我们应该区别敌特和国特，在处理上应有轻重程度上的不同，这是很重要的。但这不能解释为我们可以放松对国特的注意，忽视国特对我们的危害性。我们对敌特、国特在注意上应是同等的，特别要严防敌特、国特的内奸政策。

3. 要切实执行锄奸工作的群众路线。我们在技术上、方法上还不如敌特、国特，但我们有着政治上的优势，即广大群众拥护我们，要求锄奸防谍。当群众懂得这是他们自己事情的时候，就会发生无限的力量，使破坏分子无容身之地。我们必须善于发挥这种优势，要向群众做不断的锄奸防谍宣传和教育，建立普遍而又精干的群众锄奸防谍网。处理人犯要经过群众路线，这是动员与教育群众锄奸的最好的办法之一。这些问题过去都曾决定了一些办法，问题是要认真地做到。

4. 党及政治机关，特别是地方党，必须加强对锄奸（公安）司法部门的领导，加强其干部，经常讨论与检查其工作。对于司法部门必须有新的认识，过去忽视是不对的，而且是危险的，如果被敌人抓住了司法机关，一定会给我们以很大的损害。

5. 党在指导锄奸司法部门工作中，必须切实掌握党的锄奸政策。中心问题是：把锄奸工作做成群众运动，打击少数最坏分子，分化与争取其动摇分子，不要把锄奸工作技术化、神秘化，而要认识这是一个尖锐的政治斗争。

（三）灾荒问题。

1. 冀南部分区域的灾荒，应引起严重注意，一方面要从对敌斗争中减轻人民的负担，同时要研究出具体办法解决灾民的困难，提议由冀南区党委作专门的讨论。

2. 太行、太岳有大批的外来灾民，一方面增加了根据地的困难，另一方面也给了我们开辟灾区工作的条件。所以，我们应该：（1）用劝阻方法停止灾民继续入境，但应给以少量路费。（2）已入境灾民可动员一批到敌占区去，但须进行很好的解释工作，并指示其到敌占区后如何生活，不为敌人利用。我还应主动地计划在敌占区或游击区安插一些灾民，并动员敌占区、游击区人民爱护与帮助他们。（3）特别是对已入境的灾民，应用大力安置他们，动员根据地人民帮助他们，用热忱感动他们，给以困难的援助，同时应调出一批灾区干部进行灾民工作。（4）到春耕时应有计划地组织灾民回乡。

3. 太行、太岳的部分灾区，应特别注意继续解决灾民困难，特别是解决春耕时他们的困难。

（四）爱护军队问题。

1. 党、政府及群众团体，必须不断教育群众，造成群众爱护人民子弟兵的风气。军队本身必须爱护人民的利益，严格遵守群众纪律，取得人民的信赖。

2. 优抗工作要照过去政府颁布的条例，认真做到。对友军的抗属，亦应同等待遇，但须有友军正式公函证明，才能确定其抗属地位。

第四部分　　造成整风运动的热潮

一、整风是我们党进行思想革命的斗争。

整风对于改造我们的党及全体干部和党员的思想方法，提高他们的工作效能与品质，加强与巩固全党的团结，加强全党和党外人士的团结，以及转变我们的工作作风等，均有伟大的革命意义。

今天检查我们一年来关于整风工作的进行，无论地方与军队中党的组织，一般说来，读了二十二种文件[23]，开始了学习与调查、研究实事求是的工作。然而仅只是开始，还未能热烈响应中央与毛泽东同志关于整风的号召与决定。各级党在接到中央关于整风的决定与指示后，也作了一些决定、指示和计划。然而，这些决定、指示与计划，许多未曾联系实际贯彻下去。整风本身也曾发生了不少歪风。比如，首先从整风的范围上来讲，目前主要尚停滞于少数领导机关的工作干部中。地方党地委以上、部队旅以上的许多主要负责干部，均未能在整风中先起核心的示范作用，多是只整别人、不整自己，或采取自流的、旁视的态度。这样的结果，当然不易造成雷厉风行的整风运动。其次，从整风的内容与实质上讲，一般对于整风重点是进行思想改造的意义方面认识不够，不了解党内一切歪风的来源，都是我们思想上有了主观主义、宗派主义等各样不正确思想。因此，过去在整风工作进行中，无重点的"为整风而整风"的现象是严重存在着的。再次，从整风的方式方法上讲，一般是偏重于书本理论（这当然是重要的）的整风，不注意同实际工作相联系、从实际工作去检讨与纠正许多三风不正的问题，因而过去的整风表现空洞与干燥无味，缺乏生动的实际内容。总之，过去我们对于整风的意义是认识不够深刻的，对于整风的领导和布置是主观主义的，所以过去的整风运动，不易得到顺利、正确的开展。

二、敌后环境与敌后党的组织的特点。

这些特点是：

第一，敌后的地方党，无论太行、太岳与冀南，虽然在抗战前已有少数的组织，但基本上是在抗战以后大量发展起来的。就全体党员及干部的成分来讲，党员几乎百分之百是农民，党的分区委以上的干部，以及政权和群众团体的干部，主要是小资产阶级的知识分子，无产阶级的骨干是很少的。就这些干部的质量讲，由于新的干部多，他们革命的斗争与党的锻炼，特别是思想意识的锻炼是很差的。一小部分党龄稍长的干部，也因敌后环境长期独立工作的结果，严格的党与无产阶级意识的锻炼，也是很不够的。

第二，敌后部队中党的组织（指本战略区的部队而言），虽然团旅以上干部大都是经过长期斗争锻炼的，但广大的中下层干部主要是在战后生长起来的。这些新老干部几乎全部是农民和知识分子出身。农民和知识分子固有的特点，是会不时表现出不正确倾向。再加上我们目前所处的环境，是统一战线与分散游击的战争环境，一些党外非无产阶级乃至地主资产阶级的思想意识，是很容易反映与浸透到我们军队中来的。

第三，敌后的环境，是残酷与频繁的对敌斗争环境，特别是平原游击根据地，更是几乎每天都处在战斗中。这样的环境，无论军队党与地方党，特别是军队中的同志，他们的生活是流动与不固定的，一般是分散多而集中少，工作非常繁忙。这种特殊环境，也形成了整风运动的困难。

第四，目前党内存在代表了小资产阶级知识分子与农民的思想方法和思想意识，如在政治上自作聪明、搬弄教条，不尊重、不研究、不执行上级决定与指示；在认识与解决问题的态度上，决定工作的方法上，许多都是主观主义、平均主义，片面夸大、自以为是，而不照顾全局与整个形势，只是强调其一方面忽视另一方面，因而经常发生片面的倾向；在思想意识上，任意发展农民与小资产阶级的个人主义、自由主义来对抗和反对无产阶级的集体主义，自私自利，一切从个人的利益出发，随便无原则、无分寸地批评上级，责备下级，任意进行小广播，对自己却缺乏自我的应有的严格的批评与检讨；在组织问题上，强调自己的独立与特殊，发展本位主义，对上级要求绝对民主，感觉党内民主不够，对下级则强调"集中领导"，实际上都是以自己为中心的个人主义的思想，不遵守组织原则，互相排斥攻击，经常闹无原则的纠纷；在工作作风上，缺乏实事求是的苦干精神，眼睛向上，轻视下层工作，不愿到实际工作中去接近群众，包办代替别人工作，满足于表面的现象，等等。以上这些不正确的思想意识，及其所表现出来的各式各样不正确倾向，虽不是在每个同志身上全部表现出来，虽其程度的轻重大小不同，然而它在党内（包括地方党与军队党组织）严重存在，却是不可掩饰的事实。这种存在，不仅在党的下层组织与干部中，而主要的要引起我们足够注意的，是在我们党的上层领导机关与我们的高级干部中，亦同样是犯着这些思想毛病的。别的具体学习惯例我们暂且不提，单拿这次我们高干会议的某些发言中，即可以充分说明我们思想方法和思想意识是有不少严重的毛病存在的，而且是可以引起工作的损失的，是应该在党内洗一个澡的。我们整风的目的与实质，实际即是要以无产阶级的思想意识及其思想方法，来战胜与克服党内的非无产阶级意识与非无产阶级的思想方法。所以，整风是建设党，使党进一步布尔什维克化的最重要的步骤，这正是中央和毛泽东同志把整风作为目前中心任务的理由。

三、目前整风工作的着重点。

根据我们过去整风的缺点，敌后战争环境和本区党的组织及思想方法上的一些缺点，我们目前对于整风工作的进行应着重在以下方面。

（一）在整风的内容方面，主要着重于学风的深入研究与检讨，即主要着重于我们思想方法与思想意识的改造。因为思想方法打通了，其他问题也就容易解决了。而改造我们思想方法的重点，又必须着重于反对主观主义、宗派主义、自由主义和自作聪明而实际是一知半解的教条主义以及农民落后思想的平均主义与利己主义，等等，必须从思想方法上对其给予纠正和改造。为此，我们必须首先将整风运动提高到思想革命的原则高度，以引起大家足够的注意与认识，从此来展开与一切不正确思想的斗争，切实改造我们许多不正确的思想方法，提倡与学习正确的思想方法。过去我们有些部门，先整党风，是一种避难就易、轻重倒置的错误，必须纠正。

（二）在整风的对象方面，重点应放在地方党地委、专署一级，军队旅与分区一级以上的领导干部，这是主要的整风对象。此外地方党县一级，与部队中团一级的干部，也必须进行整风学习。但他们的工作更为繁忙与复杂，学习的时间可能是要少一些的。因此，各区党委的党校，特别是太行与太岳，必须尽可能地抽出一批县级干部来进行集体整风的轮训；对于不能脱离工作岗位的县级干部，整风的要求和分量一般是应减轻一些。地方党乡区委一级与军队党营连级的干部，亦应进行整风学习。内容更要简单而通俗，一般可采用上课讨论与反省的方式。其不能笔记者，可用集体座谈和领导干部针对其思想进行个别谈话的方法。同时，必须遵照北方局、野政[24]整风指示的办法：文化程度高而缺乏实际工作锻炼者，主要应着重到下层去进行实际工作；文化程度低者，主要采取上课教育的办法，特别着重于文化学习。

为什么我们目前整风对象的重点是放在地委与旅级以上的高级干部呢？这不仅在于先"整己"而后才能"整人"的模范作用，最重要的是高级领导机关与高级领导干部对于工作指导的一言一行之错，特别是以其错误思想及方法来分析政治问题、决定重大的斗争策略，其影响所及，绝非一个普通同志所可比拟。如果我们在整风中，将整体党的领导干部的错误思想都纠正了，那么，下层同志的错误思想是比较容易纠正的。为此，我们在目前的整风运动中，必须着重从高级领导机关与高级领导干部做起。同时也只有这样的做法，才能使得我们的整风运动有了核心与模范作用，才能以整风行动推动整风运动前进，克服那些敷敷衍衍，只整别人不整自己的不正风气。

四、整风运动的具体进行步骤及其方式与方法。

第一，整风运动的进行，必须注意敌后战争环境的特点，不能机械采取延安的方式来进行。必须注意将整风与战争结合起来，即是说在频繁与残酷的战争环境中进行整风，一般是不要按步就班、很有规律地进行，主要是善于利用战争中和繁忙工作中的一切实际来进行。

第二，整风运动的进行，必须注意与当前斗争的各种实际工作相结合，更要着重与当前的民主政治建设和群众运动相结合。因为只有实际参加到这些斗争中去，才能将我们书本上理论的学习，取得实际工作的联系，充实其活生生的内容，并从实际工作中去检查与证实书本上理论的学习是否正确，纠正许多三风不正的东西。今后领导机关对于实际工作的布置、检查和总结，都必须以整风的态度去进行，随时帮助同志把整风学习与实际工作联系起来。在流动性很大的区域，可以采用学完一部分检查一部分工作的方法，以免时做时辍、长期停留、不易前进的毛病。

第三，整风运动的进行，必须将自己所学的文件与自己的工作业务相结合，以便于将自己研究文件之所得，来检讨与审查自己所负担的工作的成绩与缺点及其获得成绩与发生错误和缺点的原因。

第四，整风的进度与要求，不在多，而在精，不在走马观花，而在追根究底、贯彻始终。对下面进行整风教育，要少用名词，注意通俗化。

第五，整风的反省笔记，必须注意其经常性地继续坚持下去，扼要地简略地记载，这对于我们整风进度的检查与对于自己思想的改进，都是很有帮助的。

第六，过去我们对于整风审查干部的工作，一般是形式主义地专从组织上审查，所以收效甚微。为着更精确地审查与鉴定干部特别是县以上干部的品质，必须依据整风的精神，主要从思想上来给予审查和鉴定。

五、整风运动在不同地区的进度和时间上的要求。

第一，太行与太岳的高级干部，必须争取在今年以内，除了着重于学风部分的深刻研究与学习并作出总结以外，对于党风与文风的学习，亦要利用时间加以必要的研究。在冀南则要求只完成学风这一部分的学习。

第二，太行与太岳的县一级干部，除利用党校进行有计划地集体整风外，必须规定若干文件，利用工作空隙时间，努力学习并记笔记。冀南县以下干部，则着重于上课、个人自修、工作小组与学习小组结合的方式去进行。认为平原不能整风学习是不对的。

第三，所有干部的整风与反省笔记，必须遵照北方局、野政的整风要求，每月交上级党委审查，或由上级党委抽调审阅。

为使整风运动形成一个热烈的浪潮，并使这一任务坚持与贯彻下去，在组织与领导上，必须将思想领导与组织领导结合起来。由各级党委与部队中的主要负责同志来担任这一工作的领导，不能将整风领导工作交给秘书或其他同志，并要把这一工作当成一九四三年中最中心的任务之一，将它经常提到自己工作的日程上来。

第五部分　加强一元化的领导和团结

加强全党团结，加强党的统一领导，这不仅是党的组织的铁的原则，更重要的是我们处于残酷游击战争的敌后环境，如果不特别强调党内团结与统一领导，是无法战胜强大敌人、渡过今天的困难，并为反攻和战后作准备的。因此，中央一再指示我们要加强统一领导，加强全党团结，特别是去年中央十二月关于精兵简政的指示，更是特别强调了统一领导的问题。

过去本战略区的党，在执行中央统一领导与加强党内团结这一点上，无论地方组织或军队组织，政府中的党团和群众团体中的党团，纵然在组织与领导上基本是团结与统一的，但在统一与团结的精神上仍是不够的。这种统一与团结的精神不够，不仅表现在平时工作中之步伐不齐，相互埋怨，互相包办代替与牵制，宗派主义与本位主义，也表现在新干部与老干部、知识分子与农民之间，仍有不协调的现象。这些，实质上是在影响与妨害我们党加强团结与统一领导。在这次大会发言中，也可以看出以下问题，是需要提出来弄清楚的。

一、军队中党的组织与地方党在加强团结与加强一元化斗争中互相关系的问题。

这两个系统组织的党，要求得在精神上进一步团结与领导的一元化。

首先，彼此应本着党与革命的团结互助的精神，互相尊重、互相爱护、互相谅解。在地方党方面，必须强调爱护我们自己的军队。为什么要特别强调这一点呢？这是由于我们本战略区的正规武装，不是土生土长、一手由地方党经过残酷斗争而创造起来的，即是说现有本战略区的正规武装，名义上虽称晋冀豫的子弟兵，然而严格说来，这个武装与地方实际上还未建立起真正血肉不能分离的关系。因此，地方党的同志对于自己武装的认识，是比较模糊的，对于自己军队的爱护也是不够的。关于这一点，必须要引起地方党的极大注意。在军队党的组织方面，由于一般领导干部比较强，经过革命的锻炼比较多，而且手中掌握了枪杆子，所以对于一切彼此关系问题的处理，都更要冷静沉着，不要感情用事（地方党也是一样）。所以，今后在地方党、政府、群众团体和人民中，要造成拥军风气；而在军队中，则应造成拥政爱民、尊重地方党的风气。对于解决一些分歧问题的态度，不应以对立的立场来出现，要严格约束自己的干部，不要听取片面之言，要反对地方党的同志随便乱说军队党的同志"简单"，或者军队党的同志随便乱说地方党的同志"讨厌、麻烦"。其实是各自工作性质与各自工作对象不同，因而它的工作范围与工作作风，也无法要求完全是一样的。我们不应片面地看问题，如果从各自业务的全部工作范围讲，军事工作绝不是简单的。一些同志随便说军队干部"简单"，或者军队干部说地方干部"迟缓"、不懂得打仗等，都是带有片面性的不正确的意见。

其次，军队党组织与地方党组织，在对敌斗争上，尚未能完全统一，军队敌工部下面的一些工作和地方党在敌占区的一些工作等，彼此分工不清，使得我们的敌伪工作发生混乱，削弱了我们统一的对敌斗争力量。为此，今后地方党与军队党对于对敌斗争，应切实统一与明确地分工：地方党成立敌占区工作部，将点线工作等都归属于敌占区工作部，它的任务主要是开辟与建立敌占区工作。军队中敌工部和情报机关的下层组织，如敌工站、情报站等，主要归军队系统领导，属于军队政治工作范围，党的统一领导应经过政治机关去实现。地方党和军队政治机关的对敌斗争的各种委员会应该取消，但为着加强某些三角地带的共同对敌斗争，几个相邻地区的党的部门，是可以共同组织对敌斗争委员会的。

二、党与群众团体的正确关系问题。

前面已经说到党与群众团体的问题，这里只说如何建立正确关系问题。

（一）在群众团体方面，应该依照党的全面工作来布置自己的工作，尊重党的领导，不能将群众工作与其他工作分离与孤立起来。群众团体的领导机关对于下级的领导，只能在党对群团工作的总方针之下去机动地建立群众团体自己的独立工作。绝不能因为强调群众团体的独立性及其独立工作的建立，而提出与党的方针相违反的工作方针。

（二）在党委方面，应尊重群众团体的独立性，但应加强其领导。不能随便调动群众团体干部，特别是经过选举或在群众中有威信的干部。党对于群众团体的领导，只能经过群众团体的党团，不能随便包办代替，直接干涉群众团体内部的生活，要克服群众团体中的党化作风。只有这样，才能正确建立党委与群众团体的关系。

（三）群众团体本身，工、农、青、妇和文化团体、武委会等如何分工与配合，以及青救、妇救与党委下面的青委、妇委的关系问题，亦必须求得正确的解决。

过去各群众团体互相争委员、争领导的现象，是相当普遍存在的。现在这样的现象虽然逐渐地减少了，但在目前，深入根据地群众工作及人民武装建设中，新的问题又出来了。群众团体的党团，以及党委下面的青、妇委，都感觉党委只照顾全盘工作，给予青、妇委以及整个群众团体的独立工作性不够。而工、农、青、妇之间，也因各自强调自己的独立工作的关系，而产生了不协调的现象。譬如加强农会工作，则有意无意地把青年、妇女工作忽视了；青年、妇女干部也认为既以农会为中心，似乎青、妇工作就不好做了，因而消极不安，想改行做其他工作。这种不照顾全盘工作，互相埋怨、互相不满的现象，是必须注意克服的。在民兵方面，有些同志误解中央精兵简政的政策，因而对于不脱离生产的民兵也采取限制的政策，也是必须克服的。今后必须：

1. 在我们的认识上，应该理解群众团体的独立工作性，在整个党的全部工作中，有其一定的限度，党应尊重群众团体的独立性。建立群众团体的独立工作，并不等于群众团体的党团向党闹独立性，也不等于群众团体可以脱离党的政治领导。群众工作是重要的，但不是唯一的。因此，党委领导下的整个群众工作，只是党委组织的一部分，只是群众工作中的一部分。如果各自强调自己的方面，各自都感觉自己的独立性不够，各自都唯我独尊，都要求他人来配合我，而我自己不去配合别人，这样发展下去，一定要走到各自为政的互相对立与互相埋怨和不满。

2. 究竟在工、农、青、妇和武委会与文化团体中，以谁为主体，或谁来配合谁呢？这一个问题的解答，要看各种不同的具体条件来决定。一般讲，农村中的群众工作，毫无疑义的是以农民工作为主的，特别是刚在发动阶段中，除了特殊情形者外，一般青年和妇女的工作，应放在配合的地位，不能单独强调自己的工作。但在先进区，即广大农民群众已经发动起来了的地区，应将青年、妇女工作提到更高的地位，我们的农会就应很好地领导其全体会员来主动积极地援助和配合青年、妇女工作的开展。工会工作也应按工作地区组织力量来决定自己的工作重心。在工人多的区域，则应以工人斗争为主，取得其他群众团体的配合；在工人少的区域，则应从配合农民斗争中，来改善工人生活，加强工会工作。上面这样的划分，是指一般情形来讲的，绝不要理解成阶段论。譬如在以农会工作为中心时，发生了青年、妇女的斗争，此时则应以青救、妇救为指导斗争的中心，农会则积极地声援与配合。人民武装尤其是民兵工作的开展，也是一样的，只要有我们工作基础的地方，都可以进行民兵建设的工作，以便于开展群众性的游击战争，保护群众利益。但要将民兵工作做得更好，更有广泛的基础，以及出于自愿和积极的，也只有在广大农民群众真正发动起来之后才有可能。

三、党与政权的统一领导问题。

关于党与政权的关系问题，除一部分下层党委（特别是区村）尚有包办代替政权工作，或个别政权工作同志还有不尊重党委领导的现象以外，一般在专区一级以上的党政关系是正确的。现在有碍于统一领导而须要提出来解决的，是政府的工商、粮食和银行等财经部门与党的组织关系，还须进一步地加以调整。这些部门的组织，自然都是政府重要组成部分，党对于这些部门的领导，应经过政府的党团和这些部门的监察委员（党代表）。在这些部门中，可以成立机关支部。这种机关支部的任务，主要是教育党员与保证这些部门的行政任务的完成。它不应在这些部门的分局、分行和分站中去形成独立的垂直领导系统。各地的分局、分行和分站中党的工作，应由该分局、分行、分站所在地的党组织经过监委会领导。监委一般可参加当地党委，以便于更好监督与检查他们的工作。也只有这样，才能把党与政府的领导分开，才不致于形成双重领导，产生受政府领导，又不受政府领导；受党领导，又不受党领导的怪现象，使得这些组织抓着这种空隙实行两面应付，甚至可能发生两面欺骗蒙蔽的行为。此外，政府的经济区划与行政区划，也应力求统一，一般应将经济区划服从或附属于行政区划，不能把它对立起来，妨碍政府统一的行政领导。

以上三个问题，主要是讲的党政军民互相关系于一元化的问题，而且特别着重于互相间一些具体关系问题的解决。关于一元化的其他问题，已经在前三个报告中说得很多了，故不再重复。要把一元化的领导做得更好，单从组织上来解决问题是不够的，要不要条例无关重要，重要的是弄清我们对一元化的认识。我们有些同志对一元化的认识还不够，狭隘的宗派主义和本位主义，把党务工作看成是党的全部工作，党务工作高于其他党的工作等倾向，还是严重存在的。其次，我们的许多领导干部，无论是军队的或地方的，真正文武双全的很少，这些同志虽然思想意识很好，谁都很愿意照顾全面，能从大处着眼，然而有的是心有余而力不足。这些都是形成真正一元化领导的困难。

我们要把一元化领导真正做好，必须首先在思想意识上有对于一元化的进一步的认识，要有顾全大局和反对本位主义、利己主义的精神，要有照顾全局的眼光和为着整个党的利益打算的观念。我们担负一元化领导的同志，必须加强自我学习，提高自己全面工作的能力。军队干部担任领导的同志，必须加强自己对于地方党、群众工作、政权和财经问题等学问的学习，以便加强自己全面的领导能力。同样，地方干部担任领导的同志，也必须加强军事知识的学习，以便增加自己处理军事问题的能力。只有这样，才能使得我们一元化的领导，由组织的统一，进到思想上的统一，达到我们形式到实质都是一元化的目的。只有这样，才能使得我们的统一领导更有力量。

四、关于党内民主的问题。

在这次大会发言中，有的同志提到在群众工作中应是无条件的民主，以及在党内感觉民主不够，不能很好地商讨问题，因此提出了"领导武装的党更要民主一些"的意见。所谓无条件民主的问题，是超越现实的空想，此处不展开说，只谈一个党内民主的问题。我们党内的民主，是民主集中制的民主，绝不是离开了集中的所谓一般无条件的民主。党的民主集中制是党的组织原则，也是党的领导原则。民主与集中是不能单独强调一面或把它分开和孤立起来看的。我们党内所以要民主，正是为着意志的集中和组织的集中。如果只有集中而无民主，那就不是民主集中，而是个人或少数人的独裁与专断，党员和干部的积极性不会发挥起来，党的意志也不会统一起来。过去本区党内民主一般是不够的，应该提高。但我们党内的民主，是有一定限度的，即是说我们的每一个问题在未决定之前，以及各级领导机关，在未组成与选出之前，或者我们对于上级领导机关有不同的意见与批评，大家都在一定的组织原则之下，事先有充分民主的发言权、选举权和一切建议与批评的权利。但问题一经决定，领导机关一经选出，或上级领导机关对于下级党或个人所提意见与批评有了正式答复时，即不管自己同意与不同意，均须执行个人服从组织、少数服从多数、下级服从上级、全党服从中央的民主集中制的组织与领导原则。我们绝不能因为多数或上级不同意我的意见，而我一定要坚持自己的意见，就认为党内无民主或民主不够，或在背后进行小广播，或进行无原则、无分寸、不经过任何组织系统而任意在下层诋毁批评领导机关，这是对于民主的错误认识。这不是民主，而是小资产阶级的自由主义和极端民主倾向，这样的小广播与批评，不但不懂得党内民主，容易损害领导机关的威信，而且对于自己，也无一点好处。

至于所谓"宁使军队更民主些不要使地方党更不民主些"的意见，也是不妥当的。如果说军队干部领导地方工作时，注意地方党的民主问题，当然是对的，但也不能把军队的集中与党的集中、军队中的民主与党内的民主混淆起来。党是民主集中制的组织，无论地方与军队都是一样，但党内民主视条件不同而有其伸缩性，地方党的民主一般是比较广泛些；军队则不然，它完全是由上而下的集中组织，因而军队党的民主是有限度的，否则即会损毁与减弱军队的战斗力。地方党与军队党，因其性质不同，所以在领导作风上也是不一样的，拿领导地方党那一套作风去领导军队，自然是

不适合的；反之，如果拿指挥军队作战的那一套领导方式来
领导地方党，自然也同样是不适合的。这里应该注意的问
题，不是削弱军队的集中来增强地方党的民主，也不是要将
地方党变成军队那样的集中，这都是不可能与不应该的。无
论地方党的同志对于军队的领导，或军队组织的同志对于地
方工作的领导，都必须采取适合于军队、或适合于地方工作
的领导方式，绝不能采取同样的方式去领导不同的工作。至
于如何运用民主集中制的原则，党建文件中都说的很清楚，
这里不多说了。

五、关于在一元化领导下应该注意的一些问题。

首先，为了上下级的一元化都做得更好一些，上级党委
的一切工作意见的决定，最好能取得同级军政民等的了解与
一致后，才往下传达和执行。否则，上级意见不统一，将个
人一套不同的办法与决定指示下去，将使下面无所适从，也
损害了领导的威信。

其次，为着加强党政军民一元化的领导，党委在处理问
题时，不能只听片面的意见，必须要大公无私地、很客观冷
静地去了解各方面的情况。只有这样，才能求得大家意见的
一致，以加强一元化的领导。

再次，所谓领导，并不等于事无巨细地管理一切、指挥
一切。我们一些高级领导机关的领导责任，不能太具体地规
定下级党委的工作。因为这样太刻板的具体规定，有时是会
束缚下级党委在执行时的机动性的。因此，上级党委对于下
级党委领导的责任，主要是提供一定的工作方针、原则和执
行的办法，使下级党委有一定的机动余地，机动不等于无原
则或者甚至于不执行。同时下级必须要坚决执行上级党委所

提出的工作原则与工作方针。

复次，我们地方党的工作作风，必须力求战斗化。这个问题的提出，主要是联系着我们争取时间因素的。今年是我们接近胜利的一年，我们不仅要准备反攻，而且还要准备战后，我们的工作任务是繁重的，然而我们的工作时间是很短促的。这就要求我们在工作作风上，不能以牛车的速度来处理问题、准备我们的反攻和战后，而必须要采取战斗化的作风，改善很多地方"习惯"的迟缓作风，特别是开会方式的改善，以努力争取实质的时间，迅速地准备我们的一切。

又次，在加强我们一元化领导上，必须足够估计我们党内小资产阶级及其思想意识在党内的影响与作用。因为某些小资产阶级分子，不仅爱在党内闹无原则的纠纷，产生各式各样的主观主义、宗派主义、英雄主义、自由主义，夸大自己、看不起别人，喜欢反对上级，缺乏自我批评精神，要求党内无条件的民主，在工作顺利开展时，易于发生"左"的思想；在工作困难和环境严重时，又易走到悲观失望的途径，等等。我们在领导上，都必须给以足够的估计与认识，切不要为这些不正确的思想意识所包围、所蒙蔽、所威胁、所屈服，必须要站在党的坚定立场来给以教育、斗争和克服。

最后，为着完成以上繁重任务，加强同级、上下级党委的团结，加强新老干部、知识分子与工农干部的团结，加强军队组织与地方组织的团结，克服一切互相埋怨、互相轻视的现象，以及防止敌伪顽固分子对我们团结的挑拨破坏等，都是十分必要的。总之，敌后目前残酷斗争的任务，敌后繁重工作的准备，都要求我们将全党团结得像钢铁一样，在中央、北方局的领导下，为渡过目前困难及加紧战后准备而斗争。

注　释

〔1〕三个报告，指在中共中央太行分局高级干部会议上邓小平所作的《五年来对敌斗争的概略总结与今后对敌斗争的方针》的报告、太行分局副书记李大章所作的《过去群众工作的简单回顾与今后的工作方针》的报告和晋冀鲁豫边区政府副主席戎子和所作的《进一步加强财经建设，开展对敌经济斗争》的报告。

〔2〕罗瑞卿，当时任八路军野战政治部主任。

〔3〕指一九四二年十二月二十三日中共中央北方局发布的《关于华北敌后抗日根据地一九四三年工作方针的指示》。

〔4〕茂林事变，即皖南事变。一九四〇年十月，国民党军事当局强令长江南北和黄河以南坚持抗日的新四军、八路军全部开赴黄河以北。中国共产党一方面驳斥这一无理要求，一方面从维护抗日大局出发答应将安徽南部的新四军部队调到江北。一九四一年一月，皖南的新四军九千余人，取得国民党当局的同意，向江北转移。部队行至安徽泾县茂林地区，遭到国民党顽军七个师八万余兵力的突然袭击。经七昼夜浴血奋战，弹尽粮绝，除小部分突围外，大部壮烈牺牲，一部被俘。军长叶挺被扣，副军长项英、副参谋长周子昆遇害，政治部主任袁国平牺牲。

〔5〕左权，全民族抗日战争爆发后，任八路军副参谋长。一九四二年五月二十五日在山西辽县（今左权）麻田指挥部队与日本侵略军作战中牺牲。

〔6〕民兵三个建设标准，指生产与战斗结合，反对游荡、脱离生产；一定在支部领导下；加强政治、军事教育，特别是政治教育。

〔7〕指一九四一年三月三十一日中共中央北方局召开的讨论冀南工作的会议。

〔8〕北方局指示，见本篇注〔3〕。

〔9〕指彭德怀题为《怎样继续坚持与巩固抗日民主根据地》的报告，见本卷第67页注〔50〕。

〔10〕抗日战争时期，晋冀鲁豫边区的抗日民主政权，为发展战时生产、提高劳动热情、保护工人与增进劳资双方利益、巩固抗日民族统一战线，曾颁发过有关雇工增资内容的法令。其中规定：雇工的工资依照各地生活状况，一般以除工人本身外再供一个人至一个半人的最低生活费用为标准。延长工时必须按钟点增发工资；假日继续工作，除发原工资外，应按标准增发工资。

〔11〕局子，俚语，指团伙。

〔12〕大章，即李大章，当时任中共中央太行分局副书记。

〔13〕统一累进税，是抗日战争时期抗日民主政府实行的税收制度。这种税制把对农村同时征收的几种资产税与收入税统于一种税中。税率按纳税富力分等累进。

〔14〕日本反战同盟，是抗日战争时期在华日本人的反战组织。一九四二年八月，在延安召开的华北日本士兵代表大会和华北日人反战团体大会上，由日本反战同盟、日本士兵觉醒联盟等反战团体发起成立在华日人反战同盟华北联合会。

〔15〕一九三三年九月，蒋介石调集约五十万兵力，采取堡垒主义的新战略，向中央革命根据地发动第五次"围剿"。这时，王明"左"倾教条主义的领导错误地用阵地战代替游击战和运动战。他们先是实行进攻中的冒险主义，继而又犯了防御中的保守主义错误。结果，红军屡战不胜，陷于被动，苦战一年未能打破"围剿"。一九三四年十月，中央红军主力部队被迫撤出中央革命根据地，进行长征。

〔16〕中央苏区，是土地革命战争时期，中国共产党领导的以中华苏维埃共和国临时中央政府所在地江西瑞金为中心的根据地，位于江西南部、福建西部。范围最大时辖有二十一个县，约二百五十万人口。

〔17〕中共六届六中全会，指一九三八年九月二十九日至十一月六日在延安举行的中国共产党第六届中央委员会第六次扩大的全体会议。会议强调全党必须自上而下地努力学习马克思列宁主义理论，善于把马克思列宁主义和国际经验应用于中国的具体环境，反对教条主义。

〔18〕三三制，是中国共产党在抗日战争时期的统一战线政权政策。抗日民主政权中人员的分配，共产党员大体占三分之一，左派进步分子大体占三分之一，中间分子和其他分子大体占三分之一。

〔19〕党团，是当时中国共产党在政府和群众组织中建立的党的领导机构。

在中国共产党第七次全国代表大会通过的党章中，党团改称党组。

〔20〕二五减租，见本卷第 67 页注〔51〕。

〔21〕见斯大林《论中国革命的前途》（《斯大林选集》上卷，人民出版社 1979 年版，第 487 页）。原文是："在中国，是武装的革命反对武装的反革命。这是中国革命的特点之一和优点之一。"

〔22〕仇货，指日货。

〔23〕二十二种文件，指延安整风中中共中央确定的整风文件，由中共中央宣传部于一九四二年四月分两次下发。

〔24〕野政，指八路军野战政治部。

新形势与新任务^{*}

（一九四三年三月十一日）

谈四个问题：新形势与新任务；军队如何执行这些任务；加强整风工作；一元化的领导与一元化的斗争。

一、新形势与新任务。

（一）新形势的特点。

国际战争的主动权已转入同盟国手中，希特勒在溃败中，苏联已获得主动权，正式开始反攻。同盟国的战略方针是先打败德国，而同盟国的主力是苏联。苏联有单独打败德国的力量。现在国际问题就是考虑战后问题，如英美并非不能拿下突尼斯，而是什么时候拿下的问题。第三战场，被德国压迫的许多弱小国家都展开了游击战争，如法国、南斯拉夫等国。第三战场还在发展，这个战场越成熟，对我们越有利。欧洲战场在西方战争中的局势是有利于人民的。

再看东方。太平洋上的战争主动权也转入同盟国手中，日本转入被动。在中国战场，日寇曾发动多次"扫荡"，但未解决问题，无任何成就，日本的力量也在下降。战后的东方也是有利于人民的。日本已经转入被动但还没有溃败，我

---

* 这是邓小平在晋冀鲁豫边区民运干部会议上传达一九四三年一月二十五日至二月二十日召开的中共中央太行分局高级干部会议精神时报告的一部分。

们不能过低地估计它。它还保持着一百万预备队，今年还可能取得某些战役上战术上的胜利，但这不能变更它一定要失败的局势。在敌后，日本越懂得它的危机，就越强化大陆（朝鲜、东北、华北）政策，企图以华北为依托。因此在反攻前，我们还可能有一个较残酷的困难过程，看不见这点是要吃亏的。但我们是有足够信心的，困难是可以克服的。

我们争取胜利的条件是：国际国内条件对我有利；根据地一天天巩固，各方面的建设都有进步；敌占区开始了很大的变化，人民抗战信心提高了，我党我军影响扩大了；我们有坚持五年敌后战争的丰富经验，及中共北方局、朱彭总副司令的正确领导。

国内团结进了一步，但进步还是不够的。敌后进入空前残酷、空前艰苦的阶段。

我们的困难是，敌人在华北的兵力可能有一定程度的增加。敌人在中国的兵力有三十一个师团，华北就有十五个师团。如果敌人强化大陆政策，那么华北的敌人就可能增加。敌人的"扫荡"、蚕食今后必然要加紧，"三光"政策更加残酷。斗争越到最后，我们快要胜利的时候越残酷。我们将要进行严重的反"扫荡"、反蚕食的斗争。

在平原，敌人实行大乡制，要割裂根据地。我们的游击性要增加，困难更会增多。我们要根据这个环境，采取新的组织形式、新的斗争形式，在困难的斗争环境中坚持。敌人向根据地进攻，我们就可以向敌占区进攻，我们要采取各种方法斗争。敌人不可能同时进攻每个根据地，今后斗争是此起彼伏的。敌人以"总力战"向我们进攻，我们要以一元化斗争对付之。

（二）我们的新任务。

依据北方局的基本方针，华北党的基本任务是，进一步巩固敌后抗日根据地，坚持敌后游击战争，克服困难，积蓄力量，准备迎接伟大时期的到来。不仅准备战前而且要准备战后，要巩固我们的阵地，要为我党我军打下基础。我们一切工作既要着眼今天，也要着眼明天，重点要放在今天。

1. 贯彻实施民主政治。这是巩固抗日根据地的基本一环，是贯穿党政民一切工作的基本内容。一定要争取人心向我。战后的问题是什么？是"和平建国，民主自由"。这是全国人民的动向。民主建设也是为了巩固统一战线。民主是贯穿于群众运动的实质与精神，要把它变为群众运动的灵魂。

2. 根据各区域发展的具体情况，提出群众运动的具体任务。在群众运动还没有发展起来的区域，应大胆实行减租减息、合理负担，大胆组织。在没有充分发动的区域，要深入发动，巩固群众组织。在已经发动的区域，要加强民主、生产、文化、武装的建设，使群众在各方面提高。在游击根据地和游击区，要发动群众，团结各阶层力量，一致对敌斗争。如在封建土匪区，要照顾地主，要扩大中日矛盾，不是要减租减息，而是要强调团结。

在一切群众运动中，要强调统一战线，要贯彻民主的精神与实质。群众观念，就是使群众自己争得利益，使群众真正懂得自己的力量，相信自己的力量和自己的领袖。不是要他完全依靠外来帮助工作的人。干部的包办，不是真正发动群众，提高群众的政治觉悟。群众有了利益，有了组织，有了政治觉悟，就会跟着我们走。

3. 发展生产，建设自给自足的经济。生产重点是，农业、手工业、家庭副业。逐渐争取到出入平衡，一直到出超。

4. 强化普遍性的游击战争，加强地方武装、人民武装，使其成为游击战争的骨干。建设民兵的三大原则是，生产与战斗结合，反对游荡、脱离生产；一定在支部领导下；加强政治、军事教育，特别是政治教育。

5. 开辟游击区、敌占区的工作，准备反攻。

6. 认真贯彻整风工作，这是我党的思想革命。

7. 实行一元化的斗争，加强一元化的领导，使一切组织统一在党的领导下面，实行精兵简政。

二、军队如何执行这些任务。

（一）一切为了保卫抗日根据地，包括游击根据地。过去的经验告诉我们，没有根据地就没有一切。武装斗争是保卫根据地的主要形式，因此在政治上，我们要足够坚定胜利的信心，克服困难，反对空洞乐观和悲观失望。为巩固根据地，反"扫荡"要经常化，加紧反蚕食斗争。我们过去对敌人蚕食的危害性估计不够。为了保卫根据地，要痛痛快快地精兵简政，掀起拥政爱民的运动，执行政府法令，严守群众纪律。

（二）巩固部队工作，提高部队质量。今天部队不是如何扩大，而是如何巩固的问题，质量如何提高的问题。要加强部队干部与战士的团结，改善管理教育，消灭逃亡现象。要把重点放在地方武装和人民武装建设上。为了巩固和加强部队，必须加强锄奸防谍的工作，深入教育，提高警惕性。

（三）加强敌占区敌伪军的工作，面向敌占区，敌进我进。我们要争取主动，使各方面的工作向敌占区前进，特别是组织工作。为了面向敌占区，必须把政治攻势经常化，以一个县、一个区来进行，而不是一般化的全区性的。政治攻势的力量不仅是武工队，还必须把边沿区的武装提高到武工队的地步。要切实掌握敌占区的政策，武装斗争是执行政治任务的，任何军事行动必须服从政治任务。加强游击区工作。游击区是保卫根据地与对付敌人的主要环节，必须建立一套专门的政策。

（四）切实做到军民一致，提高群众观念，参加群众工作。出面最好以群众团体名义，如农会、妇会、青会。要做到军民一致，一切要从保护人民利益出发。北方局高干会结论说："一切反'扫荡'反蚕食的斗争要同群众利益相结合。"

（五）为了对敌斗争，军队本身必须加强农业生产，参加经济建设。今年生产以农业为主，不是做生意。今后在生产中要严格遵守财经政策，反对本位主义。

三、加强整风工作。

（一）高干会将它列为今后中心工作任务之一。我们目前整风的成绩是，工作慎重些了，上下级的关系好些了，对事对人的态度好些了。但一定要承认，成绩是微弱的，不大的，没有认识到，整风就是我们党的思想革命，是党的百年大计，就是建立无产阶级思想，消灭小资产阶级思想。过去是轻重倒置，光整下级，自己不能以身作则。

（二）我们过去没有拿整风的精神布置整风，而是主观主义的。在整风中也缺乏思想领导，缺乏从学习中反省中帮助干部进步。今后领导机关的负责干部在领导整风中要起示范作用，同时在计划上应根据具体对象，分别不同程度的干部规定之。

（三）整风要注意思想领导，针对学习对象打通思想。脱离实际的整风，是主观的、教条的。分区和地委以上的干部，要求把学风搞通。如果是共产党的同路人，只参加一段共产主义事业的党员，就可以马虎，不整风；但如果是一个为共产主义事业奋斗到底的人，就一定要整风，改造思想。

四、一元化的领导与一元化的斗争。

为了一元化的斗争，必须强化一元化的领导。因此强调各级团结，一切组织，如军、政、党务、群众的团体，均统一在党委会的领导下面工作。军队本身要好好学习全面工作，特别是领导干部。

军队对政策法令要研究，要了解政权、地方、群众工作。我们团结的标准是团结在党的中央和领导机关下面。

关于共产国际的解散问题 *

（一九四三年六月五日）

共产国际[1]最近解散了。《新华日报》已将各种材料公布——共产国际主席团五月十五日提议、中共中央五月二十六日决定和同日晚毛泽东同志在延安干部大会上的报告、《解放日报》社论、五月二十八日斯大林答路透社记者的信。这些材料，把共产国际解散的理由，解散共产国际与中国的关系，以及我们如何去拥护这一决定，均已说得很清楚。为了把它综合说明，不厌重复地再来讲一下。

一、共产国际为什么要解散。

共产国际为什么恰在此时解散？这种解散是否仅仅为了争取英美打倒希特勒？是否仅有策略意义？共产国际是国际工人运动领导的中心，解散之后，各国的革命运动如何取得联系？诸如此类的问题虽然在许多材料特别是两大文件中均已讲得很清楚，而且许多理由，也必会得到全党以至先进人士的赞同。但一定会有历来污蔑我们的分子故意造谣，以抓住这个机会打击一下共产党，因此我们必须把这些问题弄明白。

---

* 这是邓小平在中共中央太行分局和八路军第一二九师直属机关干部大会上的报告。

斯大林说：“共产国际的解散是很恰当及适合时宜的”[2]。综合两个决议中提出的，关于解散共产国际的理由有以下三点：

（一）共产国际已经完成了自己的历史责任。就目前的形势来看，世界各国情况不同，环境复杂，变化很多。一个统一的国际组织，已经不能解决这许多不同情况的复杂问题。形势的发展，已经不能运用一般原则去进行指导。所以，共产国际第七次代表大会就曾指出共产国际不干预各国共产党支部的组织问题，提倡各国独立解决政治问题与组织问题。三年以前，美国共产党已提请退出共产国际，其理由并不是因为丧失了对共产国际的信仰与不能得到共产国际的帮助。其主要依据，同样可用斯大林答英记者问的几个理由：揭露了劳工运动中共产主义敌人的诽谤，帮助了美国共产党更进一步地团结美国人民，帮助了反法西斯统一战线的发展与整个革命运动的发展等。由此亦可看出，共产国际的解散绝不是偶然的，不是像反共分子污蔑我们的，这一解散是在当前的条件下被迫解散的，或说英美以此为开辟第二战场的交换条件，因而才解散的。我们应该依据这些理由作解释。美国共产党三年以前的退出，亦可说明解散是为了适合整个革命形势的需要。《解放日报》社论及中央的决议均已说得很明白，马列主义的组织原则是，党的革命的组织形式要依据于斗争形势与任务决定。旧的组织形式不适合于新的形势要求，就应坚决摒弃。历史上已有不少先例，如第一国际的解散，即其一例。第三国际就目前说是已经完成了自己的历史任务的，它保护和发展了马克思列宁主义，帮助了各国共产党的组成与巩固，帮助各国党建立了自己的领导中心，有了成熟的领导干部。特别是由于各国情况的复杂，这种统一组织的存在，不仅在指导上有很多困难，而且对各国革命运动的发展有阻碍，会妨害各国党的创造性的发挥。因此，共产国际的解散，不仅没有副作用，而且可以帮助各国党进一步地团结各国人民，提高他们的自信心与创造性。所以，党中央在决定中指出，解散比它的存在更为有利，也正是依据这一理由提出的。

（二）共产国际的解散，可以帮助世界反法西斯统一战线的巩固与发展，因而也就帮助了革命运动的发展。斯大林曾指出，它的作用首先是揭破希特勒匪帮的谎言。因为他们叫嚣的主要旗帜是反共，是拿"莫斯科干涉其他国家内政"作幌子，德意日共同制定的是"反对共产主义公约"，企图以此来毁灭世界。共产国际的解散直接打击了希特勒这种政治资本，无怪乎希特勒匪帮的表现是惊慌失措的。其次是揭露了劳工运动中共产主义敌人的诽谤，说得更透彻些是各国社会民主党反动领袖们历来都拒绝工人运动的统一，他们的理由是共产党接受莫斯科命令，不适合各国的国情。共产国际的解散对于这种诽谤，同样是一个有力的打击。再次是它便利于诸爱好自由国家的爱国者，把各爱国进步力量，联合在一个单一的解放阵营中，把反法西斯主义的斗争开展起来，帮助各国党更加民族化，便利各国工人阶级的统一，便利共产党与一切爱国者的团结。最后是它的解散更加便利了全世界反法西斯统一战线的巩固与发展。很显然的，希特勒的第五纵队[3]是以反共为旗帜，到处破坏这种统一。这样一来他们的政治资本被击碎了。而且它的作用不仅在便于今天更好地团结了全世界反法西斯人民共同争取胜利，而且在战后和平——各国以平等亲善的原则保证世界的和平与繁荣，打下了基础与扫清了道路。

由此可见，共产国际的解散，是恰适其时的，对全世界的反法西斯统一战线有重大推动作用，这从各国的舆论中，看得最为明显。

（三）共产国际主席团在决议中估计到各国共产党的领导干部已经形成，能够独立解决问题。共产国际的解散于各国领导只有好处，不会有坏处，不会因此减弱领导。这从中国党的情形，可以找到证明。遵义会议[4]以后，以毛泽东同志为首的党中央是在独立解决与处理本国问题的，而且是非常正确的。其他各国亦均是如此。共产国际自成立已有二十多年的历史，它最伟大的历史功绩亦正表现在它帮助了各国形成马列主义的共产党。共产国际解散后，将会增强各国党的自信心与创造性，使之更进一步地民族化，更进一步地与人民利益密切结合，胜利地领导革命运动向前发展。

因之，共产国际的解散这一提议，完全是正确的，是合时的。一切共产主义者都会拥护这一提议，全世界一切反法西斯人民，亦同样赞成这一提议，只有法西斯匪徒们才是惊慌失措的。

至于为什么恰于此时提出解散？为什么不更早一些，或更晚一些？我们的回答应该是，只有在今天才最合适。这不仅因为共产国际在今天完成它的历史任务，应该抛弃旧的组织形式，而且形势的发展，没有比今天更加需要团结世界一切爱国者、一切民主力量打倒希特勒匪帮。无论就各国党的成熟条件来说，无论就整个形势的发展来说，都是恰合时机的，更早或更迟都是不恰当的。

那么这一解散是否仅有策略意义，仅为了争取同盟国的团结呢？我们的回答是，这是有其策略意义的，但若仅仅如此了解，则是机械的，是不妥当的。我们不能仅强调这一方面，以上三个理由是不可分割而要联系起来看的。我们如仅强调策略意义，就必然为那些破坏分子所借口使人误解到，这种解散是被形势所迫。只有联系起来看，才能找到解散的全部根据。

至于共产国际解散后各国革命运动的联系问题，我们的理解应该是：革命运动的一致与配合，主要表现在目标的一致，最高原则性的一致。世界各国党之成熟是在马列主义最高原则下形成的，各国革命运动的配合应表现在各国党善于把马列主义最高原则与本国实际发展的革命运动结合起来，提出恰当的战略、策略，领导本国的革命运动走向胜利，使革命运动向总的目标前进。这同我们在军事行动上完成一个战斗任务是一样的，各个班、排的活动要取得联系配合就是求得本身战斗任务的胜利完成。

二、共产国际的解散对于中国的意义。

党中央的决定及毛泽东同志报告中均已指出：共产国际的解散对于我们中国当前的抗日民族统一战线，对于中国党的发展，均有很大意义。共产国际从成立一直到解散都帮助了中国党以至中国革命运动的发展。这次的解散可以帮助中国党提高自信心与创造性，将使中国党与中国人民更好地配合，使统一战线更加巩固与发展，同时也可揭露一些反共专家的污蔑。他们胡说些什么共产党不适合于中国国情，是接受莫斯科的指令等。中央的决定及毛泽东同志的报告曾强调指明一个真理，中国党的产生是中国本身历史发展的必然结果。没有共产国际，中国党仍然要产生。任何革命不是能输出与输入的，没有各国的政治经济的发展条件，任何的输入都不能产生革命运动，这从我党二十一年的发展历史中可找到确据。党二十一年的奋斗历史，接受马列主义固然是重要条件，但也正因为她有自己的社会基础与条件，因之，才能赤手空拳地发展了自己的力量。我们的几十万党员，几十万军队从哪里来的？共产国际输入的吗？苏联曾经以自己的武器帮助第一次大革命和抗日战争中的国民党，许多金钱、武器，我们共产党八路军是没有得到一点的。中国党如不适合中国国情能创造这些力量吗？正因为中国党一成立就与中国民族和人民的命运息息相关，才能在赤手空拳中创建与发展力量。

那么，有人会说：你为什么信马克思主义呢？因为马克思主义是科学，科学是没有国界的。马列主义的宝库中，包含了世界各国的东西，我们中国也添加了不少的内容。他国代数几何等自然科学，一样都是没有国界，各国人都可学习应用的，自然中国共产党人信仰马列主义没有什么奇怪的。我们中国共产党人过去是，今后还永远是马列主义者。

科学一定要运用于实际，才能表现力量。因此，绝不是简单的输入问题。党的历史发展曾再三地教导我们不了解实际情况搬用教条的危险。例如李立三[5]的盲动、中央苏区第五次反"围剿"的军事错误路线等。凡是教条式地去对待马列主义，就会使革命遭受损失。我们永远是马列主义者，但更重要的是，我们运用马列主义的原则使之切合中国实际。

我们党中央，我们的领袖毛泽东同志，是掌握马列主义的能手，也是最了解国情的。中国党二十一年来在锻炼中已有极丰富的经验。例如，西安事变这样为全世界称赞的处理，就是我党独立解决的。中国党不仅接受了马列主义，而且丰富了马克思主义的内容（看毛泽东同志的三大著作[6]）。精通马列主义而又熟悉中国国情，这是确定正确路线的前提。六年来我们坚持敌后成绩的获得，固然是由于同志们的努力奋斗，但更重要的是由于我们坚决地执行了中央的路线，并在实践中具体运用。我们有信心在华北坚持，就是由于我们有着英明党中央的领导。

在中国的抗日民族统一战线方面来说，共产国际的解散同样有很大作用。重庆方面，一般的舆论是好的，虽然诽谤与歪曲可能产生，但在广大人民中是会有正确的认识的。

三、共产国际的解散，加重了中国共产党人的责任。

毛泽东同志的报告中曾强调指出这一点，假如所有同志真正拥护共产国际的解散，我们就需要同样认识，我们的责任是加重了。不可否认的，我们在许多年以来，在党中央的正确领导下，把中国人民的民族解放事业推进了，我们的信心建筑在我们有英明的中央和毛泽东同志的领导。但更重要的是我们如何将中央的路线具体化。我们如果把中央的路线当作教条，不了解它的精神与实质，不能灵活运用中央指示于具体环境，则我们的信心也将会成为空洞的，即使努力也将是一无所成。因此，今天的问题是要求每个同志很好研究中央指示，很好了解地方情况。只有把中央路线与实际结合，才能使革命走向胜利。

应该引起我们注意的是团结问题。党中央的决定中曾强调指出党的团结，党与人民的团结问题。如何把党的口号变为人民的口号，把党的方针变为人民行动的方向，这是胜利的先决条件。因此，我们要反对主观主义、宗派主义、党八股。如果说拥护共产国际的解散与党中央的决议不应该是空洞的话，我们即应如此认识我们的责任——正确运用中央路线，使党与人民的结合求得更进一步的巩固。然而恰恰在这方面我们的毛病还很多，三风不正的毛病尽管说是残余，但仍是到处可以看到的。

两大文件——共产国际主席团提议与中共中央决定，启示我们理解灵活运用斗争形式与组织形式，亦即是灵活的策略指导的重要；启示我们理解只有党内的团结，才有与人民的团结。只有这样才能战胜一切，我们应以此来反省自己。就拿民族化这一点来讲，我们对自己的了解、研究怎样？我们多少事情没有犯主观主义毛病？我们对待同志有无不融洽之处？原因是什么？特别从我们与人民结合这点来看，我们目前很严重。我们的军队是否名副其实地成为边区人民子弟兵？反"扫荡"中是否善于领导民兵进行群众游击战争？是否能与人民力量密切结合？我们党的每一主张是否真正为群众接受了？就比如变天思想不是极简单的事，但是曾经一直统治了好几年，一直到最近友军的失败，才较好些。从这些地方也可以看到我们的能力。拿组织形式与斗争形式来说，我们的运用表现很不及时与不灵活。不善于根据斗争环境与任务的改变而改变我们的斗争形式与组织形式，适时地改变宣传口号。我们学习国际革命经验，就应该体验这些重要启示，让我们的斗争形式与组织形式适合于各种不同条件的斗争需要。至于如何克服这些缺点，其关键问题在于整风。反对主观主义，就会使党的路线正确运用，就可加强与人民的团结；反对宗派主义，党内的团结加强，党与人民的团结也自然会巩固；克服了党八股，我们才会有生气。

整风运动在我区是去年提出的，但成绩不大。四月开始学习时很热烈，敌人"扫荡"后重新来就劲儿不大了。不少同志苦闷，觉得时间太长了，甚至在"扫荡"后有意躲风。这都是不负责任的态度，空喊毛泽东同志万岁解决不了问题。应该估计全党的改造将会增加多大力量？有些人说整风妨害了工作，我的理解是减弱一些日常工作是可能的，但如整风精神用之于当前工作，则工作效率势必会因之而提高。整风一定要贯彻一年，到明年四月底止。就目前的情况看，大多数的同志是要求整风的，但整风中的具体问题和苦闷所在都必须解决。如划分小组不要机械按照工作职务，一些文化程度较高的划在丙组，使他们感觉整风与自己无关。今后的整风一定要依据分局的有关指示，认真与实际结合，发展争论，无论对自己对同志对领导都应言所欲言，要联系实际不断检查。因之，我们反对自由主义态度——不愿反省自己，不愿帮助旁人，不发表意见等。只有在贯彻整风中方能使全党在党中央、在毛泽东同志的旗帜下一致奋斗。

我们拥护这两个文件，不应是只喊口号，而是要表现在实际工作上，表现在我们对自己责任的认识上，那我们就应该贯彻整风运动。整风就是贯彻两大文件的最实际的内容。

注　释

〔1〕共产国际，即第三国际，一九一九年三月在列宁领导下成立。一九二二年中国共产党参加共产国际，成为它的一个支部。一九四三年五月，共产国

际执行委员会主席团通过决定，提议解散共产国际，六月共产国际正式宣布解散。

〔2〕见斯大林《答英国路透社首席记者问》（《斯大林文集（1934—1952）》，人民出版社 1985 年版，第 379 页）。现在的译文是："解散共产国际是正确的和适时的"。

〔3〕第五纵队，指一九三六年至一九三九年西班牙内战期间在共和国后方进行反革命活动的叛徒、间谍和破坏分子，后成为帝国主义在别国进行颠覆、破坏活动时收买的叛徒和派入的间谍的通称。

〔4〕遵义会议，指一九三五年一月十五日至十七日中共中央政治局在贵州遵义举行的扩大会议。这次会议事实上确立了毛泽东同志在党中央和红军的领导地位，开始确立以毛泽东同志为主要代表的马克思主义正确路线在党中央的领导地位，开始形成以毛泽东同志为核心的党的第一代中央领导集体，开启了党独立自主解决中国革命实际问题新阶段，在最危急关头挽救了党、挽救了红军、挽救了中国革命，并且在这以后使党能够战胜张国焘的分裂主义，胜利完成长征，打开中国革命新局面。这在党的历史上是一个生死攸关的转折点。

〔5〕李立三，一九二八年冬至一九三〇年秋，在上海中共中央工作，担任中央政治局常务委员兼秘书长、中央宣传部部长等职，是当时中国共产党的主要领导人之一。一九三〇年六月至九月犯了"左"倾冒险错误。

〔6〕指《改造我们的学习》《整顿党的作风》《反对党八股》。

内战危机面前的紧急动员[*]

（一九四三年七月十四日）

国民党现在调动大军，积极部署进攻我党中央和毛泽东同志所在地，八路军、新四军惟一后方，全国惟一模范民主根据地的陕甘宁边区了！内战危机近在面前了！这是一件全国性的大事，关系于民族命运的问题，全党同志必须紧急动员起来，号召群众，组织群众，制止当前的内战危机，并准备应付万一事变，以便及时地支援陕甘宁边区。

照现在的情形看来，国民党是下了最大决心的，特务机关甚至认为亡国亦所不顾，所以这次的危险比之茂林事变还要大得多。但是争取时局好转的紧迫时机还未过去，我们还来得及努力。争取时局好转的条件是：国际上一切反法西斯的人士一定会反对国民党挑动内战、破坏同盟国的胜利；全国同胞一定会痛恨国民党挑动内战、破坏我国快要胜利的抗战事业；我党坚持团结和坚决自卫的态度，也将促使国民党当局反省。历史上的事件，证明了我党、我军和全国人民，有能力克服危机，茂林事变就是一个很好的例子。

如果国民党敢于冒天下之大不韪，一意孤行，置民族生

---

* 这是邓小平在中共中央北方局、太行分局召开的反对内战紧急动员大会上的报告，发表在中共中央太行分局一九四三年七月二十日出版的《战斗》第八十一期。

存于不顾，那我党我军只有号召全国人民起来，实行坚决的自卫，给这般混蛋们以痛痛快快的教训。惟有如此，才能使抗战事业继续下去，民族和人民的解放才有希望。而且我们坚信，胜利的一定是我们而不是国民党。因为我们有道理，有力量，也有决心，而国民党所干的，则是四万万五千万同胞所痛恨的罪行。所以，不仅时局好转的可能仍然存在，正有待于我们去争取，即使内战爆发，我党中央和毛泽东同志也将领导我们取得胜利。

不管局势如何变化，我们第一件工作是百倍地加强舆论动员和党内党外的思想准备。我们固然要开大会发通电，向全国表明我们声援陕甘宁边区的态度，但更重要的是对干部、对党员、对人民进行反对内战的教育工作。

要告诉党员和干部，认识国民党当局中国大地主大资产阶级的两重性。他们在历史上，在六年抗战的过程中，是历来不坚定的，是勇于对内而怯于对外的，是反共第一、抗日第二的。这更加证明了一个真理：我党早已成为中华民族的救星和团结人民的核心了，我党每个党员的责任更加重大了。没有共产党，中华民族和人民的解放是不可能的。所以我们愈加要热爱党，保护党。假使有人要来侵犯我们的党，我们就要奋不顾身地保卫它，为了它随时可以贡献出自己的生命。

要告诉党员和干部，在中国革命这样复杂的情况下，为争取民族和人民的解放，首先要求我们党的团结和党与人民的团结。我们党是团结的，极大多数党员是对党忠诚的。但是，假如我们懂得团结的主要标志是在于思想上、组织上和行动上的一致，则我们的缺点就很多了。至于党在团结人民的事业上，更是非常不够而应深自警惕的，一切脱离群众的现象都是应该努力纠正的。

要告诉人民，认识共产党领导的陕甘宁边区及敌后抗日民主根据地和国民党统治区域的区别。要严正地揭露国民党在敌后采取的特务政策，把国民党特务政策对于敌后抗战的损害和我党我军的努力对照起来，使人民懂得究竟谁是他们的领导者。

要告诉人民，陕甘宁边区和敌后抗日根据地不可分，中国共产党与中华民族不可分，我党我军与中国人民不可分，所以支援陕甘宁边区是我们自己的责任。

有了这些深入的教育工作，我们就不仅可以应付今天局势的变化，而且可以大大巩固我们的思想阵地。所有干部都要懂得这个工作的重要性，认真地努力地去实行。

不管局势如何变化，我们都要坚持华北抗战到底，即使内战爆发，我们也必须同过去一样努力地坚持华北斗争，坚持抗日民主根据地。因此，我们要防止由于内战危机所产生的不安情绪的生长。这种情绪可以妨害当前的实际工作，招致不应有的损失。

我们不要只看到国民党，同时更要看到日本强盗。严防敌人乘国民党进攻而夹击我们，加紧反对敌人的蚕食、抢粮和准备迎击随时可能到来的大"扫荡"。对于敌人的特务活动，也应引起最高的警惕。

我们对于陕甘宁边区的最好支援，是把我们敌后的每个阵地巩固好，把我们的根据地建设好，把我们的各种工作做好。今天摆在我们面前的中心工作是继续贯彻减租减息的法令，发动群众起来努力生产，发动群众起来走进民兵，走进武装斗争。而在灾区，则是动员各阶层力量战胜严重的灾荒，这应是那里当前的惟一工作。

局势愈紧张，我们愈要镇定，愈要掌握住政策，愈要防止"左"、右的偏向发生。只有我们的正确政策，才能团结大多数人民在我党周围，去与国民党的逆流和日本强盗作斗争。

不管局势如何变化，我们都有坚强的胜利信心。因为同盟国反法西斯的胜利接近了，日寇命运不久了，国民党宣扬的法西斯主义是要失败的，人民是同我们一块来反对国内一切逆流的。更重要的是，我们的信心还建筑在我们已经有了这样英明的舵师——我党中央和毛泽东同志，在任何困难的时候，他们都会给我们以明确的方向。全党和全国人民在他们的领导下，是一定要胜利的。

正确的学习态度是
理论与实践结合[*]

（一九四三年七月二十一日）

有人把问题解决寄托到这次报告上。我肯定地说，谁要只想靠别人而不靠自己努力，他在整风学习上是得不到好收获的。因为这是错误的想法，整风学习主要靠自己用苦功。

我的报告共分五个部分。

一、三风不正对党的危害。

中央和毛泽东同志提出整顿三风，是总结了党的二十一年的历史。这二十一年当中，大多时间党的领导是正确的，但是在几个时期，三风不正占着统治地位，使我党遭到严重挫折。所以，毛泽东同志指出三风不正就要亡党灭国，据此提出整顿三风。这是我党百年大计，是为党树立根基的大事，所以说这是我党的思想革命。

陆定一[1]同志说："不熟悉党的历史，就不能整顿三风不正之害，也不能尽知辩证唯物主义之利。"我们的青年党员一进到党内，便是在坚持辩证唯物主义的党中央领导下，因此就不尽知三风不正之害。就在我们这一地区，三风不正

---

[*] 这是邓小平在中共中央太行分局党校第一期县级整风班学风学习阶段结束时总结报告的主要内容。

尽管是残余，但是它给了我们多少危害！由此我们亦应深深体会中央为什么把整风提得这样尖锐。

谈一谈党的历史。由三风不正占统治方面来看，遵义会议以前十三年的时间，是不是都错了？不是。大部分时间是正确的，有四次错误是严重的。

大革命末期，陈独秀的机会主义[2]，在半殖民地半封建的国家只强调同资产阶级的联合而不要斗争，这是教条的。只有半年时间，便搞垮了一个大革命，八七会议才把它克服了，接着三次暴动[3]。一九二八年之"左"倾盲动，丧失了好些同情者和可能争取的人。这为时亦不久，六大又克服了。到一九三〇年又来了一个立三路线[4]，这也是教条主义的，根据了列宁的一本书《二月革命至十月革命》，也只有半年时间，各地暴动、红军攻城市等"左"倾盲动行动，使大批党组织被破坏，大批党员被屠杀。但这时没有执行立三路线的，如当时朱、毛领导的中央苏区便得到了发展。四中全会又克服了立三路线。接着又产生精练的教条主义，统治了我党四年，损害我党也最大。这是苏维埃后期，使在白色区域的党组织百分之百地被统治阶级破坏，苏区也损失了百分之九十。这是"左"的教条主义，遵义会议又反对了它。

遵义会议后，九年来在毛泽东同志领导下，革命是向前不断发展的。所以遵义会议以来和以前大部分时间，在辩证唯物主义之正确路线下，加上人民要求革命的客观条件，革命是不断向前发展的，以至于今。而错误的教条主观主义，给党的事业、革命的发展造成了不可计量的危害。

我们应该知道，错误阶段中有正确的，而正确中也难免有错误。就在现在中央的正确领导中，某部分、某地区也有三风不正很严重甚至占统治地位的问题。我们回想：哪里受了损失，哪里便有三风不正在作怪，如一九三九年至一九四一年上半年太行区的严重退缩，以及工作成绩的不够，就是因为我们三风不正。虽然是残余，但是严重的。

冀南、太行两个地区的历史实际，都说明我们主观主义是很严重的。中央提出整风，特别是高级干部更重要，我们应深深体验到。须知我们做一个有军队、有政权、有群众的县级党委，责任是不小的，应该由了解过去三风不正给予我们的危害中，来加强整风学习，否则是责任心薄弱。

二、学风学习中一般的检讨。

经过一个月的学习、九天的讨论之后，对文件的了解明确了些，在讨论中交流了一些经验，这些都是宝贵的东西。

学习中，一队学习了反对个人主义，及时纠正了偏向，这是实事求是地由客观实际出发。这给了我们一个启示：由客观实际出发的工作，就能够胜利。只有主观主义者，才死咬住一个计划不放；辩证唯物主义者，是能及时改变策略，甚至改变计划目的的。

大家是想把我们原有的主观主义、教条主义、狭隘经验主义一并去掉，总之是想把自己思想打通，这是很好的。但是，大讨论中还有十八个同志没发言，几乎占全部人数的五分之一，这说明我们发言还不够大胆。

1. 民主没有大大发扬。计划中规定了对同级、上级可以自由发言。我们要用民主代替小广播，在组织原则中不允许说的，整风中可以说，使每一个同志可以畅所欲言，把愿说的话，毫无顾忌地说出来。这是表明一个共产党员的纯洁性，说出来是说明你有决心纠正，而且至低已认识到这是错误，哪怕是丑事也要说出来。小资产阶级就是爱别人说他好，不愿说他坏，这正是虚荣。并且小资产阶级有着软弱性，不能够正视缺点，抛弃自己错误的勇气不大。所以我们大会当中批评是不够的，争论不起劲，对不正确的发言和意见没有提出反驳，也许是因为时间短促等原因，提问题不尖锐、不明确。这样就会形成思想混乱，认识问题得出一个似是而非的概念。须知没有襟怀坦白地展开争论，一是发现不了真理，二是暴露不了弱点毛病，因之也就不能使我们的毛病在众目监督下得以纠正，不能对问题有着真切的了解。

2. 讨论中有好些同志对文件掌握不够，这说明我们钻得不深。整风第一是掌握武器。先学学风就是为了掌握思想方法这一武器。武器精，才能运用到实际中使反省、批判、解决问题更有力。我们讨论中好像文件是文件，与言论是两回事，至多说我们也只掌握了文件的一部分，没掌握全部。

整风是一件艰苦、需要反复思考的工作，二十二种文件是几十年来血的结晶。我们读文件是为解决实际问题，不下苦功是不行的，也是钻不进去的。有的同志钻不进去，一个可能是不得门路，而主要是要自问下苦功了没有。须知真正能够解决实际问题的学问，是不能走捷径的。因为我们对文件没有掌握好，观念模糊，所以就停留在概念争执上，只能在什么是教条主义、经验主义，这个材料是以教条为主还是经验为主等概念教条中打圈子。

3. 讨论中多数发言或是概念式或是工作汇报式，据说二者都不受欢迎，只有用文件联系实际的生动东西受欢迎。这就说明我们过去主观主义的作风及思想方法，不真正了解下层实际（须知跑腿到村不等于了解实际情况），因此就只有概念的了解。再就是缺乏理论基础的指导，因此就只有现象罗列的记忆和报告。

最近中央指出，领导应是把群众意见汇集起来，加以理论总结，再回到群众中去。像太行一分区元氏县委本来还有五个村能进去工作，就开了十七八天的会议。像现在群众急待救灾，你却在那里开救灾会议，搜集些不重要的情况，讨论些不重要的问题，就占去了大多时间。在做总结时还要长篇大论，似乎不这样就不足以显示自己的渊博，这不是主观主义吗？须知干部不同，地区不同，就更需要我们具体帮助和领导，不需要那些开了几天会还是只讲概念的领导。

我们应该回想过去，有好些事情没贯彻，是什么原因？这固然是下级情况不同，区村干部力量弱，而主要还是我们主观主义的领导，概念公式的领导，不能根据具体对象予以具体帮助。毛主席在边区参议会的演说最多也不过几千字，如果要让我们那些同志去演说，至少也得报告三天。没本领的人才是名词堆砌、现象罗列，而真正懂哲学的人是由实际出发，把具体问题予以干干脆脆的处理。毛主席是哲学大师，但他的报告、文章中就很少有这些名词概念。他的《论持久战》被白崇禧[5]拿到手里说："这全是哲理呀！"

我们的分区委需要我们生动活泼的领导，不需要概念公式。我们县级干部喜欢生动活泼而讨厌概念，区级干部和农民群众对概念公式同样头痛，最多是说个"领导人真行"。这应该使我们大吃一惊，这是小资产阶级好高骛远、不务实际的恶果，是过去我们把思想凝固起来，只追求"高明"二字的结果。

最后，应该考虑我们的学习方法、讨论方法。因对大家程度估计过高，大家是县级干部，不同于北方局之地级干部，因此，这种大讨论的方法在他们收效大，在我们则影响到考虑、钻研、小组讨论。这样给我们说明了一个问题，就是对象认不清，多少总会犯主观主义的。同时，及时地检查，更是十分重要的事。所以，要及时检查来修正你的决定，改变领导，否则是要失败的。

三、如何打通思想。

整风首先要掌握文件的精神与实质，要在整风中先钻研文件和先学学风，否则没有武器，或武器不精，思想就打不通。其次是掌握文件的精神实质去同实际联系。文件本身就是理论与实际联系的东西，否则，只有空洞文字便是教条，光是实际则是现象罗列，如同没有串的一堆钱。三是打通思想主要依靠自己用苦功。学问是由艰苦中得来，是不能走捷径的。就是毛泽东同志也是用苦功。我们看他的农村调查序言[6]中，他负有这样重大的责任，还亲自去做调查，口问手写。在我们集体主义者当中，当然不单靠自己，还要用我们的相互批评，互相帮助。但靠自己用苦功，反复思考是主要的。四是究竟打通了没有，还要在实践中去考验。

既然是掌握文件的精神实质，那么读文件是不是得每一个字句都解剖了？我们说这样就会变成教条的学习。中央指出，我们过去的党校都是学了些教条的东西，只可给干部增加些名词，变成吹牛皮的资本，现在学习就是把文件同实际结合起来。但是我们不反对，而且应该把文件本身弄清楚，只是不要在这里耗费太大精力。过去我们这一地区，就是犯了这种毛病，钻名词字句。这是教条的学习方法，于打通思想没多大帮助。正确的学习文件的办法，应该是把文件同实际、同自己反省结合起来。

讨论中提出些问题，因为只在名词上打圈子，反倒把文件弄得不了解了。我们说主观主义的表现有两种形式：一是教条主义，一是经验主义。我们弄清什么是教条主义，什么是经验主义了吗？大家报告中以教条主义为主者最多。同志们，我们自问，对马列主义，我们脑子里有多少条？马列原著学了多少？我们工作中更需要中国化了的马列主义。毛主席的报告和文章我们读了多少？了解多少？了解了没有？据区党委报告，像对中央土地政策的学习，大家一般是马马虎虎了解，像什么群众"左"不可怕，这一些你本身就没有，你说你这条是哪里来的？所以，你说自己教条主义为主是有些牵强附会。教条主义，我承认大家是有的，但没有的同志一定要把教条主义往自己脑袋上扣，这不是由实际出发。

所谓教条主义者，是指把不合时宜的条文搬来用的人。同志们要由实际出发来批判自己，不能给自己戴帽子。我们还不能把现象用理论贯穿起来，这说明我们理论基础还很薄弱，应该使我们大吃一惊。我们还需要大大学理论。

主观主义就是唯心主义，就是经验主义和教条主义，就是不由实际出发，不承认客观事物有其自在的发展规律，不承认客观事物是离意识而独立存在的。主观主义夸大了主观力量，主观万能，所以主观主义没有不碰壁的。

主观主义之表现形式，就是教条主义和经验主义。但如果有人问是否还有其他表现形式，我们说一般是属于这两个范畴。立三路线以及苏维埃后期都是机械地搬教条，都是教条主义。为什么称它为"主义"？因它有意识地搬运，所以加之主义。它不把文件当作行动指南，而是把本身正确的理论变成教条。怎样变成行动指南呢？就是由实际出发。马列主义既然是科学，就应该是向前发展的，而不是万事不变的真理。只有教条主义者，才那样去对待马列主义。

经验主义者是主动地有意识地把他的经验机械地搬动，不顾实际特点，这就是经验主义。他总觉得经验是对的。教条主义、经验主义都是主观主义，都是不由实际出发，否认现实。工作一做不通了，就怨老百姓落后，什么这里老百姓不如某某地方老百姓。尽管他愿望是好的，工作一定要碰壁。主观主义是唯心的。其精神实质就是不调查、不研究、不由实际出发，夸大主观力量，认为主观万能，不承认客观事物有其自在的发展规律，是离我们意识独立存在的，因此主观主义就可以离开实际来决定问题。

我参加了大家几天讨论会，没见同志们谈学习理论。我们看毛主席的报告中，强调我们应学习理论。我们理论很薄弱，要努力把经验上升为理论。中央也指示，文化低的同志要努力学文化，不这样，就不能把经验上升为理论。我们看哪里不是指示我们要努力学理论？老实说，我们敌后的理论水平还很低，只有学了理论，才能使我们把经验上升为理论，帮助我们把感性认识上升成理性知识。我们青年党员在党的抚育下有了些经验，但理论还是很薄弱。理论的作用就在于它不但能帮助我们认识过去，而且能给我们的现实与今后指出方向。冀南队在进行反主观主义中还有些非党意识存在。我肯定地指出，那些同志，虽做了县级干部，但还没有起码的革命人生观的确定。理论是能帮助我们确定人生观的。像毛泽东同志的新民主主义论，就给我们指明了方向。

比如土地政策就指给了我们实际工作中的目标，以及每一阶段和几个环节政策上的掌握。这就是理论不仅能帮助今天，而且能为我们今后指出方向。太行区土地政策的执行中，因为缺乏方向，所谓我们爱说的目的性不明确，因此就模糊了方向。

我们讨论中没有讨论到如何学习理论，这是一大缺点。我们今天所需要的是切乎实际斗争的理论。大家要把我们出版的一些书本，像毛泽东同志等的著作，好好研究一下。那里面总结了我们党几十年来的斗争经验，给我们指出了明确的方向。像《中国革命与中国共产党》，就把同资产阶级的斗争联合、联合斗争，说得很详细，给我们指出了明确的策略方针。

如果同志们真的了解了毛主席的报告，那我们就应着重学习理论。不但工农干部，就是我们小知识分子，更要着重学习理论，以求我们今后在领导工作上指示简单、扼要、有力，主要是具体办法的指示，不要再扭来扭去地把下级扭糊涂了。对待上级的东西应下苦功研究，这是给我们指示方向的东西，不要看着浅显。同志们，我们是县级干部，一个有军队、有政权、有群众的党的县级干部，责任是非浅的。这就是说，干部越大，岗位越重要，越要研究理论。毛主席报告中的真正精神实质，是要我们更下苦功研究理论。我们今天反主观主义的重点应该是什么？今后又怎样呢？一句话，着重学理论。

有人问教条主义、经验主义，哪个危险最大呀？我们说教条主义危害最大，这样就有的干部说我是教条主义为主，甚至把经验主义也说是教条主义。这不是实事求是的精神，这样你还是不了解毛主席之所以这样提的精神实质。

毛主席提的主要方向，是站在对全党意识、党的领导角度上的。党的历史上，危害党最大的陈独秀、李立三以及苏维埃后期的机会主义，他们所犯的错误不是经验主义，恰恰都是教条主义，又都是在领导上。所以干部越大整风越重要。干部越大所犯狭隘经验主义是很少的，所以说教条主义危害最大，这是指在全党和领导上的意义。我们应该了解毛主席在什么情况下、什么意义上提出这个问题的，他是由实际出发的。所以，我们了解文件之精神实质，是看他在什么时间、条件和意义上提的。

我们究竟是教条主义为主，还是狭隘经验主义为主呢？我因为没有那些材料，不能提出来。这就要我们由实际出发。本来教条主义和狭隘经验主义是一个东西，没有明确的界限。我觉得工农出身的同志一般是狭隘经验主义多，小知识分子是教条主义和经验主义混合兼施。最好是细心反省检查，用自己的问题说明，究竟是教条主义为主，还是狭隘经验主义为主。究竟哪个危险大呢？毛主席说教条主义危害大是在全国性上来说，那么在一个县来说，两个危害都大，这如同"左"和右都是反革命的东西一样。所以说教条主义危害最大，对我们是谈不上的，应该说，只要是主观空想危害都是大的。

讨论中有人说：既了解情况，又掌握政策，但结果没把工作做好，什么道理？

毛泽东同志说，了解情况，掌握政策，前者是认识世界，后者是改造世界，二者都应由实际出发。先说理论是概括了的东西，是摒弃了许多个别的东西。为要给我们指出一个明确方向，必须这样。一个原则是不能包括许多特殊的细节，因之即使是真理也有其片面性，这就要求我们在掌握执行中一定要由实际出发。例如太行区执行土地政策，曾决定安阳不执行，那是为了不过分刺激地主富农，团结敌顽占区一切可能团结的对象，这就是由实际出发。大家须知县级又是领导机关，又是执行机关，那就要求我们了解情况，灵活执行，由实际出发。

如果有人问：我们得多了解情况，才能多做工作吧。我们说了解情况是逐步的，不能是为了解而了解，进行空洞的调查，而应是有了初步了解后，找其中最迫切的问题进行工作，在斗争中了解会更深入。当了解一步步深入时，我们的策略也一步步深入。现在有许多同志，觉得调查是负担，但是如果把调查看成是工作出发点，那就会感觉不是负担了。我们都知道，阶级力量的对比是政策决定的根据，毛泽东同志的调查，对我们说明了。但现在同志们做调查工作中，几乎都是人口多少、土地多少、羊子多少，战前如何、战后如何等等项目，满足于表格的填充。这是党八股的主观主义、形式主义的表现，是党八股把我们的思想窒息了、凝固了。如果说毛泽东同志告诉了我们调查重要的话，更重要的是一些生动情况的调查，而不是这一些已经死去的东西。党八股的表现形式，是损伤了我们思想发展的。这种性，那种性，由这方面来看，由那方面来看，都是拿这一套形式，把我们思想给束缚住了，把那些生动活泼的东西给窒息了。

要从实际出发，这两方面都是不可少的：理论、经验是历史上得来的东西，它是为我们指导方向的，没有它是不行的；但是为要更具体解决实际问题，那就要了解实际情况。

二者缺一不可。如果说由实际出发可以不掌握政策，那你用什么去做？从这里我们看到，如果能由实际出发，经验、理论愈多愈好。教条是不由实际出发的，可是这是你自己把理论变成教条；经验本身是宝贵的，问题是你不由实际出发，自己把经验机械搬运。所以毛主席指出，知识分子要回到实际中去，工农干部要提高理论学习。而毛主席之所以是中国革命的舵手，绝不是偶然的，是因他的经验丰富，理论渊博，联系实际。我们应防止怕犯经验主义而抛弃经验，怕犯教条主义而不学理论的偏向。

了解情况与掌握政策，二者结合，才能够做到由实际出发，这在县一级尤为重要。因为在我党来说，县一级是领导与执行更密切接联的，也就是说既是领导又是执行的一级。

掌握了武器后，来无情地反省自己，把自己当作客观物体来解剖。因为小资产阶级出身的人，总是看自己很重的，唯恐暴露了自己的弱点，让上级不相信、同级看不起。自己揭发时，也是暴露一些别人已经知道的东西，他自己的丑事是不肯暴露的。所以，今天我们反省，一定要站到党的立场上来解剖这样一个党员，否则我们说这种同志的思想是打不通的。我们说思想纯正，意识要好，不是为着别人，而是为着我们的党。因此，就要下苦功夫来解剖。我们要展开自我批评、相互批评，批评别人，批评自己，也要批评上级。为了把思想打通，替党多做些工作，就要"脱裤子"，根据文件来反省。这里的必备条件，就是思想要纯正。

思想是否打通了，还要靠实践检验，但是思想打通的基础就是今天的苦功反省。没有今天的苦功反省，将来实践也是困难。今天看他思想能够打通与否，也是可以看出的，像批评别人和自己的反省是否是主观主义的，批评别人是否信口开河，批评上级和别人有没有勇气。我们说三个月的整风，给我们一个入门就是好的，具体打通，还在于今后工作中，但现在的苦功反省非常重要。

附带说一下讨论中的几个问题：

关于立场、观点和方法的问题。可参考《整风参考文选》、彭真文章[7]和联共党史[8]第四章的《辩证唯物论与历史唯物论》。

关于教条主义、狭隘经验主义与"左"右倾的关系。教条主义、经验主义，也可能"左"，也可能右。主观主义在每一个表现上不一定就是机会主义，但发展下去有了一贯性，就是机会主义了。

关于主观主义同个人英雄主义的关系及其结合的问题。我们说，它们有着密切关系，主观主义、个人英雄主义是小资产阶级的唯心观点，也是大资产阶级的唯心观点，二者都是夸大主观一面。小知识分子都是好犯英雄主义，他没有勇气批判自己，不敢接近真理，这说明他最无能。俗话说"初生牛犊不怕虎"，这就是说小知识分子都是些小牛英雄，这是小资产阶级的软弱性，处处当英雄，又缺乏英雄资本。

关于正确的学习、工作、领导的态度。正确的学习态度是理论与实践结合；正确的工作态度是首先具备工作热情，再结合具体情况；正确的领导态度是真正具体地解决困难和问题，不是拿原则去吓唬人。

总之，打通思想是要了解情况，由实际出发掌握政策。

四、县级领导问题。

1. 县级既需要领导艺术，又需要执行方式，一般说还是偏重于领导。这就是说，要在领导上更具体，更善于解决实际问题。我们同志们有的到村很忙，事务主义地忙得满头大汗，这也不等于解决了实际问题。这说明，我们的县级领导是很弱的，能力是不够的。这告诉我们，骄傲不得，英雄不得。但是我们的粗枝大叶一般还是很严重，对实际情况说不了解也了解些，掌握政策也是差不多，对待上级的东西一般是不严肃。把上级东西放到荷包里这种行为，不但是思想上有毛病，就在组织上也是不能够允许的、非常坏的现象。一旦小有成就，便觉得自己不得了，实在夸大狂者，是只看到自己的英雄。他不但不能看到上级指示的力量，还抹杀了下级几百几十个人的努力。这样的人存在于我们县级中不少呀！虽然一再指出，但是纠正是非常慢的。这小资产阶级思想对我党的侵蚀是如何大呀！因为个人主义的虚荣，不能急速转变，改正自己的错误。我们拿今天整风精神检查我们县级，就应该检查一切政策是否能贯彻，是要检查我们县级领导的。

2. 个别与一般的结合不够，思想上孤立片面地看问题，这也是主观主义的，抓住一点不放，强调一面，不能抓住中心一环贯彻到其他。这说明我们的能力还不大，都是说"既然做这工作，还怎样能做那一件"，这是还不会把个别同一般来结合。像今天，生产与救灾工作，那就是要以生产来救灾，把这些人都组织到生产组织中去，同时也做了组织工作。我们共产党人之所以厉害，就是因为会抓住中心一环贯彻一切，做了今天又为了明天。不能使个别同一般结合，这说明我们能力还不够。

3. 领导上的一般化、概念化、玄妙化，把生动的东西变成死的，无论是写文章、指示、开会都是老一套。我们今后特别是接近下层时，一定要抛弃那党八股的东西，语言口调要纠正，要多提具体办法，少说神秘概念的东西。真正的哲学，应该是使群众懂的。玄妙是遮丑的东西，是掩盖无力解决问题的表现。概念玄妙，最容易使下面迷失方向。我们到下面要少说名词，最好不用党八股的东西，因为它是害死人的主观主义唯心的东西，它会使我们的指导无力。如果你对下级开会时，等到完了会，下级说：上级领导很好，但是我怎样办呢？这样说明你的领导完全失败，因为主观主义的表现形式就是党八股。我们说，凡是有力的东西都是有群众的东西，概念的东西是把生动抛弃了。我们体验不深入就没有生动的东西。过去我们领导上不能贯彻，这种概念领导是相当大的原因。

4. 缺乏检查。我们的工作指示是凭主观愿望拿下去的，凭想象认为可以完成。这说明我们思想上还有好些问题，纠正迟，反映慢，只听自己党员的话，把布尔什维克党变成帮口。

5. 指导中缺乏战斗性，庸俗化地一团和气，所争执的往往是无原则的小事，但遇到有关政治、组织原则问题，则反而很少争论了。提问题不尖锐，糊糊涂涂（问题提得尖锐，是为了明确，但是要诚恳，是与人为善的态度），对上级把自己错误掩蔽。这都说明我们党的正气发扬不够。现在我们党的无产阶级基础是很薄弱的，地主、资产阶级的封建意识等等怪头怪脑的东西，带进党内来不少。我们现在对这些坏现象，不能用布尔什维克的组织路线去检查，这是因为我们自己党的意识还薄弱得很，党员之间尚缺乏自我批评的精神。这说明我们还带有浓厚的小资产阶级的软弱性，缺乏无产阶级的战斗精神；我们立场的坚定性、斗争的顽坚性还不够。我们说战斗性不只是迅速，而严肃的自我批评与相互批评，正是战斗性的一个主要方面。

五、今后的学习。

党风是我们整风学习的集大成，学风文风都是指党的学风文风。学风学习给了我们一思想上的武器，有了正确的学风是给党风学习一有力基础。在党风学习时，有涉及到思想方法等问题，还要联系学风，以补我学风学习之不足。我们说，就是学风学习学得好也应这样，如果我们愿真正成为合格的布尔什维克战士，那就要有决心学好党风，党风中它对我们个人批评最尖锐，想逃风是逃不了的，但也最易使人逃风，这是因为它要把主观主义等等坏毛病翻出根来的。

为什么说要有决心？因为没有决心整风是整不好的。思想意识上是否还有些坚牢的格子未被打通？端正学风，党是下了决心的，自己也要有决心把一些不正派的病根掀出来。否则是既学不好又露马脚，后者事小前者事大，因为我们为的是要打通思想。

根据这一阶段学习方法上的经验，第一要把文件学好，把武器掌握好，初读阶段就应该相互帮助读懂，精读中就应有初步的反省和笔记、墙报。根据笔记、墙报来展开讨论，小组会要充分利用。经过此阶段再来全面系统地反省自己，每人要给自己做一个历史小传，中间要传看笔记，这就要真正"脱裤子"了，最好是在一起工作的同志来相互帮助反省提意见。在职干部的学习就有这些好处。

要展开自我批评和相互批评，要发现矛盾，抓住矛盾追问到底，哪些东西，哪一阶段思想不对，要尖锐地批判。自已想了写，写了想，这样下苦功，写时一定要毫无顾忌地、赤裸裸地"脱裤子"，大家都要提倡同志间的互相帮助，坚决取缔小资产阶级和平共居的庸俗作风。

注　释

〔1〕陆定一，当时任《解放日报》总编辑。

〔2〕陈独秀的机会主义，指一九二七年上半年以陈独秀为代表的右倾机会主义错误。

〔3〕三次暴动，指南昌起义、秋收起义和广州起义。

〔4〕立三路线，指一九三〇年六月至九月以李立三为代表的"左"倾冒险错误。

〔5〕白崇禧，当时任国民党政府军事委员会副参谋总长。

〔6〕农村调查序言，指一九四一年三月十七日毛泽东为《农村调查》一书所作的序言。

〔7〕彭真文章，指中共中央党校教务长彭真在一九四二年五月十四日《解放日报》发表的《领会二十二个文件的精神与实质》。

〔8〕联共党史，指《联共（布）党史简明教程》。

努力生产，渡过困难，
迎接胜利*

（一九四三年九月二十一日）

抗战六年多了，就今天形势看来，胜利不但肯定了，而且不远了。目前情况，意大利已无条件投降，英美盟军不断前进，特别是苏联不断取得伟大的胜利，只要同盟国继续努力，希特勒垮台就在明年春夏之间，日本在后年也要完蛋。胜利已经接近，虽然时间不久，大约一年半到二年的时间，但却是我们最困难的时期。这个困难不仅表现在敌寇接近失败，对我在军事、政治、经济、文化、特务各方面进攻的加紧，也表现在经过六年战争的消耗、敌寇的摧残与灾荒的袭击，人民的积蓄差不多没有了，我们今后在财经方面是很困难的。所以胜利虽然接近了，我们还要经过相当困难的过程，从各方面努力渡过困难，迎接胜利，且为战后作准备，打下新中国建设的基础。

要完成这个重大的政治任务，摆在我们面前最重要的是两个问题：第一，加强团结，增加战斗力。主要是加强军民团结和军队党内团结，这就要通过整风，改造我们的思想与

---

　　* 这是邓小平在晋冀鲁豫边区政府和八路军第一二九师师部联合召开的生产动员会议上的讲话。

工作作风。第二，增加生产，一方面是发展人民的生产；一方面是军队和机关自己动手的问题，而且主要的是解决部队及机关的生产问题。部队机关积极生产，不但可以大大减轻人民的负担，也可以刺激和影响人民的生产热情。

军队提出生产问题很久了，一九四〇年就成立生产部，说明我们对生产问题的重视。几年来我们是有成绩的，一年比一年好。假如机关部队没有进行生产，仅靠一毛二分钱的菜金来改善生活和维持体力，是不可能的。我们能够过得去，并改善了生活，维持了体力，没有影响到部队的战斗力，不能说不是努力生产的结果。但是我们还做得很不够。其缺点是生产观念还没有普遍地树立起来，还未认识到生产是我们重大的政治任务。毛泽东同志提出战争、生产、教育为敌后三大任务，忽视一个都是不可以的。过去我们对生产问题提得不很够，不显著，生产问题一般处于附属地位。这个观念模糊的原因，是由于我们对战争的长期性认识不够，对坚持与巩固根据地认识不够，对战后问题也认识得不够，不从长期的战争消耗，为人民谋福利，坚持根据地来打算。部队只有枪而没有饭吃，是不能打胜仗的。这次参加林南战役[1]的部队深深地感到了根据地的重要，没有根据地就不能培养武力与加强战斗力。林南战役虽然胜利了，但是粮食还要我们送，以后更有大的胜利，可是没有饭吃，部队很快撤回来了。这就说明了根据地的重要性。不但今天根据地很重要，即在战后我们也要更大地发挥现有根据地的作用，使之成为民主建设、国民新经济建设的模范区。这个观念不深刻，对于爱护民力，减轻人民负担的重视是不会够的，不了解如果民力枯竭了，斗争是不易支持的。

减轻人民负担可以从四方面来进行：1. 减轻人民对敌负担，即打击敌寇对敌占区、游击区、边沿区的掠夺和对根据地的摧残。必须军民结合，与敌人进行顽强的斗争，减少损失至最低限度。2. 减少基本群众对地主的负担。实行减租减息和交租交息政策，不但可以提高抗战积极性，增强阶级的团结，而且可以提高群众的生产热忱。3. 减少人民对抗日的负担。这是人民为本身利益而负担的，但这个负担的数目也是相当大的。就拿太行区来说，一百三十万人民屯到四十三万石，按当时价格来说二万万元，每人平均负担一百元以上，其他还有支差、做军鞋等负担。这两年人民的积蓄更少了，再加上灾荒的为害，人民是更加困难了。我们且不要看轻了抗日的负担，如果我们解决这个问题不积极，人民的积蓄一天天枯竭下去，劳动力枯竭下去，军队也就不能存在。冀南就是具体的例子。同志们历来都说冀南很富足，但经过去年的旱灾和敌人的极度掠夺，加上本身的贪污浪费现象，某些区域人民枯竭了，军队也就存在不住。要坚持斗争与改善部队的生活，只有人民的生活向上才有可能。减轻人民对我们的负担，从两方面着手。第一，精兵简政，减少脱离生产的人员。第二，机关、部队本身生产节约，反贪污浪费，自己解决部分经费。必须知道每一个贪污浪费都是增加人民的负担。4. 加紧人民的生产工作，发挥人民最大的生产积极性，解决人民当中每一个生产的细小问题，包括各种政策问题，如负担政策、整个财经政策。政策正确就可以提高人民的生产热忱，发展国民经济。反之，就不能提高人民生产情绪，阻碍国民经济的发展。除注意政策之外，对人民生产问题必须加以精细的组织和领导。

今后在反"扫荡"、反蚕食的战斗中保护人民的生产和利益是我们军队最重要的任务。减租减息，自去年开展群众运动以来已得到基本的解决，今天必须大力地解决如何减少人民对抗日的负担和加紧人民生产的问题。解决这个问题不能够再进行精兵简政了，坚持斗争必须要有一定数量的军队，没有足够数量的军队即可能使根据地变成游击区。同样，政权、群众团体工作人员再减就不足以维持工作。所以今后的问题，即是就现有力量如何提高战斗力和工作效率，而不是精兵简政。再说，再减到哪里去了呢？退伍在一年内也并不能减轻人民的负担，最好的办法就是自己动手生产。

过去我们对种粮重视不够，只解决菜蔬，现在要自己动手解决部分粮食。不然，人民倾家荡产，不能进行再生产，人民就会反对我们，即会弄到既无饭吃又无群众，不能支持斗争。这半年来就有几次命令。第一次是节约半两及一两米救灾。第二次是减少粮食，规定野战军、分区分期减为一斤五两、一斤三两、一斤，县区游击队分期减为一斤三两、一斤一两、十五两，后方机关分期减为一斤二两、一斤、十五两，而以菜蔬来补不足，马料也减半。第三次决定菜金、办公、杂支等费用停发，要机关、部队从生产中去解决。今天如果采取无限制地向人民要，如庞炳勋[2]及一切伪军的方针，那就要走上和他们一样死亡的道路。我们为坚持斗争，为战后作准备，为加强党政军民的团结，必须加紧生产节约。这告诉我们，胜利接近了，也更困难了；也告诉我们，要自己动手生产，才是出路。命令已经发下去了，机关、部队一定要解决三个月的粮食。除菜地外，每人要开二亩以上的荒地种山药蛋或种粮食，这完全是可能的。欧团[3]今年每人即开荒二亩，他们一样有战斗任务，在战斗中还进行生产。延安的部队也一样有战斗与教育的任务，也一样进行生产。三五九旅在南泥湾开了六七万亩荒地，包括耕种、锄草、收获只需要两个月时间。所以只要我们组织得好，时间是不成问题的。过去由于重视不够，没有做好，现在必须好好解决这一问题。人民只有感觉我们好，才能团结在我们的周围，如果感觉我们不好，就会脱离我们。如果我们再不从生产着手，人民就会起来反对我们。这是决不容忽视的。现在，既不能精兵简政，又不能加重人民的负担，只有自己动手生产，这不单是惟一的也是完全可能的办法。至于如何动手，我讲几个应该注意的问题。

一、必须把生产的动员工作做好。各位代表必须将每一位战士、干部与杂务人员都动员起来，都深刻认识生产问题。军队是一个有组织的力量，只要动员得好，组织得好，战斗与生产任务都是可以完成的。必须树立我们是来自工农也要回到工农的生产劳动观念，不要忘记我们是人民的子弟兵，要认识生产是严重的政治任务，要明确群众观念与长期坚持根据地的观念。在非灾荒区域的部队，必须树立根据地整体观念，更需要好好地动员，否则可能以种种借故来拖延生产工作。

二、必须解决生产中许多实际的问题，否则生产计划就会变成空话。领导必须周密，计划必须具体，检查必须严格。如土地问题，要求绝大多数由开荒或消灭熟荒来解决。只有人民耕种不了的地，才可以出租钱租来种，还要出负担。荒地只要细心去找，是可以找到的。至于游击队在边沿地区可以采取战斗姿态的飞行耕种办法，把保护人民生产与自己生产结合起来。又如农具、肥料等问题必须具体解决。延安的开荒有两大经验：一个是要吃饱饭，另一个是每人一件农具。我们现在决定开荒期间每人每天吃二斤小米，两个人一个馒头。过去生产借群众的工具，很多违反群众纪律，工具容易弄坏，坏了又不赔偿，今年工具问题必须具体解决。主要是自己购买、打造，如果来不及了，可以有计划有组织地向群众借用，用后加以修理或过炉一次，必须做到不损害群众的利益。

三、必须注意生产与战斗、教育的联系。几年以来，战斗一到来，生产就垮台了。以后生产季节，除特殊紧急情况外，要节省使用部队到最低限度，必须使用时，也要留足够人员进行生产。根据三五九旅的经验，每人种十亩地的全部生产时间只有两个月就够了，我们是完全可以分配出足够生产时间来的。各分区指挥机关在指挥部队之时，必须照顾到部队生产问题。如果今年能够保证生产三个月的粮食，就等于打了许多大胜仗。时间的具体分配是，会议后全体部队即动员进行开荒，然后即加紧干部整风，部队训练，到明年春耕时，全体部队又集中力量进行春耕。一切不违农时，一切以做好整风和生产两大中心工作为出发点。

四、必须建立赏罚制度。在命令中规定生产模范、劳动英雄给予一百元到二百元的奖金。有些同志说这是否过高了，不高。这是由其劳动所获得的，又不是贪污所得，是应该的。对于懒惰、不积极的要给予处分，懒惰、生产不好的单位必须自己吃苦。否则，赏罚不明，就不能将工作做好。

五、要反贪污浪费，提倡节约。本伙食单位劳动所得，必须由本伙食单位经过军人大会或经济委员会处理，可以改善本单位生活。要反对不必要开支的浪费。过去粮食浪费很严重。今后一切损失一律不准报销。在反贪污中，主要防止干部包办伙食单位的开支，一切经济手续必须公开，经过军人大会及经济委员会。不解决此问题，部队生活就不能改善，干部也腐化了，群众与干部也愈隔离。环境愈困难，干部与战士的生活愈要密切联系，以后检查干部就要检查这一条。

六、部队政治工作要保障生产任务的完成，像保证战争、教育一样重要。如土地、农具、种子、肥料、技术的保证。要肃清主观主义的领导，反对贪污浪费。要知道军队政治工作不能保证生产，就是跛脚的政治工作。

总之，这一次会议，主要以实事求是的精神来解决一切生产中的具体问题。

注　释

〔1〕林南战役，指一九四三年八月十八日至二十六日，为了巩固太行抗日根据地，八路军在河南林县（今林州）、滑县地区发起的一场战役。这次战役歼灭日伪军七千余人，击落敌机一架，攻克据点八十余个。

〔2〕庞炳勋，当时任汪精卫伪政府军第二十四集团军总司令。

〔3〕欧团，指欧致富任团长的八路军总部特务团。

注意生产，讲求积蓄[*]

（一九四三年十二月三日）

毛彭：

甲、华北各区因敌人破坏，战争影响，普遍灾荒及我们自己的生产工作很差，除山东之胶东、滨海及冀鲁豫一部分地区外，经济上都已接近枯竭点。最近太行区因敌人封锁，山货不能出口，影响物价飞涨。明年军费概算依现在物价尽量节约，除粮食外，还需要一万万五千万（今年为七千万），如物价飞涨还不够。晋冀察经此次破坏亦非常困难。冀南今年旱灾之后，又遭水灾、雹灾，入秋普遍瘟疫，死人很多。今冬因水灾，种麦减少，特别估计到明年敌人的大破坏，灾荒的继续性，深值警惕。

乙、今冬太行展开了生产运动，部队正努力实现自给三个月粮食的任务，人民种麦比抗战前还多。今年秋季屯粮可余三五万担，估计明年财政可勉强解决。如明年麦收、秋收较好，不受敌人大破坏，秋后景况当较今年为好，但恢复元气是不容易的。

---

* 这是邓小平就华北战时经济情况给毛泽东和彭德怀的电报。毛泽东、彭德怀在一九四三年十二月十六日给邓小平的复电中说："努力生产，注意积蓄，准备迎接更加艰苦局势之到来，这是完全对的，请你坚持此方针。"邓小平当时任中共中央北方局代理书记。

丙、敌占区物资空前枯竭，不但粮食困难，棉、盐、火柴等在敌占区亦极贵、极缺。这也是物价飞涨的原因。这种情况今后只有严重。

丁、我们各地过去对生产领导不够，没有注意积蓄问题，无论军民都经不住灾荒、敌人的严重打击，今后必须注意生产，讲求积蓄。不仅在人民中提倡耕三余一[1]，军政方面也要切实注意粮食资财的积蓄。

戊、因此建议由中央指示华中和山东，注意积蓄物资或现金，给以具体任务，最好能逐渐转送一部到延安或华北，以备不时之需。否则，将来华北万一大军云集，困难很多。据朱瑞[2]说，山东去年余粮三千万斤，今年更大积蓄是可能的，问题是没有注意。华中可能更多些。至于华北各地，当仍从生产、精兵简政求得自给，不能依靠他区帮助。

己、以上意见是否有当，请考虑见示。

邓小平

十二月三日

注　释

〔1〕耕三余一，即耕种三年，余一年粮食。《礼记·王制》载："三年耕，必有一年之食；九年耕，必有三年之食。"抗日战争时期，中国共产党在领导大生产运动中提出"耕三余一"的口号，号召农民积极生产，厉行节约，做到每家一年有四个月的余粮。

〔2〕朱瑞，当时任中共中央山东分局书记。

为《机要工作手册》题词[*]

（一九四三年）

大家要为党负责，为革命负责。力求进步，力求革新。加强政治文化学习，提高党性锻炼，把我们的机要工作永远向前推进。始终为机要，保护机要，就是保护我党我军的生命，所有同志必须愉快的担负起这个光荣的责任。

---

* 这是邓小平为八路军第一二九师机要科编印的《机要工作手册》的题词。

关于晋冀鲁豫根据地工作的意见[*]

（一九四四年一月十三日）

伯承、树藩^[1]：

各种材料均未整理。太行的已要雪峰^[2]收集，太岳的可向安薄^[3]要。冀南材料很少。兹先将我的意见说一说。

一、总的意见，在发展阶段做得比较好，巩固阶段做得差，主要是三个环节没有弄对。

甲、对于中央一九三九年冬加强群众工作指示^[4]的精神了解不够，没有掌握住群众工作这个基本环节，这是官僚主义的表现。一九三九年冬及黎城会议，我们强调了发扬民力，改善民生具体工作，规定改善支差办法，节约民力，发展人民生产，增加与恢复畜业，开荒救灾等，指出不能只问人民要，还要给人民以利益，这是对的。但我们忽视了减租减息的工作，忽视了基本群众的利益和组织，所以群众生产积极性并未发动起来，对我党我军是隔阂的，过去几年的春耕运动是形式主义的。

乙、对毛主席的持久战与游击战的方针认识不够。由于对持久战认识不够，所以从长期打算不够，表现于财政重于

---

* 这是邓小平给刘伯承、蔡树藩的电报。一九四四年一月七日，在延安参加整风运动的刘伯承和蔡树藩为起草晋冀鲁豫根据地的工作总结致电邓小平，请他就根据地工作的各项方针问题提出意见。

经济，经济建设的成绩不大，许多是形式主义的；经济政策多不符合于长期积蓄力量的方针（一般是少），实际工作凌乱无中心，照顾群众利益不够，以致在接连两年的灾荒中，使我们受到很大的困难。由于对基本游击战的方针认识不够，发生了一些时期武装政策的错误。王明机会主义[5]的速决战和运动战对于我们这里是有影响的，同时在我们自己的思想中也可以找到根源。

丙、统一战线中的右倾观点也是有的，主要表现于照顾基本群众利益不够及对根据地内国民党的限制不够，忽视对国民党的思想上和组织上的斗争，以致它能获得很大的发展（冀鲁豫区国民党估计在两万以上）等。对顽军的斗争，我们是胜利的，但对顽军内部的工作历来是很差的。

以上这些，我们在中央、北方局的帮助下和切身体验中，逐渐得到纠正。一九四一年克服了武装政策的错误；一九四二年注意减租减息；一九四三年开展了反特务斗争。虽然缺点和错误还有，工作做得还不够，但成绩是有的。经过这种纠正，根据地更巩固，我们与人民的团结密切了。

二、统一战线的状况，你们知之甚详，在农村中我们有的是弱点：

甲、长期未把基本群众发动起来，时事教育不深入，国民党反动思想长期统治人心，直到现在才有一些转变。而过分打击了地主，打击到富农（不只是削弱其封建部分）。

乙、没有采取限制国民党发展的方针，长期没有公开批评国民党在敌后的特务政策。

丙、对标准农村知识分子的工作，曾彻头彻尾地失败，开展农村坦白运动后，开始争取了一部分回头。

三、党的建设中的偏向是：

甲、大发展时期的滥发展，一直影响到以后的巩固。

乙、巩固时期的关门整党倾向，整党不与实际斗争结合。

丙、党内宗派主义，以为自己人总好些的错误观念，所以直到现在，党的战斗力都是比较弱的，缺乏布尔什维克的建党方针，这类材料可向各地同志们收集。

四、政府工作，请与秀林[6]讨论。我觉得成绩是不小的，在人民中是有信仰的，但最大弱点是：

甲、文牍主义与官僚主义还厉害。

乙、政治工作做得太少。

丙、三三制政策执行不够。

丁、财政重于经济。

五、群众工作自你们走了后，我们集中力量于组织生产，准备今年渡荒。秋冬生产晚，但成绩的纪录超过战前，冬季积蓄也比较热烈。估计今春灾荒仍极严重，不过准备较好，麦收有望，不致像去年那样困难。如果今年麦收较好，即可渡过难关。现正依毛主席"组织起来"的方针，进行减租减息，一般估计达到一半，不过冬季检查，有不少还是假的。今后要联系生产，加以贯彻。

六、人民武装无新材料。

七、敌人最近着重抢粮。去冬太行粮食斗争组织得不好，敌人有相当成效，对根据地经济封锁较前厉害。

八、整风审干工作，太行区做得较好（见北方局整风通报，向中央索阅），太岳开始效法。太行详情不知。冀南集中五百余干部在太行整风。

九、领导干部与一元化的材料，你们都知道，无新得。

十、今后方针，可参看北方局一九四四年方针指示[7]。

十一、雪峰处材料，事后即送上，但估计时间来不及，主要还是从在延同志中搜集靠得住。

邓小平

一月十三日

注　释

〔1〕伯承，即刘伯承，当时任八路军第一二九师师长。树藩，即蔡树藩，当时任八路军第一二九师政治部主任。

〔2〕雪峰，即李雪峰，当时任中共太行区委书记、太行军区政治委员。

〔3〕安，指安子文，当时任中共中央党校二部副主任。薄，指薄一波，当时任中共太岳区委书记、太岳军区政治委员。

〔4〕指一九三九年十一月一日中共中央作出的《关于深入群众工作的决定》。

〔5〕王明机会主义，指全民族抗战初期以王明为代表的右倾错误。

〔6〕秀林，即杨秀峰，字秀林，当时任晋冀鲁豫边区政府主席。

〔7〕指一九四四年一月一日中共中央北方局发出的《关于一九四四年工作方针的指示》。

太行、太岳、冀南
党的工作情况 *

（一九四四年一月十六日）

太行、太岳、冀南几个区域党的工作的一般情况。

一、党的发展巩固，一般的可分为下列三个时期：

1. 大量发展时期——自抗战后至中央巩固党的决定，直到山西十二月政变后（自冀南为讨逆前后）。

2. 整党建党时期——自一九四〇年北局[1]提出整党建党，至一九四二年深入执行中央土地政策以前。

3. 深入群众运动时期——自一九四二年深入减租减息后至现在。

二、每一时期的主要收获及情况：

1. 大量发展时期。部分地发展了民主民生斗争，党及群众团体均得到大量的发展，建立了游击队，也补充了正规军，但由于错误理解中央大量发展党员的决定，也发生不少偏向。

2. 整党建党时期。北局黎城会议根据中央巩固党的决定及当时党的现实情况，提出了整党建党以及建设根据地的各类政策，各地遂开始整党工作，曾紧缩与严密了党的组

---

* 这是邓小平给刘伯承、蔡树藩电报的主要内容。

织，部分地改造了党的成分。例如部分奸细异己分子之清洗及中农成分之减弱等，但还是发生了一些重要偏向。

3. 深入群众运动时期。自一九四二年中央颁布土地政策，各地开展减租减息斗争以来，随着群众运动的开展，党与群众的关系是逐渐密切的，党的成分也得到了一些改造，党的战斗力也大大提高了。如民兵工作、反特务斗争及生产救灾工作等，都收到很大成绩。由于群众运动的领导尚有不少错误与偏向，因此这时期党的组织也存在着许多缺点。

注　释

〔1〕北局，即中共中央北方局。

关于太岳区财经工作的指示[*]

（一九四四年一月二十三日）

一、太行财委对物价采取平稳政策，不使继续暴涨，亦不能人为之暴跌，因为暴涨暴跌对我们均不利。目前太行将工商局、银行所掌握的物资有计划地抛售，并紧缩一部分通货，使价稍落，将来亦不使暴涨。

二、太岳所需增加之货币，只要是已掌握之物资，及投之于组织起来的工农业生产的贷款上，不要重于商业投资，而新发行之货币又必须掌握二分之一的物资在银行。在上述原则下，我们可以照给，不换物资。只需付给银行印刷费（物资或外汇）及一定的利息（现在太行区银行利息，商业二分五、农业一分五、水利与合作事业二分），均可以直与总行商办。除已取五百万外，二月上半月可再取一千万至一千五百万元。

三、为了银行有可靠的基金，太行已决定，今年部队全部生产节约归银行作为基金，并由政府下半年从征收公粮内，提拨数万石粮食，交银行作为基金。太岳亦应同样办理，除今年部队生产节约归银行外，应于下半年提拨三四万石公粮交银行。

---

[*] 这是邓小平给中共太岳区委代理书记聂真的电报。

师直及太行两次精兵情形 *

（一九四四年一月二十八日）

伯承、树藩：

师直及太行两次精兵情形：

甲、第一次于一九四二年一月开始，中经二月"扫荡"，四月底全部完成。

A、师直属有四十一个单位，减至十九个单位，共减少二百三十三人，军分区和旅共减少一百五十八个单位，六千二百一十四人。

B、精兵后，统率机关人员占所有人员百分之二十五。

C、全军区共减少七千四百八十七人，以当时每人每年一千元计（粮食在外），全年节省开支七百五十万元。

乙、第二次精兵于一九四三年三月开始，四月完成。

原有两个野战旅的统率机关及直属部队一律取消，加强了战斗部队及军分区的组织，同时充实连队，只留一个甲种团、两个乙种团，余均照缩为丙种团。

紧缩机关：

A、司令部的作战、训练、通信各科、股合并，队务管理合并，取消很多乘马。

---

* 这是邓小平给刘伯承、蔡树藩的电报。

B、军司令部由一百六十人再减至一百四十九人，政治部由二百五十人再减至一百七十九人，分区直属所属战斗部队人数最多的是七与一之比，最少的是十与一之比，团的非战斗员也减少。

丙、编余人员的处理，第一次学习的一千五百五十人，送地方工作的三百二十人，退伍安家的三千六百六十一人，余皆充实连队。第二次送延安五百三十一人，送其安家一千四百一十人，精简二千二百四十二人，均超过定额。

丁、冀南第一次精兵从一九四二年二月至六月完毕。共分三次进行。精兵后，军直共二百八十人（特务团在外），分区直约减至三百人，马匹减少百分之九十二。分区完全取消私人勤务，司号、电话员均取消，共节省干部一千零一十七人，精简战士一千零八十四人。该区第二次精兵无报告。

戊、太岳可问陈薄[1]。

己、地方简政工作比较彻底，数目字他们还未报来，精简优缺点你们可估计。

小平
一月二十八日

注　释

〔1〕陈，指陈赓，当时任太岳军区司令员。薄，指薄一波。

关于太岳区工作的谈话*

（一九四四年四月二日）

从太岳各方面情况看来，目前是个关键。现在整风刚刚开始，六十一军[1]又与敌人结合搞我们，财经问题自去年十一月至今有些倒退。许多根据地政策的执行也出现倒退现象，群众没有发动，一些地方群众的情绪比较低落。要过这一关必须在三个环节上做得好。第一，对六十一军政策要掌握得稳。第二，整风要做好。第三，生产要做好，使人民生活能够安定，逐渐恢复与发展经济。这三个环节是相互结合的。太岳区的中心任务，去年一波[2]同志已来谈过，即整风与生产，现在又加上六十一军同敌人结合向我蚕食的问题。

关于整风问题

太岳的整风开始是使用教条主义的方式，报告演讲多，结果证明效果不大。去年北方局指示主要是看坦白后，整风是有些成绩的，空气较热烈一些。在审查干部的准备阶段揭发和发现了一些问题，暴露了一些坏人。太岳区委在这项工作上用了很大力量，但根据现在所知，感觉到在整风中也有

---

* 这是邓小平在听取中共太岳区委、太岳军区负责人汇报时的谈话。

不少缺点。根据此前的报告，区委有意识地开展一个暴露阶段，但掌握非常不够。虽然有成绩，但也产生了副作用，如邪气上升、正气被压下去了，当然可能有正气，但被邪气所笼罩；有批评但没及时转到自我批评，"半条心"的反省很不够；没有把"半条心"与"两条心"划分开来，没有形成依靠积极分子、团结中间分子；许多问题的解答、解决是错误的，导致思想上出现混乱。因此，太岳区进入到审查干部阶段不是很顺利。根据中央九条方针[3]来看，太岳区此次整风毛病比较多，任务不一定能在今年底完成，可以在明年上半年完成，不能性急。

在方法上，太岳应执行中央政治局关于整风与审干结合的要求，这更适合于敌后紧张的环境。第一，相对集中于区委周围来进行，各分区可同时进行整风，强调自我批评、反省。第二，在组织上，一开始就要把整风委员会掌握在可靠分子手里。掺杂一些"半条心"分子也是必要的，吸收他们参加委员会工作，在发扬正气方面可起些带动作用。第三，抓住一定时机首先把部队的情况弄清楚，是非常必要的，这是由敌后的特殊条件所决定的。此后，由军队转到武委会。太岳区今后把武委会划归军区管理，按自己的具体情况去做。

关于六十一军与敌人结合的问题

此次阎锡山[4]的行动是一个阴谋，因为他们听说日本要西进，所以想搞一个大内战缓和日本的行动。我们斗争的重点必须执行中央的方针，最近要避免军事磨擦，加强政治攻势，瓦解、动摇其部队，做好在一定时机再给予打击的准备。目前，太岳区最重要的是掌握好这一方针。除了搞政治攻势瓦解敌人，考虑到他们企图采取逐步蚕食的办法，所以我们必须争取小部队伸进被占区活动，通过运动战同样采取蚕食的办法，使他们感到不安。

生产问题（包括经济问题）

过去不了解生产情况，以为不构成问题，还叫太岳区注意积蓄，看到鹤峰[5]来的报告才知道情况比太行区还严重。根据过去条件判断，太岳市价比太行低，不应该会这样严重。太岳农业生产才经一年灾荒，粮食外调不多，应该吃不完的。洪赵[6]除了产棉花、盐、丝、油、麻和大量药材，还出铁、煤等矿产，这些出产物很好，理应是用不完的。太岳物质条件比太行好，交通也较便利，所以认为粮食征购、票子少等原因只能是太岳经济萧条的一个因素，但不能看作是主要因素。根本问题有两个：一是生产的根本没抓住；一是经济政策上有毛病。现在看，商业发展需要注意，许多工业倒闭，去年秋菜运动及冬耕没做好，帮助人民渡荒工作也没做好。

这里谈谈太行区执行的经济政策，给一些启示。太行去年抗灾工作成绩很大。由于前年冬季灾荒，我们同敌人开展粮食斗争（从敌区吸收二十万担粮食），发动灾民由西向东搞运输，掌握差额，解决了大的问题。生产组织问题的环节也得到解决，组织五万多灾区妇女纺织后，太行纺织从此就搞起来了。此外，还开展借粮运动和种春菜、秋菜等，前年冬天灾荒带来的困难基本上渡过了。去年太行区秋季以来的灾情本应更严重，因为社会的储备积蓄没有了。但实际上却没有像前年那么严重，原因是群众有了经验，从去年秋季以来就有渡荒思想和实际准备。主要工作有三个环节，一是准备大批野菜代食品，二是秋菜运动成绩很大，三是纺织业进一步发展。此外，还提倡输出药材和煤、发展合作社、帮助工人复工、救济灾民等，解决了很大的问题。

所以，我们要从生产道路和增加人民收入来解决问题。太行区还减轻了人民十几万石粮食负担，去年只囤二十五万石，整个消耗共需三十几万石，原因是我们还有些积蓄，清算过去村里的旧账，提倡节约粮食。去年减轻负担，增加不少生产，有的农民自动要求多交，征收公粮时间一般六七天就收齐。因为走实行发展生产的道路，太行区市场没有萧条，仍是繁荣的。我们还掌握了一批物资，特别是收买了几十万斤棉花，现在已解决全年棉布困难。去年也有一个错误，即票子放出太多导致物价上涨，但波动不大，很快就过去了。

根据毛主席指示，检查太岳区财政经济政策是时候了。太行经济部门的特务很多，但破坏作用不大，就是因为我们抓住了生产问题。特务分子主要是从破坏经济政策上来搞，我们必须细心研究、随时检查、严格追究，发现问题后及时纠正，防止特务在经济的问题上造成损害。

太岳区问题的解决估计还得有一个过程。要正确掌握经济政策，发展大生产。同时必须着手改造工商管理局工作，重心应放在建设合作社事业。经济问题从上述方面着手慢慢解决，票子可给一些，一部作为生产建设之用，一部作为军队生产基金。农业生产是重要的，水利亦可搞。

注　释

〔1〕六十一军，指国民党军阎锡山部第六十一军。

〔2〕一波，即薄一波。

〔3〕一九四三年八月十五日，中共中央通过《关于审查干部的决定》，重申在整风审干中，必须坚持以下九条方针：首长负责；自己动手；领导骨干与广大群众相结合；一般号召与个别指导相结合；调查研究；分清是非轻重；争取失足者；培养干部；教育群众。

〔4〕阎锡山，当时任第二战区司令长官。

〔5〕鹤峰，即王鹤峰，当时任太岳军区代理政治委员。

〔6〕洪赵，指当时的山西洪洞、赵城两县。

团结起来，坚持豫北抗战 *

（一九四四年五月二十日）

根据这几年的状况，国民党对豫北政策有一个变化，就是"曲线救国"[1]论，有计划地打入敌伪。去年还有公开打国民党旗帜的，现在则全掩蔽于敌伪下面。该地伪军很多。敌人统治豫北力量不是很大，历来都是用伪军。同时，那里大批民间武装基本上掌握在豪绅地主手中，以伪组织形式出现。由此可见，在豫北要搞得好，对伪军政策和对国民党政策要搞好。那里灾荒严重，许多地方是无人区，如果我们不能去安定民生，局面是打不开的。我们在该地一般是有影响的。抗战初我们去过，威望很高，修武、博爱、济源等县我们已有公开工作，有些地方还有党员，我们还可以从根据地找到一些豫北干部，因此开展豫北工作是有条件的。现在已发出预备号令，太行七、八分区已有组织准备。

目前豫北的情况是很混乱的。我们的任务主要是开展游击战争，而且是长期游击战争。我们的方针是开展游击战争，创建游击根据地，控制该地区。我们建立武装后，主要是政策问题与八路军的模范作用问题。第一，要注意社会统战问题。社会统战与伪军政策是不可分离的。我们要强调中

---

* 这是邓小平在中共中央北方局会议上的讲话。

国人团结起来打日本，极力宣传中国抗战必胜。要指出洛阳失守不能说明日本必胜，只要国民党进步，敌后中国人团结起来，就有办法。要宣传八路军坚持敌后抗战，誓与华北人民共存亡。应当抓住一批地方士绅，进一步开展伪军工作。对国民党不过分刺激，我们的态度不是骂它，而是希望它进步，强调团结，坚持豫北抗战。第二，我们去了以后重点放在两个问题上。一是大量组织群众武装游击队，我党原有党员除已打入伪组织的外，一律动员出来组织游击队；二是宣传根据地社会政策、生产政策、照顾各阶层政策、三三制等。第三，谨慎地在可靠分子中发展党员。到我工作有相当基础时，找一些地方上真正公正的士绅，开始建立政权工作。第四，具体工作必须抓紧，必须做一些善政。要组织生产救灾，减轻人民负担，安定民生，向人民宣传我们与人民一块渡荒。第五，对敌伪一般不大吹大擂，不过分刺激。对道清路及某些重要据点，不必去动它，着重开展统战工作，求得立足。强调打击死心塌地的汉奸，反对资敌。要打垮一些伪组织。最后，我军去后，模范执行纪律很重要，不可大吃大喝，不可浪费。

注　释

〔1〕"曲线救国"，是抗日战争时期国民党内一些顽固分子为实行降日反共而制造的一种叛国谬论。他们指使或支持一部分国民党军队和官员投降日本侵略者，变成伪军、伪官，和日军一起进攻抗日根据地，并将这种叛国投敌行为诡称为"曲线救国"。

开辟豫西抗日根据地的
准备情况 *

（一九四四年七月十四日）

毛朱彭并伯承：

根据中央开辟豫西工作的指示，现将准备情况报告如次。

一、太行区决调原七分区之第三团全部和另已准备调延之四个连编一个小团，组成一个支队。以皮定均、方升普为正副支队长，徐子荣为政委，郭林祥为政治部主任。

二、已令七、八分区各派人侦察渡河事宜，及密、鲁、禹、襄北地区[1]情形。

三、干部除军队配备外，地方党政民拟先调豫籍干部二三十人，后陆续调。再由太行区抽调六七十人，包括地委专署级在内。

四、北岳、分局已调豫籍干部三十余人，已到此二人。拟经训练后均行派去工作。

五、皮定均、徐子荣不日可来北局，讨论开辟豫西工作等具体问题。

---

* 这是邓小平和滕代远给毛泽东、朱德、彭德怀并刘伯承的电报。

六、南下部队带电台两个，经费两月（包括有法钞、伪钞、现洋）。

邓滕[2]

寒日报

注　释

〔1〕密、鲁、禹、襄北地区，指河南密县（今新密）、鲁山、禹县（今禹州）和襄城北部。

〔2〕滕，指滕代远，当时任八路军副参谋长兼前方总指挥部参谋长。

整风审干不能机械照搬经验*

（一九四四年七月十九日）

根据太行总直整风审干看来，我们主要是进行摸索，还没有经验。经过这次整风，吸取经验教训，对今天冀鲁豫是有好处的。过去对整风是一个艰苦斗争的认识不够，因而急于求成，有些机械地搬运延安经验。现在看，这个斗争是艰苦复杂的，因此我们对中央九条方针要把握得准，步骤也要稳。在敌后战争的条件下，冀鲁豫更要方针明确，步骤稳当。过去由于估计不足，整风工作面铺得宽，方式过左，这就影响到太行区的具体工作，遭受了一些损失。同时，对群众性、反革命的估计较为充分，但对其中的有限性则估计得不够，因此逼供信一套就来了。在开始指导整风时，应当认识其中的群众性，也应当认识其中的有限性。

整风审干在前方相互结合，其目的有二：一是整风，一是定特务。二者都是重要的，但从时间和步骤上说，应有轻重之分。太行区的经验，步骤不够稳重是因为思想准备工作——整风没有做好，积极分子没形成。所以，首先要抓住整风，改造"半条心"，这很重要。整风可以确定时间阶段，

---

* 这是邓小平在听取冀鲁豫军区副政治委员、中共中央平原分局党校校长苏振华关于整风学习情况汇报时的谈话。

有的审干材料不能当作主要根据，步骤上要照顾到根据地具体工作。我的意见是：过去开始的继续清理，新的前半年内只进行整风，在整风中可以暴露问题，也会有坦白（一般的坦白），我们可以从中收集材料，做调查研究。整风结束后，应该有一批人回去，包括"半条心"整好了的，进行具体工作。留下问题比较大的人。这样争取大多数人回去工作，不伤根据地元气，留下问题较大的人转入审干阶段。

目前主要考虑的是制订出整风计划。注意学风和党风的学习，时事教育也很重要，还要加上反对军阀主义、官僚主义。政治工作要提倡发挥主观能动性，这一时期重点放在整风，审干问题还是不去提它。

开辟豫西抗日根据地[*]

（一九四四年七月二十日）

此次中原作战^{〔1〕}，国民党汤恩伯^{〔2〕}部惨败，丢枪十五万支，多被民众缴去。日军现占渑池、新安一线。豫西成为很大的敌后地区，我们应该去发展游击战争。该地区战略地位重要，国民党当然也不会放弃这个地方。中央军委叫我们负责开辟这个区域，太岳、冀鲁豫组织豫西抗日游击支队前往开展工作。决定由徐子荣同志为党委书记兼政治委员，皮定均同志为司令员，郭林祥同志为副政治委员兼政治部主任。部队去后受北方局、八路军总部直接领导和指挥。

开辟豫西的任务是很繁重，也是困难的，但如果我们把这个任务完成了，对中国革命的战略意义是很大的。我若占有中原，将来发展前途很大，就现实意义说，它也是现有八路军、新四军地区的重要屏障。现在只能派去小队伍，容易立足。将来可能形成局面，发展成大队伍，还可能增派队伍去。

开辟新区是有困难的。一、客观上国民党在该地区搞了很多年，基础比较大。这次国民党军的败退，使它的政治威信受到很大损失，但它又采取更巧妙的办法企图恢复自己的

威信。国民党已有"曲线救国"政策配合敌人搞我们。二、敌人有了华北的教训，会对我们警戒很严。部队去了以后可能遇到战争。三、当地人民对我如何，我们不清楚。人民对我是生疏的，我们对敌情、地形、社会情况也知道得很少。我们在那里的基础是很薄弱的。估计到这些困难，我们去了才会兢兢业业地谨慎地进行工作，求得站稳脚跟。

有利条件是更多的。一、好的地形便于游击战争。二、人口多，民性强悍。三、物产方面吃用都有。四、国民党此次败退是受到很大损失的，双方比较，人民会跟我们走的。五、敌人还未站稳脚。六、有些地方地主武装不多，我们更易于立足。

我们领导者应当看到这些困难，在思想准备上要充分，去了以后谨慎地工作。所有同志都必须具有信心，因为还有几个区域同时派部队进去，你们不是孤立的。信心要建立在模范的纪律和正确的政策上。在纪律上，我们的干部、部队要很好准备，不是去抓一把，乱打汉奸乱没收，要认识到这是一个艰苦任务。进去以后，要拿行动来表现，要训练士兵，使每一个人成为宣传者，要普遍地做宣传工作、调查工作，要拜访士绅、老百姓，随时了解风俗人情。各方面都要很客气，买卖要公平。为了保证部队模范纪律，所有首长要经常到部队与战士见面，做讲评，着重鼓励。要经常帮助他们解决困难并告诉政治形势，就是环境顺利亦应这样做。党的工作、支部工作要健全，纠正形式主义。

我们的任务是要在那里建立抗日根据地。政策方面，发展方针是独立自主的方针，发展自己的武装，创建三三制抗日民主政权，发动群众，改善群众生活，减租减息，为我党在那里建立根基。独立自主的精神不是横冲直闯，蛮干是不对的。要达到我们目的必须有正确的政策。

对敌伪政策。对敌人，为了兴奋群众，仗是要打的，主要是游击战争。应当先打一二个小仗，但又不要过于刺激敌人。对伪军，一般原则上开始不要过于刺激。对外来伪军，必要时拔掉几个钉子，打它一下，对地方伪军要很慎重地研究情况，先礼而后兵，只有对那些最坏、坚决反对我们的，可以解决它。一般的不同我们作对的，我们可以麻痹它。对不同的具体的对象，适当处理，否则我们不易立足。不能乱打，要打就要打好。合乎政策有利我们在那里立足的就打，否则不能打。

对伪组织。一般情况下，在我们确定立足的地方是要把伪组织打垮的，对伪组织人员的处理要非常慎重。在我立足前一律宽大处理，不杀，不采取没收政策，捉到后可加以教育放回去，还可去劝别人。我立定脚跟之后是要摧毁伪军伪组织的，但俘虏处理都要宽大。

对国民党。国民党在那里可能留一部武装，对我破坏也一定有。在政治宣传方面，我们对国民党的态度，不要一去就痛骂，要采取善意诚恳的批评态度，否则将大批树敌，不能达到争取大多数的目的。对国民党，我们始终表示愿意合作抗日，但要在他们开放党禁，实行民主与团结的基础上。我们之来，为的是支持抗战。首先可以吸收一部分国民党人士参加工作，对国民党可能利用这类人混进来，也不必太惊慌，但一般不能吸收入党。如果还有国民党地方政府，我们要去联络。可能有两种：一种是有武装做依靠，坚决同我们对立的，对这样的，我们要一面讲理，暴露他们，一面公开宣传我们需要建立抗日民主政府，到一定时候要产生新政权。一种是没有武装依靠同我们联系的，我们要与它联络，采取积极步骤，提出某些主张，首先提出人民马上要求解决的问题，同时向人民宣布要他们实现，如他们不敢做，就暴露了国民党政权的实质，孤立了他们。如有几个政权，相互间有矛盾，我们则利用矛盾，争取多数，打击少数，不要到处树敌。

对国民党军队。国民党军队大兵团没有，小武装是会有的，对其一律采取联合抗日的方针，但要注意不上当，一方面防止其袭击我们，一方面防止在合作当中把我们推上去同敌人对立，消耗我们。如果是愿意同我们联合的，我们也提出积极的建议，如开联欢会、参观，以达到争取的目的，当然我们要有戒备；如果是同我们尖锐对立的，我们要做到仁至义尽，要暴露他们，但绝不进攻他们，如他来进攻我，坚决打击他，打胜以后，还可办交涉。

我之武装政策。除上面讲的以外，我们要扩大武装，主要是建立游击队，发展游击战争。对于本地干部的使用，有的以八路军名义带队伍，有的自己回去发展游击队。去后第一个问题，必须扶持与掌握游击队，有些游击队才能生根。枪支问题，主要用游击队方式取得，有卖的，买一部分也可以，不能向老百姓要枪。地方人民武装起义，可以大胆收编逐渐改造，不要性急。对土匪我们不能要，同时对土匪、地方实力派也不要乱打。

政权。看进入以后的状况决定在什么时候提出来，需要建立即要搞起来。这个政权要有三三制，要注意选择当地有威望的正派士绅、中间人士参加。政权成立后，首先就要做善政，组织武装。

经济文化。目前还提不到这个问题，但要宣传我们的纲领，可以陕甘宁施政纲领为中心，作为我党的主张宣布之。

宣传政策。大家要做宣传工作，介绍我根据地，宣传我党纲领。中心口号是保卫西北，配合正面战场，坚持河南抗战，与河南人民共存亡，保卫河南，保卫家乡，团结，民主。

锄奸政策。就是宽大政策，军队不要杀人，对伪组织人员甚至国民党特务加以教育，或让他们在人民中悔过后放走。

干部政策。武装要由骨干来掌握，一定时候可以搞短期训练班解决干部问题，培养些青年学生、知识分子。

准备工作。两个大工作，一个是过河的准备。渡河是一个秘密的问题，侦察渡河点，收买渡口，都应准备。一个是思想上政治上的准备。思想上，在干部战士中分别教育，进行些调查。

到豫西后，只要我们能真正发动人民抗日，政策对，依靠人民，我们是可以立足的。

注　释

〔1〕中原作战，指日本侵略军发动的打通大陆交通线作战的第一阶段。一九四四年四月十八日，日军以十四万多兵力首先向河南发起进攻。河南国民党守军除少数部队作了抵抗外，其余均溃逃。日军只用三十八天即占领河南，国民党守军汤恩伯部损失二十多万人。

〔2〕汤恩伯，当时任第一战区副司令长官。

进一步打开冀南局面[*]

（一九四四年八月二十日）

黄敬、任穷^{〔1〕}并报毛朱彭：

今年华北各区都有不少发展，惟冀南原有六个分区较差。其原因不外：一、主力军很少，且过分分散；二、地方武装不够健全；三、严重灾荒须集中力量于救灾生产工作；四、大批干部整风，亦使工作发生困难。依目前情况，实有考虑如何利用当前空隙，进一步打开冀南局面，准备应付敌人回师对我之必要。

第一，军事力量的组织与配备务以能打击消灭伪军为要求。因此，充实现有几个团，加强县干队是必要的。团营大队的活动要善于灵活地分散与集中，集中以消灭较大股的伪军，分散以对付敌人的"扫荡"和打击敌伪的小股活动。据苏振华同志谈，你们已考虑及此是很好的，请坚决行之。但切忌恢复大机关、大后方的制度。

第二，冀南部队利用青纱帐期适当整训是必要的，但开展局面的时机亦不可失。我觉得目前应以开展为主，同时有计划地轮番抽出一部进行短期的整理与训练工作，在必要时冀鲁豫帮助一些力量也是需要的。

---

* 这是邓小平给黄敬、宋任穷并报毛泽东、朱德、彭德怀的电报。

第三，这次冀南整风，干部可少抽一些。

以上请考虑。

邓

八月二十日

注　释

〔1〕黄敬，当时任中共中央冀鲁豫分局书记。任穷，即宋任穷，当时任冀鲁豫军区司令员。

对毛泽东所询十项问题的答复[*]

（一九四四年八月二十四日）

毛主席：

关于所询十项问题[1]，因雨交通阻隔，未能及时搜集材料。先就太行情形，答复如次。

（一）减租、减息、简政和反奸以来，对团结党外人士，发生了一些"左"的偏向。现在，政权中党外人士太少了。在反奸中，有些参议员坦白了，有些被罢免，还自杀了两个（邢台、偏城）。邢台李参议员自杀时留下一个遗嘱，里边说："国民党放毒，共产党整风，国民党完了。"一般党外中间人士认为：反特务，就是反国民党。有些认为：减租是慢性共产。认为：三三制是利用党外人士，非党人士似是傀儡，实际还是一党专政。这与各地对参议员问题的不慎重、不严肃，与对非党干部不够尊重、宗派主义作风有关。可是，他们一般认为：上级比下级好。经过时事教育和整风，他们看到我们提倡自由思想与自我批评，加上中原战役及最

---

* 这是邓小平回答毛泽东所询十个问题的报告。毛泽东在这份报告上批示："此报很好，请转发平原、山东、华中、湖北、东江各处。"一九四四年十二月二十五日，毛泽东致电邓小平："关于十个问题的答复早已收到，内容极好。除抄给此间许多同志阅读外，并转发各地参考。我完全同意你们的路线，望坚持贯彻下去。并请告知太行区党委负责同志，我十分感谢，他们给我以关于今年生产的非常有用的总结报告。"

近国际形势的变化，以及国际舆论的空气之下，比前好转，较进步的，想加入。这一现象，还不是个别的（有的是投机思想）。生产运动以来，开劳动英雄会，不开士绅会，有些人说："咱们吃不开了"。但阶级关系，在生产运动中是比较稳定。太行对此问题，区党委拟定的调整办法是：

（甲）开生产运动、生产劳动等会时，请参议员和一些经营生产好的士绅参加。

（乙）对政权中党外人士整风的方法加以改善。加多时事教育，不要勉强，纠正生硬方式。

（丙）准备今冬改选参议员，召开参议会。届时，准备多吸收一些党外进步中间人士参加工作，宁肯工作人员多几个。

（丁）党内整风，克服宗派主义，讨论统一领导和三三制政策的运用。

（二）减租减息问题：太行区减租，抗战后有我工作的地方，做了一些，但极不深入。真正执行，是在中央土地政策指示后。一九四二年下半年，做得轰轰烈烈，基本群众大大发动起来了，根据地面貌完全改观。尔后，一切工作都好做了，一切任务完成都容易了，党政军与人民的关系密切了。如去秋公粮，人民自动缴纳，超过了计划。又如今年扩兵送延安，两次约二千人，每次回去就完成了。但在减租减息中，"左"、右偏向都是存在的。在大减租息运动中，"左"的现象表现在：

（甲）退租过多。有退五年的。榆社实际上变成了折地分青，不少地主破产。

（乙）不少地方，租额规定过低。一九四二年底，虽改为退租不超过两年，也显得太多。

（丙）有些地方，以反贪污、退贪污款代替了减租，没有减租，地主就坍了。所以，真正贫农得利益不多。

（丁）减息，也是发展到普遍的清债、算老账。利息超过二倍者，大部都退。不足二倍者，补足二倍退了。典地都无偿退还了。

这些"左"的现象，在一九四三年初，太行分局高干会议[2]中，提出适当的纠正。当时，虽也提出了贯彻减租，克服不平衡，但强调坚持到底不够，多少为"左"的现象所迷惑，丧失了贯彻力。加之从去年二三月起，就形成了严重的灾荒，一切力量集中于救灾、生产去了。而灾荒区，多是工作薄弱地区。灾荒中，又不可能进行继续减租。所以，太行区直到现在，减租工作还是不彻底的，不平衡的。去冬，因集中力量整风，虽也照中央指示作了一些检查，但不普遍，不深入。现在太行状况，大概是这样的：原六个分区，大约真正减了的，是十分之五，包括更好的县份（如武乡）在内。这些更好县份中，也还有百分之十没有减。新开辟的七、八两分区，为时已经一年，还未开始减租。我们曾经多次催促，据区党委说：两分区领导同志，思想上有毛病，认为两区问题复杂，恐怕影响团结，这也是右的观点。而在已减租区，又发生下列现象：

（甲）明减暗不减。先进区也有，落后区更多。其中有虽订约而无租额规定者，有在文据约定外另有口头约定者。

（乙）地主随便收地。因在法令上取消永佃权一条，地主则借口出典、出卖或收回自种，收佃户的地。农民恐怕收地，向地主屈服，形成明减暗不减。也还有怕变天而屈服的。但这种心理自庞、孙[3]投敌后，大部消失了。

（丙）减租办法极不一致。有的地方存在着虚租（名义租额）、实租（实际租额）之分。虚租减了，实租未减。有些地方，死租变为活租，实际是抵抗减租（这现象，五、六分区还很普遍）。不少地区，因灾荒收成大减，所收粮食大部交租，甚至有全部交了租还不够的。

（丁）农民不了解政府法令，而被地主欺骗了的，也很不少。

以上是太行区状况。据我所知，太岳与太行情形差不多，深入程度，尚不及太行。因此，今冬必须进行一次彻底的检查运动，贯彻减租。工作中心，是在群众中进一步进行政策法令教育和保障佃权。依太行情况，未减租者，一九四三年的多交部分，应退还农民。至于新发展区，则应以减租发动群众为一个时期的中心任务。此外，还有一个赤贫户问题。太行区无地（不是佃户或佃得很少的地）的赤贫农，约占人口的百分之十，减租减息，对他们均无利益。过去长期是终年劳苦，永不翻身的阶层，我们也长期忽视他们了。大生产运动，有小部分开了荒，加入了互助组，情况略有变更。但替他们想的办法还不多。这是今后必须特别照顾的问题。

（三）民兵问题：民兵工作，在太行有进步。一九四二年冬和一九四三年，曾作两次训练。太岳比较差些。近来，太行在数量上无大发展，质量上则有相当的提高。特别是边沿区，战斗力增强，组织严密，行动亦较积极，地雷战有发展。去年，全区制造石雷几万个，因未遭遇大"扫荡"，尚未见其效果。又发明了磁雷，据说，效果比石雷还大。总之，民兵对地雷信心是有的，问题是训练与使用。今天民兵的武器，最有效验的，还是地雷（铁、石、磁三种），应大大发挥。步枪，在太行有八九千支，太岳不足一二千支。过去经验证明，步枪杀不如地雷炸死之多。至于旧的武器，亦应提倡。惟除土炮外，其余效果不大，但比没有武器好得多。而在发挥尚武精神上，尤属必须。近日群众发明了一些小土炮、土迫击炮，不断的有创造。太行民兵现存缺点是：

（甲）洋枪主义未完全克服，不愿使用旧武器。

（乙）缺乏白刃搏斗的训练与锻炼。

（丙）宗派主义还很普遍，有些自高自大，不注意团结广大的自卫队。

关于民兵的发展，仍有可能。太岳则有大大发展可能。太行现约五万余名。最好县份（武乡），占人口百分之七。中等县份，占百分之五。据过去研究，发展到百分之七，一般是达到了饱和点。所以，太行原有区还可发展约两万。如加上新区，将来可达到十万左右。区党委提出，今年发展百分之六，明年到百分之七。今年冬季，仍着重民兵训练。明年，则加强自卫队工作。至于生产与战斗结合，一般有了进步。在初期，民兵游民化的倾向是严重的。经过几年不断纠正，特别是今年大生产运动，把广大民兵卷进去了。边沿区民兵的生产与战斗结合，也有一些经验，如战斗与生产的变工互助形式，组织以民兵为骨干的互助组到边沿区、敌占区卖工，既保护了生产，又得利益。中心区的民兵，多参加一般互助组。也有民兵就自己范围内组织起来的。也有以民兵为骨干组织起来的。至于在战时如何结合，还是尚待研究的问题。看起来，战斗与生产的变工形式，会大大发展起来。

（四）沦陷区、接敌区的斗争问题：赤白对立的现象，一九四一年以前，曾在某些区发生过。一九四一年以后就没有了。过去形成的原因，是敌人挑拨甚至鼓动群众到根据地抢掠烧杀，我游击队纪律不好，抗日政府只要粮食，不做工作。其结果使我游击队不能在敌占区立足，形成根据地严重退缩状态。以后，纠正了自己的弱点。加之敌人对沦陷区的无情压榨，我政治攻势发展，敌占区人民对我一改旧观，态度甚为亲切。现在，许多老沦陷区都能进入武装活动了，游击区有很大的开辟，平汉线也大体恢复到一九四○年以前的状态。合法工作与非法工作相配合，在运用上，一年来也有发展。举二分区几个例子：

（1）平西小商工作。平西南下商人很多，商人成分多系失业矿、瓷、染工，雇工及小知识分子，常来往于敌区、我区之间。我经过工商系统，加以买营业证，每月一换，加以组织教育，离城五里的村庄，都有人参加。他们参加的条件是：（甲）保守抗日秘密；（乙）组员互保，防止奸细混入；（丙）遵守贸易法令。他们做了很多事，如出口粮食四百石（至去年七月），都未落入敌手，并输入很多必需品，建立了锄奸网、秘密游击小组和秘密宣传员，开展了一些伪军工作，并建立了党的组织。

（2）太谷反抽丁同盟。这一组织本来早就存在，但无作用。去年夏荒时期，群众想向大户借粮，所以配合公开武装，把敌人吸引到公路点上，其他地方就借粮。借粮时，先由反抽丁同盟讨论，然后村政委员会（以合法形式存在的，

名字叫工作组）讨论，然后召集座谈会。地主们提出三个
条件：

甲、保守秘密；乙、不借给料子鬼[4]；丙、秋后归还，
由政府担保，然后当面写约。穷富之间，改善了关系。经过
这些工作，同盟中也建立了秘密游击队小组和锄奸网。

（3）榆次反毒救国会。这一组织，是伪区公所批准的，
但完全在我掌握之下。各阶层都赞成，它真正在开展灭毒运
动，同时在里边掩护了秘密工作。

（4）榆次战斗生产合作社。这是接敌区的组织，土地、
劳力以及民兵的武力，都算股份，按股分取收获物。

（5）寿阳卖工队[5]。接敌区青年组织起来，到游击区
做短工，带着武器，敌人来了，就打，敌人走了，就种地，
并且做宣传工作。这可能成为群众性的敌占区工作。

（6）今年夏季屯粮时，太谷敌占区群众分散地往山上
送，遇见敌伪时，就佯向据点前进，并称给皇军送粮，一转
眼，就又上了山。这样，一千五百石粮食不到一礼拜就都屯
齐，而且都自己送上来了，未用部队掩护。

这样例子，各分区都有不少。

（五）民众团体问题：民众团体在减租减息之后，转为
领导各界人民发展生产、文化、卫生方面，十分需要。惟保
障农民佃权，调解人民纠纷，还仍是农会必须经常注意的
事。在组织方面，太行同志认为这样一转，工、农、青、妇
都可统一起来（或统一于农会），因为生产、卫生、文化等
事业，没有系统分立之必要。惟文化教育上，还可以分开
做。此点，他们亦未考虑成熟，只是一个初步意见。

（六）拥政爱民与拥军优抗两项工作，较前均有进步。

去年冬季及今年年节，普遍进行了教育，军民都进行了反省。一般说来，太行军民关系，在减租运动后，即有进步，经过这个运动，更密切了。军队对群众态度比前更好。一般都积极参加了救灾、打蝗工作。节食救灾，自己生产，并帮助人民生产，都给群众影响很大，视军队为救命恩人。爱护军队的例子很多，参军热情很高。如武乡扩兵，每个新战士都带有民兵或农会的介绍信和鉴定表，即其一例。在进行生产运动中，部分队伍与人民实行互助，军队作战时，人民自动帮助军队锄草，这种例子很多。近九月来，民众不和的事很少听到。即有，多能相互原谅。对于抗属，政府一面动员帮助他们生产，建立家务，一面优抗工作，也做得比前切实。在社会上，抗属地位提高。投机抗属到军队来诉苦的人大大减少了。现在的缺点，在军队方面，违反纪律现象还未消灭。特别在生产运动中，还有占民众地者，有为改善自己生活向人民放高利贷者，也还有个别违反政府法令者。在拥军方面，无论政府、人民，个别缺点均很难免，都不是什么大问题。

（七）军队轮番训练，非常必要。太行军队任务还是繁重，正规军数量也很不够。此次抽出四个团到太岳作战，抽出两个团向南发展，加之准备工作不够，故须整训时间略为延迟，大约十一月才开始，军区正从事准备工作。至于军队政治工作，的确吃了长期教条主义和形式主义的亏，政工缺点，较之任何部门特别厉害。这个工作尚未总结。谭政同志报告[6]已开始引起前方注意。

（八）城市工作，我们及区党委均已讨论。北方局着重帮助太行积累经验，以帮助其他各区。太行区已确定抽出七个地委级干部以及其他一批干部来进行这个工作。最近准备召集一次城市工作干部会议，打通思想，总结经验，并拟定实施计划。估计这批干部下去时，可以干些成绩出来。余尚无可报者。

（九）今年大生产运动后，估计太行只能减轻人民负担百分之十，未江电[7]业已报告，不赘。今年收成不坏，人民负担能力尚无问题。太岳历年负担比较太行轻得多，今年因百物昂贵，预算较过去还得增加一些。

（十）军队生活，现在比大灾荒时期略好。但仍只能吃小米一斤四两，七钱清油还吃不到三钱，用菜蔬弥补，勉强够吃。但从十一月起，生产品收入多，供给标准提高，即可大大改善，前电亦已报告。农民自麦收后，基本上已经渡过灾荒。今年互助合作运动都有开展。惟命令主义与形式主义还是严重。这个，尚待材料收好，再行报告。

关于根据地自给，在太行的困难是棉、盐两大问题。两项入口，年需一万万二千万元伪钞。准备明年扩大种棉地到十六万亩，则可达到棉布百分之八十自给。盐非到外面买不可，但亦准备从冀鲁豫土盐找出路。其他工业品，大致可以自给。现从敌占区入口的，除棉、盐、布、火柴（火柴入口量不大）四项及军工、医药、电料外，其他几乎没有什么入口了。

邓小平

八月二十四日

注　释

〔1〕毛泽东于一九四四年七月二十八日致电中共中央北方局代理书记邓小平以及中共鄂豫区委书记李先念、中共中央华中局代理书记饶漱石、中共中央山东分局书记罗荣桓、中共中央冀鲁豫分局书记黄敬、中共中央晋察冀分局代理书记程子华、中共中央晋绥分局代理书记林枫，请他们就三三制、减租减息、拥军优抗和拥政爱民、军队整训、民兵工作、沦陷区接敌区工作、城市工作、大生产运动、军队和农民的生活、民众团体工作等十项重大问题作出调查和答复，以便中央在一九四四年秋能对其中几项工作作恰当的指示。

〔2〕太行分局高干会议，指一九四三年一月二十五日至二月二十日中共中央太行分局在河南涉县（今属河北）温村召开的高级干部会议。

〔3〕庞、孙，指庞炳勋、孙殿英，曾分别任冀察战区副总司令兼第二十四集团军总司令和第二十四集团军副总司令。他们于一九四三年五月率集团军大部向日军投降，分别任汪精卫伪政府军第二十四集团军正副总司令。

〔4〕料子鬼，俚语，指抽鸦片烟的人。

〔5〕卖工队，是抗日根据地出现的由民兵为主组织起来，给有需要人家做工，生产、渡荒与战斗结合起来的互助组织形式。

〔6〕谭政同志报告，指一九四四年四月十一日，陕甘宁晋绥联防军副政治委员兼政治部主任谭政代表八路军驻陕甘宁边区后方留守兵团政治部，在中共中央西北局高级干部会议上《关于军队政治工作问题》的报告。

〔7〕未江电，指一九四四年八月三日太行军区给中共中央《关于一九四三年十月至一九四四年六月部队生产的初步总结》的电报。电报总结了太行军区部队克服严重灾荒造成的经济困难，普遍进行开荒种地的生产运动，同时帮助群众生产工作的情况。还提出了生产中的几个问题，如生产和战争结合的问题，游击区和敌后部队的生产问题，部队生产与群众生产结合的问题，小窝铺的生产基点的自给问题等。

太行区文化教育机关情况[*]

（一九四四年八月二十九日）

中央并转彭刘蔡：

太行区文化教育机关人员数量及待遇情形，分别叙述于下：

（一）初级小学。公立者全区共计一千四百所，教员一千七百二十名。教员待遇采取薪金制，按甲、乙、丙三等分别给以粮食做薪金。甲等每月小米四斗（每斗重十三点五斤），乙等每月三点八斗，丙等每月三点六斗，全年以十二个月计算。

（二）高级小学。有的地方与初级小学合并在一起，成为完全小学，有的地方则仍单设。总计全区高级小学（完小在内）共有六十五所，教职员及公费生六百名（自费生未计在内），其供给制度与政府普通工作人员相同。

（三）中学校。太行联中职教员、公费生共计二百四十一名（自费生未计在内，以下同），冀西中学四十二名、豫北中学六十五名、行政干校二十六名。以上共教职员、公费生为三百七十四名。各中学学生实际人数（自费公费共计），

---

* 这是邓小平、滕代远、杨立三给中共中央并转彭德怀、刘伯承、蔡树藩的电报。

太行联中三百一十六人，豫北中学八十二人，冀西中学七十人，三校共为四百六十八人。行政干校学生均为在职干部，本期共计四十人，都由在职机关供给。

（四）文化团体。文联工作人员共二十五名，新华书店由政府供给者三十名，华北文化社和青年与儿童社每月由边府给以一千元至三千元之津贴。

（五）本区私立小学数目约占公立小学百分之二十左右，因不由公家供给，故未列入上项统计。

上列各项供给办法：初小、高小，由地方粮款开支。中学及文化团体，由边区粮款开支。至于冬学、民学及农村剧团，都由地方临时供给或适当津贴。此外，边区政府有一个印刷局，供给上是自力更生，其业务采取经营营业的方式，公家不负供给责任。

邓滕杨[1]

未艳

注　释

〔1〕杨，指杨立三，当时任八路军前方总指挥部副参谋长兼后勤部部长。

晋冀鲁豫边区
改选临时参议会的计划*

（一九四四年九月四日）

彭刘杨[1]：

电悉，改选临参会事，已注意。改选办法等均已公布，准备于今冬进行。惟因整风生产及准备反"扫荡"，只能分区召开临参会，选举方法也只能用推选，只在个别好县，试行普选。将来拟照林老[2]在西北局高干会议报告所提原则，扩大政府委员会，缩小驻会委员的人数和权力，多开一揽子会议。分区的参议会每年可开两次，每次时间无妨短期，以扩大政权的民主性。而在政府人员的调整上，也要多吸收党外人士，保证三三制。你们有何指示，希见告，以便注意。

小平

支日

---

* 这是邓小平对彭德怀、刘伯承、杨尚昆一九四四年八月二十四日来电询问何时改选晋冀鲁豫边区临时参议会的复电。

注　释

〔1〕杨，指杨尚昆，当时任中共中央北方局书记。

〔2〕林老，指林伯渠，当时任陕甘宁边区政府主席。

太行区工作要抓住中心环节[*]

（一九四四年九月二十五日）

从现在看，明年工作的布置大体可以摸到一些门路，这次地委会议要使大家懂得这些问题。有些工作可以摆在今年做，因为明年局势不管迟早，总是一个反攻的局势。如果在下半年或明年开始，明年环境仍是错杂，我们还是会遇见困难。明年任务繁重，因此今年工作如不抓好中心环节，是会有损害的。

什么是抓住中心环节？在根据地就是搞好十大政策[1]，还要加上城市工作，看我们做了多少，对主要的工作还要深入。所谓准备反攻，就是积蓄力量。积蓄力量就是积蓄民力（经济力），提高军民战斗力。还有就是准备指导能力的问题，这是根本的问题。中央最近指导明年方针的决定[2]，即是根据地与敌区城市两个工作并重。毛主席对根据地工作提出十大政策，可以看出中心还是增强民众经济力量的问题。此外，民主问题也很重要。我们面前的情况是：1. 整风没完成。太行区今年主要的关可以过去，还有一批没有搞（区营以上搞百分之四十），明年还要摆上这个任务。2. 减

---

[*] 这是邓小平在中共中央北方局会议上听取太行区工作汇报和讨论下一阶段工作设想时的讲话。

租减息只有武乡做得好些，其他一般都不彻底，有些地方还未开始。这对今后任务开展也是一个大问题。3.民主这两年注意不够，但民主基础比过去还好些。目前调整各阶层关系主要是靠减租减息，但更好地实行三三制也很重要。4.时事教育我们今年没有做，群众也有反映，认为好久没有开大会。今后的工作布置还要注意这些问题。

我们太行区最关键的工作。第一，明年大生产运动是跑不了的。第二，完成整风审干任务。第三，民主上三三制无论如何也要做。第四，军事上准备练兵与民兵工作。上面四个工作如何结合？哪些工作搁到今年来做？我的意见是参议会搁到今年开，减租减息现在就开始，整风今年先告一段落。练兵十一月开始到明年三四月结束，减租减息也要在明年春耕前结束。参议会一月开始，一月底可以结束。如果春耕前把这几件事做好，明年的关就好过些。明年集中精力继续整风、敌区工作和根据地经济工作。

在这几件工作中，我同意把今年这批整风结束，高干会能在明年二月末开，无论如何明年上半年要解决高干问题。现在整风平反还是要慎重些，搞错了的平反也要很周到。党校整风也要很慎重，不要同时突破。民主问题，在选边区参议会议员时，有些县可同时成立县参议会。减息减租，要深入调查积累一些经验，从这一运动中改造村政。凡是减租不彻底的区，其他一切工作都是次要的。民兵要发展，自卫队工作不提出，不当作中心来搞。总体来看，从现在起到明年春耕前是大关键，工作抓好了明年会顺利些。在对根据地工作指导方法上，我觉得一揽子会议可以适用。

我们做好城市工作的决心已下，调动了大批干部，这是很好的。问题是在讨论中应进一步研究出现的问题，我们还是有一些经验教训的，应收集起来教育干部。在干部派遣上还要更好地注意地方性，同时还要从外面调人来，加强训练后再派出去，作用会更大些。城市宣传工作的发行网能尽量建立为好，这对敌区的思想教育是很必要的。

注　释

〔1〕十大政策，指一九四三年十月一日毛泽东起草的《中共中央政治局关于减租生产拥政爱民及宣传十大政策的指示》中提出的十项政策：对敌斗争；精兵简政；统一领导；拥政爱民；发展生产；整顿三风；审查干部；时事教育；三三制；减租减息。

〔2〕指一九四四年六月五日中共六届七中全会讨论和通过的《中共中央关于城市工作的指示》。

巩固山东根据地和
开展伪军工作*

（一九四四年九月二十七日）

毛主席并彭：

（一）美观察组[1]到延，我军今年不断胜利，对日寇的刺激甚大。最近月来，伪报不断强调打击我之反攻意图，我们似应引起注意。半年来，胜利最大且最突出者是山东，而山东距日本最近，海岸线很长，必为敌人所重视。现局势既已打开，应采取不过于刺激敌人、以巩固为主的方针，埋头巩固新开辟地区工作。这个意见未知对否，如对，请中央指示他们。

（二）现在形势，对于开展大股伪军工作非常有利。最近我们的关系人已与齐燮元[2]见面，关系人与齐谈三小时，齐表示愿与我来往，并问候毛、朱。他在治安军中尚有相当基础，我们正设法由我方代表正式与他见面。对孙良诚[3]关系已有好转，拟于适当时机派申伯纯[4]去孙殿英[5]、孙良诚、张岚峰[6]处走一趟。现在的问题是用什么形式去争取他们，过去我们提的三条[7]，对小股伪军仍然有效，但对大股伪军作用不大，已有中间人士提出这个问题。我们商

---

* 这是邓小平、滕代远给毛泽东并彭德怀的电报。

定,目前我只宜表示:凡愿回头抗日者,无论在军事政治上,均取合作方针,大家都有份。八路军不会出卖朋友,不像蒋介石那样排除异己,不强迫友军实行一样的军队制度等原则。如他们提出具体问题时,可以征求他们的意见,再加以说明。不过,这个问题我们应拟定一般的方案,以便有所遵循,亦请中央考虑见示。

邓滕

注　释

〔1〕美观察组,即美军观察组,是美国政府派驻延安了解中国共产党政治、经济、军事情况调查组,组长包瑞德上校。

〔2〕齐燮元,原为北洋军阀将领,全民族抗日战争爆发后叛国投敌,曾任汪精卫伪政府华北政务委员会治安总署督办、内政总署督办、华北治安军总司令等职。一九四三年被伪政府免职后赋闲。

〔3〕孙良诚,当时任汪精卫伪政府军第二方面军总司令。

〔4〕申伯纯,当时任八路军总部情报处副处长。

〔5〕孙殿英,当时任汪精卫伪政府军豫北"剿共"军总司令。

〔6〕张岚峰,当时任汪精卫伪政府军第二集团军总司令。

〔7〕中共中央一九四一年八月四日《关于敌伪军伪组织工作的决定》中指出对伪军伪组织的总原则是,争取同情分子,控制两面派,打击坚决作恶分子。

太行生产运动中
几个问题的报告 *

（一九四四年十月二十三日）

今年生产运动在全区较普遍地展开，几个问题电告如下：

一、生产运动的概况（秋收总结）。

（一）各阶层群众生产情绪提高，表现在：牲口增加（一分区，今年增加二千二百七十二头；二分区，辽西一县，增一百三十九头）；肥料增加（二分区，平均每亩约增十担，个别户，有增至一倍以上的）；土地价格提高（六分区，去年，最好地每亩至二百元没人买。今年，每亩千元以上还买不到。普遍发生争地片的现象）；富农也努力生产，被斗争过的地主也重新整顿家务。

（二）耕地面积也大大增加。六个老分区，麦收前共开荒三十多万亩，修滩地一千五百多亩（机关部队不在内）。一、五、六分区变旱地为水地，将有一万七千零六十亩。八分区开荒六万七千七百二十五亩。按常年产量，每亩以五斗计，相当于去年负担总数（三万一千四百三十五石）。今秋，

---

* 这是邓小平起草的中共太行区委给毛泽东并告刘伯承、蔡树藩的报告，是对毛泽东一九四四年七月二十八日电报所询十项问题的补充报告。

全区负担总数五十六万石，如以每亩荒地平均产量六斗计，约可收十八万大石粗粮，够全区负担的总数三分之一。这些荒地大多是组织起来集体开的。不少贫户依靠互助开荒有了土地。如涉县后岩村，每个赤贫户开荒最少均在五亩以上，多者十几亩。收秋后即可变为中农。

（三）深耕细作也有很大成绩。互助组织好的地方，倒塌多年的地边堰大部修好。五分区把抗战以来冲坏的地边修起三分之一以上，地边、地堰焕然一新。一分区临城，往年地多只耕一遍。今年耕两次的占应耕地百分之八十。偏城村劳力组织起来百分之三十五，耕二次的地三千八百一十五亩，占全部地三分之二。涉县好的互助组做到麦地二锄，早谷四锄，晚谷三锄。武乡的模范团做到三耕三锄。锄苗紧张时，曾发动过群众性的互相检查。各家地里插牌牌，提出保证地里没一根草，荒地现象消灭。

（四）生产效率和技术的提高。组织起来，劳动效率普遍提高，一般五个人能顶六个人做活。在农忙紧张时，互助劳动效率更大。如锄苗、收割、开荒、修堰等，平均三人或四人能多做一人的活。和西县[1]程兔全拨工队[2]，九人互助做活，用工一千七百一十五个，即省工六百六十六个。一年光景，全组生产上升，两户赤贫农已变成中农。榆社根据四个区五十三个村的统计，共劳动力一万一千六百六十个，组织起来五千一百八十一个，互助节省劳动力一千七百二十七个，平均三人能省一个人工。由于劳动效率的提高，农民有余力来研究生产技术。武乡、偏城，都设有技术指导组，聘请技术老农孙良询作指导员。树辛村提出青年学习老年技术，老年学习青年进步。如果团结了老年人，生产技术可大大提高。他们改良农作技术有：（甲）三耕三锄。（乙）多种山药。（丙）多种谷、豆、玉茭，少种杂田（因种杂田减少产量）。计划种谷十分之四，麦十分之三，玉茭十分之二，杂田十分之一。（丁）实行换地换土、换种换庄。（戊）改良犁铧，并实行温水浸种。（己）增加肥料。现在对技术研究，如温水浸种、油拌种子等，许多互助组都应用起来。

（五）劳动组织中，群众互助互济、团结生产的新气象。在生产运动中，除政府贷款救济、援助农民生产开荒外，在互助组中发展了群众性的互济互助，使不少贫苦群众得以解决生活和生产上的各种困难，有力地发展生产，灾荒气象也大减轻了。武乡树辛村经过互助组调剂的粮食，即有七石。和西县群众互济粮约三百多石。涉县后岩村经互助调剂粮食、糠、油饼等约千余斤，使其渡过严重春荒，没饿死一人（去年病饿而死约十余人）。其他无利贷农具、种子等的调剂互助更多。在组织起来后，群众由农业生产扩大到各种各样的合作互助，用集体力量解决他们自己生活中的困难。工作基础较好的地方，人民生活习惯、思想、风俗等均开始了新的变化。武乡树辛、东堡等村，各处传着人人劳动创造新社会的口号。他们创造了很多新的生活方式，如卫生制度、娱乐晚会制度、抗日军人招待所等。流氓、小偷、懒汉多经改造，转变生产。如一分区懒汉六百九十一人，大部转变生产。内邱[3]一区，小偷六十六个，有三十七名反省坦白自己错误，决心生产。这种坏人走上生产正路，社会秩序也较安定，到处是生产劳动的新气象。阶级关系也趋稳定，使各阶层人士感到我党政策和领导的正确。

（六）边沿区经过组织起来，人民生产也有了办法。在榆次、寿阳等边沿地区，我们组织了敌占区、根据地、边沿区的劳动互助，把边沿区几年来荒芜的土地大部按时耕种上了。寿阳梢子岭程子屑民兵卖工队，在掩护群众生产、防敌斗争情绪上起了很大作用。辽西寨沟编村民兵在五十天的下种期间，打退了敌人十五次的袭击，全村四千六百六十五亩地麻、四百零五亩麦，大都下了种，没荒一亩地。经过生产互助，各地区的隔膜逐渐消除，群众在一致对敌、互助生产上团结起来。

二、群众对互助组、合作社、按家计划[4]的态度。

（一）互助组织状况与农民态度：由于领导上正确，执行了自愿结合、等价交换等组织政策，互助组织有很大发展。六个老分区的互助组与拨工队，共五万七千四百九十二个。二十五县的统计，组织起来的人数在十四万以上。武乡、麻城等较好的村组织起来的人数，都在全劳动力的百分之八十以上。在这运动里，也产生了一批联系群众的劳动英雄能手。在互助组成分上看，以新中农为主干。武乡二百一十八个劳动英雄，上升的户最多，新中农占七十三个。三分区十六个组二百零四人中，新中农七十三人，占百分之三十六，旧中农二十一人，富农及上中农二十四人，贫农五十二人，赤贫十一人，雇工十三人。可以看出，减租减息是执行大生产开展的基础。

一九四〇年春耕以来，强迫命令的坏影响全区较普遍存在，互助组织的影响不很好。今年是在清除这种影响下发展起来的。如武乡，过去互助，干部欠群众工很多未清算。今春算了旧账，才开展起来。偏城，在开始互助时，特务造谣说：互助是有牲口户给没牲口户互助，老百姓给干部互助。

到互助作出成绩，群众亲眼看到有利，对互助的认识和态度才能转过来。据调查，武乡树辛村王云书拨工队队员入组的动机，想占便宜的三人；想清算自己错误的（当上分子）三人；缺少劳力的三人；真有觉悟的五人。开始组织时，一般是试探性的，中、富农有些持观望态度。在得到利益之后，即逐渐认识到组织起来力量的伟大。偏城江杨镇一个组员说：互助省这样多的工，发展下去，大家都要过好时光。从前一辈子穷，并不是命里该，原是大家没有组织好。一个富农也说：互助起来，穷富都沾光。武乡李马保从他实际经验中认识到组织起来的作用，说：苏联人家有机器，咱们现在组织起来就顶机器。涉县劳动英雄赵元春说：走毛主席指的路，组织起来，一年有吃，二年就变富。有些互助组说：咱们组织得太迟了。邢台许多群众传说着：要想变富，参加互助。群众从实践里认识到：互助是过好时光的道路，有些人表示永远不离开互助。从各阶层群众心里看，对互助认识也各有不同。榆社材料，赤贫、贫农参加互助多很积极，想靠互助多开些荒，解决自己牲口、种子等困难，表现依靠互助组。新中农想互助进一步发展生产，在互助运动中最活跃，许多成为领导核心。旧中、富农自私心大，怕别人沾他的光，后来看到利益，想投机取巧，也来参加。有些富农看互助起来好，又认真带着雇工一齐参加。总之，群众在初互助时，一般较本位的心理有二：一是怕吃亏，一是怕不自由。在实际互助中得到利益后，进行教育，逐渐打通，即热心互助，慢慢养成集体生产的习惯。在全区看，还表现很大不平衡，大部群众还没组织起来。不少对互助了解还是抽象的，甚至认为人多，组织起来多麻烦，说"多年不互助，不还是照样种地"，对互助态度是漠然的。

（二）对按家计划的态度：今年生产运动以来，不少生产中的积极分子、劳动英雄在领导帮助下，经过全家讨论订出按家计划，作为生产奋斗目标，有些也影响群众。计划作过时，若是他们自己的打算，便有了生产目标和可期的远景，生产热劲就大大提高了，认识到这是为自己打算，不是为干部或支应公事订的。如偏城江杨锁，因计划出有剩余劳动，又开了五亩荒。樊心顺算了自己财产，感到缺牲口，便买了一头牛。有些按家计划的实现，必须依靠互助，离了互助，有些计划就会落空。因此，计划不但鼓励了每个农户的生产热情，也成为巩固互助组的基础。

在四、五、六分区，灾荒较重的地方，按家计划起了推动群众生产备荒、克服悲观情绪的作用。李顺达经过计划，进行家庭分工，按照应努力的方向去干，生产情绪提高。牛老四家经过计划，克服了悲观，觉得光景有希望过好。王计则经过计划，他老婆说：以前光愁日子没法过，到今可不知美多少，这一计划，像明镜一样，有办法了。武西有些互助组员，订了计划，能按期检查，切实执行。他们说：有计划，过光景，心底是清的；没计划，是乱的；计划了，觉得有个盼头。这些按家计划，不但鼓励了生产，且使家庭明确分工，减少经营经费，各尽所能，家庭和睦。如典型襄垣李来成家。有些群众已有了计划的习惯，由一件生活的计划，到一个时期或全年的计划；由一家计划，到一个组、一个队，以至全村的计划。在全区说，按家计划还做得十分差，许多地方没有进行。有些是干部主观要求给群众订。如一分区临城一个贫农，问到他的计划时，他说："人家给订的，不记得了。"跑到家拿出几张麻纸，干部给他念，他还不知说什么。一般都认为：多少年都是这样过日子，有做有吃就是，闹那些麻烦干啥？

（三）对合作社态度：本区合作社大部是从去年发展起来的。多是行政命令成立的，股金多是摊派的，干部多是会说会笑的生意人，业务多是单纯消费性，商业营利观点很大。缺乏健全领导，不少地方干部中发生贪污、捣鬼、赔钱、垮台，群众对它态度是冷淡的，说他们是"黑塌社"。有些地方，怕富户沾光，不敢放手叫其入股。如涉县张家庄规定富户入股不能超过百元。富的人认为合作社就是为穷人，入股多也是为别人。但是穷的人钱少，不能多入，又怕靠不住，认为谁少入谁沾光。结果是：穷富都不爱，群众看不到与自己有啥利益。大多数认为是政府和八路军合办的一个团体。

经过去秋渡荒和今年大生产运动，有些合作社跟着群众生产需要逐渐转变，为群众生产服务。在灾荒较重的四、六分区，合作社组织生产渡荒，解决群众各种困难，得到群众热烈的拥护。合作社本身也大量发展。如青塔合作社，在春荒严重期间，减价调剂玉茭子四百一十六斤，糠一千七百四十六斤，油饼一千四百七十五斤，借出小米一千五百斤，麦收、秋收后分别归还。又组织灾难民烧木炭、砍柴，使灾民得免于饥寒，而有力从事生产。群众说：要是没有合作社，咱村不知要饿死多少人。涉县四区合作社，农忙时组织扎工队[5]，瘟疫蔓延时组织医生治病，得到群众热烈的拥护，争着拿麦入股。平顺合作社经过组织生产渡荒，由四十八个社员，增加到一百零二个，现有群众把珍藏着的现洋、珍珠都拿出入股。和西合作社经过生产运动，股金增至百万以上，增加了三十倍。在业务经营的范围上，合作社已走向以生产为中心扩大到社会公益事业的各方面。全区合作社较普遍地组织了纺织、运输等。农具、种子的调剂也很普遍。其他，如造纸、造醋、打油、铁匠等各种作坊，组织刨药、采茶、扶植互助组、拨工队、救济灾难等。在这过程中，也产生了一批合作社的模范干部，都是大公无私、关心群众的好干部。服务群众的方向日渐明确，群众也转变了以前的冷淡态度，对合作社表现出热烈的爱护和关心。

总之，经过今年生产运动，合作社在正确的方针下，取得了大量的发展。从三分区看，一般有两种典型。一种是从互助组发展起来的新的合作社，一种是旧的改造为结合生产的新合作社，都在向着结合群众、民办公助的方针下前进。

三、领导作风。

半年来生产运动中，我们的领导作风，一方面看到旧的官僚主义的作风仍严重地存在着。另方面，新的调查研究、实事求是、与群众结合的新作风正在生长。

旧的作风，普遍的表现是单纯任务观点的干法，向群众算账式地抄数字，只凭主观的计划命令群众，滔滔不绝的说教。工作方法大部靠开会，一开即到后半夜，群众感到是一种讨厌的负担。在黎城渠村群众大会上，一夜就编了十四个互助组，还订了生产计划，挑了战。但是，会开完互助组也散了。涉县不少村，都是一夜大会就搞起几十个组的。根据自己主观愿望而要求群众干的也不少。临城曾提出：互助组织要三位一体（其内容是：生产、合作、农会、学习、备战、五家联环保等）。还有强调系统编制（工、农、青、妇），同等富力结合等。在涉县、和顺等地，有些把群众历史的变工习惯一律不要，按个人意见来搞互助。涉县杜山沟互助很久搞不起来，群众说：我们不参加这"糊涂组"（指互助组），我们要扎工、拨工。从改扎工、拨工后，群众大批组织起来了。襄垣曾选几十个劳动英雄，大半是能说会道、不好好生产的人物，群众叫他们是"二黄风"。其他，如村中蜕化分子统治、命令群众、把持一切的例子，各县差不多都有。这些作风，阻碍着生产运动的开展。

新的作风的生长，在工作中有成绩的地方表现得很明显，但在许多地方还是萌芽，有意识和旧作风鲜明对立起来还不够。这可以武乡劳动英雄李马保的领导方法作例，他可代表一般新生长的领导和工作方法。总起来，他有以下几个特点：

1. 为大家，自己先公后私，公私兼顾；
2. 把自己思想变为群众思想；
3. 先做后说，多做少说；
4. 团结积极分子，形成领导核心，以民主方式推动；
5. 根据不同对象，进行说服动员。

今年生产运动中，涌现不少的积极分子、为群众所爱戴的群众领袖。他们在作风上，差不多都具备以上这些特点。

太行区党委

一九四四年十月

注 释

〔1〕和西县,一九四五年与和东县合并为和顺县。

〔2〕拨工队,也称变工队,是抗日根据地建立在个体经济基础上的农业劳动互助组织。变工,即换工,是农民相互间调剂劳动力的方法。

〔3〕内邱,今河北内丘。

〔4〕按家计划,指在抗日根据地实施的劳动互助计划。一九四三年十月一日,毛泽东为中共中央起草的《中共中央政治局关于减租生产拥政爱民及宣传十大政策的指示》中指出:实行按家计划,劳动互助,奖励劳动英雄,举行生产竞赛,发展为群众服务的合作社。

〔5〕扎工队,是抗日根据地建立在个体经济基础上的农业劳动互助组织。扎工队一般是由土地不足的农民组成。参加扎工队的农民,除相互换工互助以外,主要是集体出雇于需要劳动力的人家。

太行区战绩和
生产展览大会的情况*

（一九四四年十一月二十日）

毛朱彭并刘蔡：

太行区的战绩和生产展览大会经过长期的准备，于十一月二十日已胜利揭幕。内分战绩和生产两馆：

（一）战绩馆共分七部分，大小三十一个展览室与专栏。第一部分展览胜利品，内有军区及八个分区人民武装金秋反"扫荡"十一个室，陈列敌军作战计划、命令和敌军武器。共炮十八门，内有山炮七、迫击炮十一。重机枪十挺，内有九六式五挺，又丹麦轻重机枪二挺。轻机枪四十五挺，三十一年式十七挺、麦德生高射机枪五支。三八式步枪二百支。掷弹筒三十个。第二部分展览我军作战情况。内有八个室，包括军队、民兵与群众之作战图表、模型。第三部分为建设部分。内有七个室，陈列电信、军工、防卫、人民武装及日、朝的发展建设计划。第四部分为教育训练之部分，第五部分为敌伪情况之部分，第六部分为时事图解，第七部分展览杀敌英雄事迹。

---

* 这是邓小平和滕代远、杨立三给毛泽东、朱德、彭德怀并告刘伯承、蔡树藩的电报。毛泽东收到电报后批示："此报告转发各战略区。"

（二）生产馆共分十一个展览室。全系新式建筑，计划周密、别有声色。全馆陈列的产品以单子的方法，分类颇详。

在渡荒、蝗虫三个展览室中，有数百种渡荒代食品，都是群众从灾荒斗争中新发现的，曾救活几百万灾民。蝗虫室布置更为精致，进室等于走进灭蝗战场，室内两端布置有生动的田园，一个表示打蝗不积极，吃坏了庄稼；另一个表示组织群众剿蝗，救活了庄稼，展示各种捕蝗统计、连环书，以及数十种捉蝗办法、模型和工具。

水利、棉作、西红柿、农业和制造展览室中，通过展示十种实物可以看到农作物的栽培过程。通过水利模型，又能看到太行区几年来惊人的水利建设，展示出依山开凿的三道大水渠。群众和部队机关送来的产品也极丰富，都陈列在五谷丰登大展览室中，琳琅满目、美不胜收，说明全区军民已走上了丰衣足食的道路。牲畜、生产工具、手工业和矿产业有的在室外展览，有的在室内展览。看过之后，即可了解根据地各种新的发明和创造。另外，在深耕细作室，为做好明年大规模开展根据地生产工作，介绍了许多群众的生产经验和新的科学方法。在改良种子上，明年在全区普遍推广美国金皇后玉茭[1]（增加产量百分之二十五）。

总之，这次生产展览会，主要是为总结过去生产成绩和开展将来更大的生产运动，其规模的宏大是空前的，盼望国际友邦人士前来参观，得以了解根据地几年来的各种建设。参观本定半个月，有人来否，盼复。

邓滕杨

十一月二十日

注　释

〔1〕金皇后玉茭，原产于美国中西部地区，一九三〇年由山西太谷铭贤学校美籍教师穆耶引进到中国。玉茭，即玉米，在山西习惯称之为玉茭。

在太行区第一届杀敌英雄和
劳动英雄大会上的讲话

（一九四四年十二月六日）

各位杀敌英雄、劳动英雄、模范工作者，各位同志：

这次会开得很好，总结了太行区几年来的杀敌经验和生产经验，每个英雄都把自己的宝贵经验作了介绍，最后又由李雪峰同志、李司令员[1]作了总结报告，戎副主席[2]宣布了明年的生产计划，所以，我没有什么话可说了。

同志们！在这次战绩和生产两个展览馆中，宣布了我们太行军民几年来奋斗的成果，的确是惊人的。我们同华北、华中、华南其他抗日民主根据地一样，干出了惊天动地、轰轰烈烈的英雄事业。这种事业是黑暗专制的国民党统治区域不能想象的。

大家回想一下，抗战初期，国民党大军在华北，八路军只有三个师，但是日本一打，国民党大军就垮了，退过黄河了，不要华北了，不要华北人民了。这时候，只有共产党八路军同华北人民一条心，不能让华北国土被敌人蹂躏，不能让一万万华北同胞当亡国奴。当时，我们的口号是"共产党八路军与华北人民共存亡，共患难""誓死不过黄河""坚持华北抗战"。全体军民都下了决心，结果从敌人手中夺回了广大的国土，创造了十几块抗日民主根据地，太行区就是其中的一个，华北抗战是坚持下来了。以后，国民党在惊惶喘息之余，看到共产党八路军、新四军能够在敌后坚持，于是又要来向华北抗日军民"收复失地"，前后爆发了三次反共高潮[3]。国民党回到华北的军队，就是不抗日，只是反共，甚至实行"曲线救国"的政策，勾结敌人，配合敌人，来进攻、破坏我们的根据地，把他们"收复"的"失地"，弄成暗无天日、民穷财尽、特务横行的世界，最后一批一批地几乎全部地投降敌人，把所谓"收复"区，又变成了敌占区。我们又从敌人手中把这些区域夺回，变成抗日民主根据地。这种事实，我们太行老根据地的人知道得很清楚，七、八分区的人知道得更清楚。真是多么困难啊！我们几年来没有一天不在同敌人作战，又要同国民党破坏抗战的反共逆流作斗争，还遭到去前两年的大旱灾、大水灾和大蝗灾。可是这些人所想象不到的困难都被我们战胜了。在七年半的时间里，我们太行区的军队打了两万多次仗（许多小小的仗还不算），民兵打了二万八千多次仗，普遍的人民的英勇斗争更是无法统计。从这样多的战斗中，从各色的政治、经济、文化、反特务等等对敌斗争中，我们才粉碎了敌人无数次的蚕食、"扫荡"和破坏，保卫了根据地，并且发展了根据地，尤以近年来太南、豫北和各边沿地区的发展，成绩卓著。这是我们七、八分区和边沿地区军民结合努力的成果，是值得我们欣慰的一件事。

不但从战争方面看到我们军民结合的伟大力量，就从生产方面同样看出这个伟大力量。几年来，不但军队、民兵在打仗，人民都在打仗。我们进行的是民族的正义的群众战争，我们动员了一切力量来争取抗战的胜利。大家想想，太行山是这样穷的地方，不断受到日寇奸掳烧杀的摧毁，奸细和国民党特务从内部的破坏，还连续受到几年灾荒的袭击，可是我们克服了各种困难，养活了这许多军队。七年来，太行人民出的公粮不下三百万石，还有款子、军鞋、支差及其他负担，全区同胞的确是尽了一切力量的。他们懂得这种负担是为了自己，无不乐于缴纳，并且总想能够多养一些军队，不断把自己的父兄子弟送入自己的子弟兵和民兵。从近两年来每次兵员补充任务不到十天就可以完成而且超过，公粮屯集多数村庄只要一天时间，可以看到人民的觉悟程度和拥军的热忱。我们的工厂，也是在极端困难的条件下进行生产，保证了战争的供给。工人职员们努力的成果，是值得夸耀的。

我们的生产不仅在农村、工厂发展着，同样我们的机关和部队也作了很大的努力。今年机关、部队自己生产两月或三月的食粮和全年的菜蔬，还要依靠自己生产来贴补油盐，计算起来，减轻了人民十万石公粮的负担。如果把办公杂支和节约统统计算起来，大约减轻了人民二十万石公粮的负担。这是一件多么重大的事情！假使机关、部队不执行毛主席"自己动手、克服困难"的方针[4]，完全由人民负担，那是不可能的。更不用说军队保护生产，机关、部队帮助人民生产，军队、政府等机关节衣缩食，帮助人民渡荒等等，无一不表示出军民一致的团结力量。军队的困难就是人民的困难，人民的困难就是军队的困难。军民一体，正是我们能够坚持敌后抗战，巩固并发展根据地，克服一切困难的力量。

　　无论战争、生产，无论渡荒、打蝗，无论其他方面，哪一样不是惊天动地的英雄事业，哪一样是黑暗专制的国民党干得出来的？

　　在伟大的英雄事业中，涌现出了成千成万的英雄和模范人物，这次到会的三百多位，不过是其中一部分最出色的代表。的确要承认，我们过去对于发现英雄，表扬模范的工作，还注意得非常不够，还有不少模范的指挥员、战斗员、武工队员、政工人员、后勤工作人员、炊事员、饲养员，以及党政群众团体教育机关的模范干部、教员等等，还被埋没着。今后各系统一定要按照毛主席、朱总司令提出的发扬新英雄主义的精神去发现他们，分门别类地召开英雄或模范工作者会议，总结他们的经验来推动其他。这样，我们各种工作定能得到更大的进步。

　　从各位英雄的事业中，我们看出一个真理，就是没有民主政治，没有群众运动，没有共产党毛主席的正确领导和朱彭总副司令的正确指挥，就没有这几年轰轰烈烈的英雄事业，也就不会出现这许多英雄。大家想一想，没有毛主席给我们定下了正确的战略指导方针，没有朱彭总副司令的正确指挥，没有成千成万的指战员英勇顽强的奋斗牺牲，我们能够干出这样伟大的战争事业吗？我们能够涌现出这许多出色的战斗英雄吗？又如没有毛主席号召组织起来的方向，没有全村、全队、全组一致的努力，没有广泛的减租减息、互助生产、渡荒、打蝗等运动，能够出现这许多劳动英雄吗？出现了这许多英雄，是全体军民的光荣。英雄们可贵的地方，就是因为他们有觉悟。他们懂得，没有共产党就没有他们，没有广大群众的齐心努力就没有他们，所以他们首先接受共产党和民主政府的正确领导。别人守旧，他们不守旧。毛主席号召组织起来，他们就首先组织起来，成为一切进步事业的推动者，成为群众运动的引线。他们有本领，能以身作则，实干苦干，能克服困难，创造经验，并且不满足，不断求进步，向群众学习。这样，他们就自自然然地为大家所佩服。他们懂得自己是群众中的一分子，没有群众就没有他们，所以能够处处照顾自己又照顾别人，真正做到公私兼顾的原则，能够处处为大众着想，了解大众困难，想法解决大众困难，特别是做事有民主精神，不独断，不强迫命令，遇事同大家商讨，不锋芒，不骄傲，为人憨厚。这样自然使人心服，大家容易齐心，事情容易办好，社会风气也会随之改变。这次到会的英雄，大都是合乎这些标准的人物，为根据地建立了很大的功绩，不愧为创造新军队、新农村、新工厂、新学校、新社会的匠师，值得大家的尊敬。

过去有些英雄，不是为群众所公认的，所以很多垮了。其原因就是他们的觉悟程度不够，一时有点成绩就骄傲起来。有的不学好干部的作风，专学坏干部的作风，不愿接近群众，不民主，喜欢强制命令，甚至一味自私自利，神气十足，苦干的精神也丧失了。结果，处处脱离群众，英雄的招牌于是乎也就垮了。这说明，没有真正的觉悟，或觉悟程度不够，当不了英雄，即使当了，也不能持久，也要垮。不是真有本领，以身作则，虚心求进步的人，当不了英雄，当了也要垮。不是为人憨厚，真正民主，公私兼顾的人，当不了英雄，当了也要垮。我们希望到会的英雄，永远是出色的人物，并且在你们的领导下，创造出更多的新英雄，因为抗战和新民主主义社会的事业，要有大批英雄带头，才能建设起来。

同志们！这次大会把各位英雄创造的经验都总结起来了。总结过去是为了今后，英雄们的宝贵创造，就应该是今后工作的方向。现在的形势，对于争取抗战胜利，建设新民主主义社会，是非常有利的。胜利的时间更快了，但是还要经过一段困难的斗争。这是因为一方面日寇虽接近失败，但仍然强大；一方面国民党的寡头专制，腐败无能给我们民族造成了很大的灾难，使得坚持抗战和反攻的主要责任，不能不落在我们敌后军民的身上。所以我们今后要把毛主席指示我们的敌后三大任务（战争、生产、教育）做得更好，使我们的仗打得更好，生产得更多，战争与生产更好地结合起来，教育更好地服从于战争和生产。

关于战争和生产，大会上对于明年的方向，已经有了很好的讨论，我只说几点零星的意见。说到战争，今年打得不坏，扩大了很大一块根据地，明年更要发挥我们正规军、游击队和民兵的威力，更多地扩大民兵，更有力地打击敌人的"扫荡"、蚕食和抢掠，更努力地扩大根据地，解放敌占区的同胞。要能这样，就要把兵练得更好。今冬的练兵运动是明年战争胜利的基础，也是反攻的实际准备，务必要达到预期的成绩。各位战斗英雄在技术上和战术上的创造，应该成为练兵的实际材料。其次，军事工厂的努力，对于战争胜利的保证，关系极大。我相信我们工厂的工友、技师和职员，定能发挥更大的热忱，制造更多特别是质量更好的武器，供给前线的战士们。

说到生产，明年计划已经订出来，我们奋斗的目标，是做到耕三余一和自给自足。我觉得能否达到这个标准，在于我们能否做好三件事。一件是彻底贯彻减租工作，彻底实行政府减租减息和交租交息的法令。这个工作做得不好，就无法使广大的劳苦农民获得生产的条件，地主也无法坚定地建立自己的家务。所以减租交租的政策，对地主对佃户都是有利的。可是我们太行区的减租工作还是极不彻底，今冬明春必须来一个大的检查运动，凡是没有减的或减得不彻底的地区，都应以此为工作的中心。把这件工作做好，明年的生产运动才能更大更好地开展起来。一件是更好地组织起来。组织起来的好处大家知道了，组织起来的经验也有不少了，可是我们组织起来的数目还是不大的，特别是有不少是强迫命令编制起来的，一定不起作用，或者早就垮了。今后必须将各位劳动英雄的经验广为传播，大家仿效，使巩固的继续巩固，不巩固的使之巩固，强迫命令的重新改造，发展更多的互助社、拨工队和各种各式的合作社，把一切劳动力都组织到生产里来，提高劳动效率。这里就需要我们切实照顾贫苦农民的困难。如果减租工作彻底执行，可以解决很大问题，但是有些赤贫农民无租可减，这就一定要有计划地吸收他们参加互助组织，帮助他们开荒获得土地，解决农具、种子等等困难。改造懒汉等等事情都要更好地做。妇女放脚尤应大大提倡，这件事过去做得太不够，对生产和妇女解放影响很大。再一件是经验与科学的结合。科学的力量是很大的，比如我们农林局在张克威[5]同志领导下，已经收到显著成绩，即以改良种子一项来说，金皇后玉茭明年可以普及，加上谷子、麦子好种的传播，预期两三年后，太行山每年可以多打一百万石以上的粮食。这种了不起的贡献就是得力于科学的力量。太行山土地不够，今后主要是深耕细作，更需要使经验与科学结合起来。这里，我们不应把科学看成什么神秘的东西，也不应让科学离开了实际。科学本身就是实际经验总合。我们英雄们的创造，把它整理起来，好的发扬，坏的去掉，就是很合本地条件的好科学。比如有些地方不能种金皇后玉茭，或者一六九麦子、八一一谷子，就应在附近一带去发现好的种子，也可以大大提高产量，也就是合乎科学的精神。如果在各方面都注意发现好的，加以普及，不断地提高，那是没有一件事办不好的。至于说到自给自足，太行区今后的关键在于植棉。如果我们明年能种二十万亩的棉花，加上纺织事业组织得更好，特别是质量能够提高，那我们的棉布问题可以大体自给，其他问题也就比较容易解决了。希望大家好好提倡，种棉方法尤需讲究。

这里，我还要说一说吴满有方向[6]问题。过去有些人认为它是发展新式富农的方向，或者把它解释成为很玄妙、很深奥的东西，这是不对的。我以为，吴满有方向就是中共中央土地政策的具体表现。它的环节有三个，首先是扶助贫农、中农上升；第二是奖励富农经济；第三是削弱封建。忽视任何一面都不正确，奖励富农经济，只是其中的一个内容。我们实行的彻底减租，扶助贫农生产，组织起来，劳动互助，公私兼顾，深耕细作，多耕多锄多上粪，就是在实行吴满有方向，就是在实行贫的变富，富的更富的方向。这个方向，我们各位劳动英雄了解得更好，真正懂得这个方向的正确。我相信经过各位的倡导，吴满有方向的普遍发展，根据地新民主主义经济建设的进步是不成问题的。

同志们！我的话完了。我希望把大会的精神贯彻下去，把英雄们的经验变为全区域、全部队、所有民兵的经验，把党、政府、军区宣布的军事和生产的方针、计划，变为全区军队和人民的方针、计划。无疑地，我们明年一定能够在战争和生产上取得比今年更大更辉煌的胜利。

最后，我希望全区干部能够从这次大会，从杀敌英雄、劳动英雄和模范工作者身上，学习一点东西。过去有些干部和领导同志，在领导方法和工作作风上是有缺点的，官僚主义和军阀主义的习气还是很厉害的。我们要学习英雄们切实朴素，认真苦干，处处照顾群众的精神；学习他们的民主作风和由群众中来到群众中去的领导方法；学习他们眼睛向下，了解群众心理，以积极帮助表扬好的为主，而又提倡自我批评的方法，去团结干部和群众。我们切不要以为他们这些创造是无足轻重的东西，要知道他们才真正实行了毛主席关于领导方法和工作态度的指示，而这恰恰是我们有些自以为了不起的干部所不懂得的。假如我们从英雄们的事业中体会到毛主席的指示，那我们的工作就会得到很大的进步，我们就会更好地去领导群众，使对敌斗争做得更好，新民主主义的事业建设得更好。我相信，明年开会的时候，不仅在座诸位英雄会带更多的成绩、更好的经验到会，而且将有大批的新的英雄和模范工作者到会。因此，我们有信心，预祝明年战争和生产的大胜利，预祝大批新的杀敌英雄、劳动英雄和模范工作者的出现。

注　释

〔1〕李司令员，指李达，当时任太行军区司令员。

〔2〕戎副主席，指戎子和，当时任晋冀鲁豫边区政府副主席。

〔3〕第一次是在一九三九年冬季至一九四〇年春季，国民党军胡宗南部袭

占了陕甘宁边区八路军驻防的淳化、旬邑等五城，阎锡山进攻山西新军，朱怀冰袭击太行区域的八路军等。第二次是在一九四一年一月，国民党军遵照蒋介石的命令，于一月六日至十四日对得到国民党当局同意、向江北转移的新四军九千余人发动突然袭击。新四军大部壮烈牺牲。军长叶挺被扣，副军长项英遇害。第三次始于一九四三年三月，蒋介石发表《中国之命运》，掀起反共的舆论攻势。六月至七月间，国民党调动了大量河防部队准备闪击陕甘宁边区。在中国共产党有理、有利、有节的斗争下，三次反共高潮均以国民党的失败而告终。

〔4〕见毛泽东《开展根据地的减租、生产和拥政爱民运动》（《毛泽东选集》第三卷，人民出版社1991年版，第911页）。

〔5〕张克威，当时任八路军第一二九师生产部部长兼晋冀鲁豫边区政府农林局局长。

〔6〕吴满有，陕西横山人，一九二八年逃荒到延安务农。后经过土地革命分得了土地，发展成为新式富农。一九四二年在大生产运动中努力开荒生产，成绩显著，成为陕甘宁边区的劳动英雄。一九四三年一月十一日，《解放日报》发表题为《开展吴满有运动》的社论，指出"吴满有的方向就是今年边区全体农民的方向"，号召全区农民开展"吴满有运动"，掀起了学习吴满有、大力开荒生产的热潮。

敌我经济情况报告[*]

（一九四四年十二月二十六日）

中央转财经办事处：

十二月上半月敌我经济情况。

一、敌方：

（一）敌对我山货掠夺的办法，主要是经过各种关系收买麻、羊毛、大麻子[1]。敌人曾紧缩通货，又卖给我们海盐（每斤伪钞十四元）以图收款。除此以外，又复公开掠夺，从水冶派出一部伪满水警，专门搜刮山货。该处白麻、皮毛、桃、杏仁等完全被没收。敌人还声称，今后对西方（指我方）的买卖不经过许可签字，全部要没收。但暗中却放进小商贩到我区以盐兑换皮、麻等山货后运走。除敌公办运销外，私人运销税率很大，由彰德[2]运到邢台每斤上税七分。我方点滴输出贩卖除皮、毛、麻不加限制外，其它均受严格限制。据报，敌查获村县小贩百余，跑回一部分，另一部分已转往东北。敌人除必要的工业原料外，其它山货特别是药材、花椒等不给车皮运输，因此这类山货现无出入。在对我山货的价格上亦加限制，如桃仁一面禁止私人买卖，使我不能出口；一面又以口头的高价格来引诱，但始终不成

---

* 这是邓小平和杨立三给中共中央并转西北财经办事处的电报。

交。十一月曾出到三千八百至四千，因外汇跌价，我不愿成交。以后又跌到三千五百至三千二百，我更不愿意成交。这主要是抓住我们运输不畅的弱点，以达到压价目的。最近，敌在磁武[3]方面以三千元买我桃仁，也是对我掠夺物资的政策。

（二）敌人货币政策。一面紧缩通货，一面又发行大票。彰德发现一百元、一千元之大票，市上流行很多（新发伪钞给九折，但一般的人不愿使用），黑市交易很严重。据说大票专为吸收我方山货而出，估计山货将依需要大涨价，但我们必须的棉花、海盐涨价更快。

（三）伪储备券[4]的情形。据蚌埠归来商人谈，该处商业被敌统治无法生存（他曾开洋布厂），一切棉布品完全没收，根本禁绝私人买卖。原有货物先行限制，继而借口没收，但又不让关门。该地公开买卖很少，黑市普遍流行。

（四）白洋布每匹二万八九千元，色士林布每匹三万五六千元，大米市秤二十斤一千四百元，白面市斤三十五元，棉花一斤七百元，春绸一尺四百元，黄豆一斤三十元，以上均数储备券币值。储备券一百元抵联银[5]十八元，储备二百二十元抵银元一元，储备一元抵法币一元二，储备五万二千元抵金子一两六。

天津物价：十二月五日前色士林一匹七千元，白洋布一匹千五百元，香油四十二元，金价九千五百元，火柴一千五百元一箱，红糖一百二十六一斤，绒布一百一十六一斤，小米、白面均三元一斤，盐三十八元一斤（大涨）。

二、太行内地情况：

（一）两市普遍下跌：小米全太行区至高六元，一般五元左右，二、三分区最便宜的到三元一斤；山货除羊毛、皮、麻外，其它大部分待价不出。因此，内地很便宜，花椒十元左右一斤，棉花次于桃仁。敌占区流入的很多，价格及市场上涨不快。食盐来路不缺甚平稳，土布亦下跌。

阳曲物价：小米每斤六元七，麦子六元五，白面八元五，棉花每斤五十五元，土布每斤一百六十元，海盐二十四元，火柴一包六十元，松饼一斤六元，花椒一斤八九元，桃仁一斤十五元，白麻一斤三十六元。

（二）物价交换。林安[6]方面：羊皮袄一件换盐二十斤，羊毛一斤换盐三斤四两，麻一斤换盐六斤，桃仁一斤换盐三斤，大麻子一斤换盐二斤。

（三）联银一元全区大部分同冀钞一元至一元五左右，黑市为一元二三，阳曲黑市一元四五。据北来商人谈，伪政权配给粮食贱收贵卖，每月可赚三十万元左右。

邓杨

亥宥

注　释

〔1〕大麻子，即蓖麻子。

〔2〕彰德，今河南安阳。

〔3〕磁武，指河北磁县、武安。

〔4〕储备券，亦称"储银券""中储券"，是抗日战争时期汪精卫伪政权的"中央储备银行"发行的纸币。

〔5〕联银，指"联银券"。日本侵略者通过"华北临时政府"，于一九三八年三月十日成立"联合准备银行"，发行"联银券"，并在华北各地设立分行和

办事处，以日币和"联银券"统制华北整个金融，筹措侵华军费，掠夺中国人民的财富。

〔6〕林安，指河南林县（今林州）、安阳。

我们有充分信心取得胜利 *

（一九四五年一月四日）

军委：

惠德赛[1]提出问题：

（一）如果美国帮助我们武器，我们多少时间能将敌人赶出去。

（二）我们需要些什么武器弹药。

（三）如美军登陆，我们供给是否可能。

以上三个问题，希望我们考虑答复。据翻译同志说，在晋冀察亦曾提出此问题。我们拟作如下原则答复：

（一）抗日战争是持久的，但我们有充分信心取得胜利。当然，还要经过一个艰难斗争的过程。胜利快慢决定于我们自身的努力、同盟国的努力和日本本身的削弱。这些因素都在增加。

（二）我们的武器是低劣的，但深信以自己的条件，能够战胜日寇。我军传统是夺取敌人武器来武装自己，几年来亦是这样求得发展和胜利的。今后这种条件是增加的，我们从未希望过外援。

---

* 这是邓小平和杨立三关于如何答复美军观察组成员惠德赛上尉所提出问题给中共中央军委的电报。一九四五年一月五日，毛泽东复电："同意你们的说法。"

（三）如果美军登陆，我们相信自己配合是有力的。

不知如此作复是否恰当。

邓杨

子支

注　释

〔1〕惠德赛，美军驻延安观察组成员，一九四四年冬到八路军第一二九师参观和了解情况，一九四五年一月二十一日在太行军区第二军分区考察时突遇日军袭击牺牲。

关于目前时局的两个特点[*]

（一九四五年四月）

各位参议员、各位同志：

我早就想到会参加学习，但因事情耽搁了。这次参议会开得很有成绩，今后边区工作也要在大会的帮助下开展。目前时局展现出两个特点，不仅在中国表现得明显，而且在全世界表现得也很明白。

第一个特点：反法西斯阵线的胜利及法西斯阵线的失败。

看报纸上说，东线苏联红军在前线进展非常迅速，一星期进攻七百里，一天可前进一百里路。苏军已解放但泽〔1〕，控制了奥得河，在河的西岸建立起桥头堡垒，距德国柏林仅一百二十里。在奥地利首都维也纳，希特勒建立的最后防线也被苏军击破，他们的后路已被拆断。

德国百分之九十以上的兵力在东线，由此可以看出苏联红军武力的强大。由于东线红军的牵制，西线德军只有十五个师，力量很薄弱。西线盟国军队的前进也很迅速，过去美军行动比较缓迟，现在较快了些。东西两线距柏林仅一百二十多里，两军相距只有三天的路程，会师的时间估计不会很

久。因此，德国的命运只有投降这一条路。

德国已经向英国乞降，但提出要保持法西斯政权和希特勒的统治地位。此前英美苏的几次会议都仅仅规定希特勒要无条件投降。但从其所犯罪行来看，这些罪魁总是要受人民审判的，极端罪魁必须得到应有的惩罚。

在太平洋战场上，美国从去年开始实施主岛进攻战略方针[2]。最近，美军在登陆菲律宾后，又登陆了琉球岛。第二战场的机动性大大增强，直接威胁到日军与日本本土之间的联系。美军登陆后，在岛上建立起空军基地，每天可以轰炸日本两次，给进攻日本本土很大便利。同时，英国海军也参加了太平洋的作战。这些都给日本的防御增加了很大压力，他们最近在积极布置本土防御，频繁调动兵力，就连其国内十七岁的青年也需应征入伍。

以上这些都是对日本的很大打击，苏联解除苏日协定[3]则更胜于此。日本许多重要的工业已搬到朝鲜至满洲以南之间，企图在本土防御失败后躲到中国东北部苟延残喘。条约废除后，日本不得不面对苏联红军武力的威慑，所以表现得非常恐惧。小矶[4]内阁倒台后，由一个七八十岁的退伍老军人铃木贯太郎[5]组阁。他作为日本天皇的忠仆，组建了倾向"和平派"的内阁，可能将向盟国谈判。事实证明，日本已处在最危急的时候。特别是希特勒败亡后，苏联就能投入对日本的军事作战，日本不久后也必然失败。

现时全世界各国都在胜利，唯独中国国内战场不同。我们的敌后战场不断胜利，但正面战场却节节败退。敌后战场去年胜利成果很大，大量消耗和牵制了敌人，我们把敌人在华兵力的百分之五十和伪军的百分之九十以上拖住，使其不能到正面去。一年来我军对敌大小战斗两万余次，毙伤敌伪二十二万余名，俘获敌伪六万余名，争取敌伪反正将近三万，缴获各种炮百余门，轻重机枪一千二百挺，步枪八万余支，收复县城十六个，攻入县城四十七个，克复据点碉堡五千余处，光复国土八万余平方公里，解放同胞一千二百万。这是去年我们在敌后的胜利，相信今年的成绩比去年还要更大。

在正面战场上，国民党这些年来却是不断丧师辱国、节节败退，河南、湖南、湖北、江西、广东、广西等地纷纷失陷，丢失掉了丰腴之地和大好供给资源，形势也就困难了。目前，按照德国失败而盟军胜利的趋势，日本在第二战场是非常恐慌的。盟国军队在结束对德国的行动后，增加力量击败日本的可能性很大。在这种情况下，日本一方面只能作防御布置，在大陆上苦苦支撑；另一方面，就是逼迫国民党军队投降以减轻压力。因为，日本如要孤注一掷，只能找最弱的打，自然就会盯上蒋介石集团。日本打的"算盘"是想在中国这里找出路，妄图打通东亚战略道路。目前，蒋介石军队望风即溃，没有战斗意志。自三月二十一日开始，日本发动南阳战役，连占老河口等五地，国民党丧失美国空军基地并且南阳被包围。国民党军队在面对日军进攻时，根据其内部命令常向敌人展示其反共计划，企图引导日军向我们进攻。然而，日军这次的军事行动有所谓打通"生命线"的战略目的，必须把国民党在老河口一带的部队打垮。日本在压迫蒋介石投降的同时，仍聚兵力包围四川等地的国民党军队，企图将其大部消灭。

从东西两方看，都证明德国、日本的失败就在眼前。但从蒋介石集团的无能和日本的诱降阴谋及其支持伪满的企图看，中国要战胜日寇还有一个艰难的过程。

第二个特点：反法西斯阵线人民势力高涨和法西斯反动势力的衰弱。

从近期的事实可以看出，欧洲各国由共产党所领导的人民解放运动，特别是在希特勒曾占领的几个国家里是很蓬勃的。

法国共产党曾领导法国人民争取解放，法国人除法西斯分子外大多都团结在一起。在东南欧各国，保加利亚、南斯拉夫以及波兰等国有三大运动：一是参加反法西斯战争，二是审判法西斯叛徒，三是积极土地改革及民主建设。意大利共产党勇敢站出来领导人民奋起反抗压迫，争取自己管理自己，进而建立自由独立国家。苏联力量的强大及其在世界上所处的地位已不待赘述。奥地利人民已在建立统一战线，进行本国的解放。这都证明人民力量的大发展。

可见人民的力量是发展的，反人民的力量是衰弱的。美、英、苏三大强国目前是团结的，在解决问题的主要方面是一致的，这就可以保证战争胜利及世界的和平。

在中国同样是如此的。从上面说的数字来看，敌后解放区已包围全国许多大城市，如上海、汉口、济南、北平等都在解放区包围之内。解放区实行民主后，广大人民也都站起来了。再看国民党，政治黑暗腐败，财政陷于破产。国民党军队兵源困难，军队编制缩小，并且兵无战意、一触即溃、望风而逃。我们解放区支持人民，他却压迫人民；解放区实行民主政治，他却实行法西斯专制。从中国内部可看出，人民势力的高涨及反动派势力的衰弱。但也不可小视蒋介石集团的力量，我们已有许多经验来应对他们。中国共产党坚持团结人民，反对投降、反人民的力量，过去我们党提出坚持抗战、实行民主、改善民生，要求蒋介石集团进行各方面的改良以利抗战。但蒋介石不但不接受，反而变本加厉反人民、反民主，与日寇勾勾搭搭。

如此下去中国战后的地位将如何，是值得注意的。将来同盟国一起开会时，各国均有胜利的消息报告，蒋介石集团派去的代表该如何报告？就说"我打了败仗啦"或说"因你们的帮助不够，我打了败仗"。若如此，中国人民将永受苦难。因此，我们党的口号是改组国民政府，建立民主的联合政府和联合统帅部，口号提出后引起全国人民的响应。此后，我们同国民党进行谈判，但毫无结果。去年，关于人民军队的数目，蒋介石只答复最多给中国共产党编十个师。但基本问题不在此，而是不改组国民党专政的政府，则有亡国的危险。如果此前敌后执行蒋介石的军令，今天还有敌后战场吗？这几年蒋介石内部组成人员也有变动，但法西斯分子仍占重要地位，还是换汤不换药。他们不接受改组的意见，反而谋求把敌后游击队解散了，这么做是想保持小集团的利益。如不加以改组，不仅不能解除目前危机，而且中国的国际地位也会降低。我们党的口号提出后，人民是响应起来了，蒋介石只能放宽民主尺度来迷惑人民。然而，随着人民民主运动的继续高涨，各地区、各种组织的呼声愈发强烈，这反而使蒋介石更加害怕起来，刚打开的门马上又关了起来，放宽的民主尺度也收了起来。他又弄花样欲召开国民大会，企图通过拉拢小党派，挑拨各党派的关系，以维持他一党专政的阴谋，以便在有利时机进行内战。

　　将来旧金山会议[6]参会代表的问题，国民党也搞包办。最初中国共产党无人参加，其后迫于舆论的批评和人民的力量，才使蒋介石集团不能不稍有改变。中国人民已不能再容忍蒋氏政府的存在，他多存在一天人民就多受一天苦。人民大众需要一个联合政府和联合统帅部，这次国民党未经人民的选择就自封代表，这就是国民党搞独裁的表现。为建立一个真正代表人民的政府，就必须先改掉国民党一党专政的政府。

　　当前要继续发展人民的力量。抗战以来人民力量在高涨，去年一年发展得更快。敌后各个解放区今年还会扩大，能拔的敌人据点均要拔掉，民兵也将大量发展。为团结各阶层，就要更好地实行减租息、交租息等法令，对于抗日、对于推动全国影响将更大。当然，在大后方或敌占区也要大量发展人民的力量。

　　要求中国法西斯反动派自动向人民让步是不可能的，要争取实现联合政府和统帅部还需做许多工作。中国共产党准备作这样的提议：成立中国人民解放联合会，它是地方性的联合会，当然蒋介石是绝不会承认的。联合会将具有独立性，是促成联合政府的一个主要组成部分。这个提议对中国来说是一件大事，要中国人民大家来推动。中国共产党人的这个意见需要同其他非党人士共同商量，所以今天提出来与广大人民交换意见，经过大家考虑可能有更好的推动办法。

　　中国的未来是欣欣向荣还是日薄西山，这个问题已经摆在中国人民的面前，需要大家一起考虑。希望大家对中国共产党的意见共同商讨，多提意见和看法。

注　释

〔1〕第一次世界大战后，根据一九一九年六月签订的《凡尔赛和约》，东普鲁士西端城市但泽及其附属地区划为自由市，由国际联盟管辖，但在经济上划入波兰关税区，成为波兰的出海口。一九三九年九月德国占领但泽市。第二次世界大战后归还波兰，恢复原名格但斯克。

〔2〕主岛进攻战略方针，即跳岛战术。第二次世界大战后期，美军在收复日军占领的岛屿时，不采取逐一收复各岛的方法，而是跳过日军重兵防守的岛屿，攻占下一个岛屿，层层深入、避实就虚，并以海空封锁的办法孤立日军所占岛屿。

〔3〕苏日协定，指一九四一年四月十三日苏日双方代表在莫斯科签订的《苏日中立条约》。主要内容是：缔约双方保证维持两国间和平和友好关系，相互尊重领土完整和互不侵犯；如缔约一方同第三国发生战争时，另一方将保持中立。一九四五年四月五日，苏联政府声明废除该条约。

〔4〕小矶，指小矶国昭，一九四四年七月至一九四五年四月任日本首相。

〔5〕铃木贯太郎，当时任日本首相。

〔6〕旧金山会议，指一九四五年四月二十五日至六月二十六日五十个国家的代表在美国旧金山举行的会议，会议讨论和通过了《联合国宪章》等文件。

对今后群众工作的意见 *

（一九四五年六月六日）

我们到平原后，首先接触到的是一个广大的群众运动。当前有两方面感觉：一是感到运动中有许多好的经验，这些经验对于今后群众工作具有很大意义，需要很好地研究。一是感到运动中有些偏向，需要加以检讨。因当时我们掌握的材料极少，很难提出意见，所以才将机关同志分派到滑县、濮县、濮阳三县了解情况。

从调查到酝酿再到分局讨论，为时一月有半。大家研究很认真，讨论很热烈，这是好的现象。希望能从调研的几个县中总结出好的经验，用以帮助正在发动和尚未发动的地区。用本区经验来指导本区的运动，效果将很大。同时，边区还有差不多一半的地区群众运动才开始发动，正确总结南面几个分区的经验，对其他地区也有直接的帮助。在讨论中，有不少意见已经取得一致，所以我们要说的中心就较简单了。

一、运动成绩的估计。

我们认为这次运动是在中央正确路线下进行的，而且获得很大成绩。

---

* 这是邓小平在中共中央冀鲁豫分局召开的群众工作会议上的讲话。

第一，抓住了当前运动的中心环节，抓住了有利时机来认真地解决多年来未能解决的中心环节。

晋冀鲁豫区过去最沉痛的教训是在一九四〇年、一九四一年，没有真正执行中央一九三九年冬天关于群众工作的指示，这影响到我们根据地工作的深入和巩固程度。经验证明，不彻底地解决发动、组织和教育群众的任务，其他各项任务都是很难完成的。从主观上讲，这也是一九四二年形成严重困难的重要原因之一。特别是冀南，一九四二年后敌情极端严重，丧失了放手发动群众的时机，最为可惜。

中央对土地政策作出指示后，使我们开始清醒起来，在太行、太岳、原冀鲁豫都发动了减租减息的群众运动，这是有成绩的。自去年查减运动以来，仍证明发动的程度是极不深入与极不平衡的。冀南在严重环境下还碰上大灾荒，所以需要动员人民一面对敌人，一面对天灾。这两种斗争冀南做得很好，但如不利用今天可能的时机，彻底解决减租减息、发动群众这个中心环节，决不能使根据地获得进步，以应付将来仍然可能到来的严重环境，且会增加更多的困难。

历史教训是我们曾在一个时期忽视了这一中心环节，错过了几年宝贵的时机。现在分局继续坚持一九四二年以来的群众运动，坚持去冬以来开展广大地、普遍地发动群众的工作，这是非常之好的。

第二，比较好地解决群众观念、相信群众的问题，造成了大规模群众自己的运动。

过去的群众运动，包办代替的毛病是厉害的，结果形成严重的"恩赐"观点，使群众运动不易发展和深入。有的地区过多注意于领导方面的研究，这当然是好的，但如何形成大规模的群众自己的运动，则办法不多。因此，运动过程很长，规模很小，群众的自觉性不易发挥，群众领袖不易培养。

这次冀鲁豫的运动，一般说克服了这个弱点，在干部中树立了群众观念，相信群众的自觉性和创造性。因此，运动表现出很大的群众性，形成了群众的组织（联合会、代表会），培养了群众自己的领袖。运动的规模之大，范围之普遍，进展之快为前所未有，这的确是一个很好的经验。

第三，明确提出以贫农、雇农为运动核心和切实照顾贫农的方向，并且执行得有成绩。

平原区有很大数量的贫农和平民阶层，据估计约占人口百分之三十以上（可能不止此数），这一广大阶层当雇农、佃户的很少，极大部分仅有极少土地或无土地，减租息都不能解决他们的困难。过去我们对此问题注意不够，长期对他们照顾极差，因而未能把这一具有革命性的广大群众发动起来，这是很大的损失。这次分局着重提出这个问题是很对的，实际上在开展民生的斗争中，极大部分甚至全部斗争果实分给他们，使他们获得很大数量的土地和金钱，开始从长期贫困中爬出来，不少人在短期内上升到中农，大大发挥了他们的积极性。

因为运动的指导是从减租减息开始，在民主斗争阶段又大大地发动了贫农和贫民群众，所以在发动群众较好的地区，一般是树立了贫农、雇农的骨干作用。把他们提到农会和乡村的领袖阶层的地位，这对于根据地的深入和巩固有极大的意义。这也是我们多年来未能很好解决的问题，这次运动中开始得到了解决，农村中起了基本的变化。

第四，削弱地主，严重打击了封建势力的气焰。

过去的运动由于群众性不够，群众组织不够有力量，群众领袖形成很少，所以地主很易反攻，很易分化群众阵线，收买群众领袖和村干部。这次运动中，很大程度上避免了这种现象，很好表现了群众的组织力量和纪律性，这是运动良好特点之一。

第五，教育干部，培养大批新的本地农民干部。

干部的思想由不相信群众到相信群众，由包办代替到信任群众的创造性和积极性，上级相信下级，使他们能尽量发挥自己的能力。因此，干部积极性大大提高，上下级关系得到很大改善，在工作中出现了生气勃勃的现象，党的团结增强了。

这些就是运动中的最大收获，这些经验给了今后群众工作很大的启示。但是运动本身也表现出一些弱点，有些问题还是比较严重的，下面就要说说这些问题。

二、运动之弱点。

这次运动抓住了中央土地政策的主要点，即充分发动群众，扶植贫苦农民的精神。这是很对的，也正是运动获得蛮大成绩的来源。在另一方面，实际运动的结果，在某些点上还有与土地政策相违背的地方。

第一，相当严重地伤害了中农。斗争中农的现象比较普遍，特别是后期发展到"自动"入合作社。如七分区四千支枪所花的三百多万元，就直接由中农承担。运动中的"推平"思想和某些地区的"推平"做法，也直接威胁了中农，这是带原则性的错误，对此认识不够是不对的。

伤害中农的原因，一是在干部中存在憎恶中农的情感，一是过急地企图一次解决贫农问题的结果。中农阶层在平原区比重最大，比贫农比重大，这是其特点及能够成为无产阶级的可靠同盟军和革命基本力量之一的理由，在毛主席主持撰写的《中国革命和中国共产党》小册子中说得很清楚了，这就是结论，特别是被中农在抗战中始终跟着共产党走这件事实所证明了。对于中农的革命性不可忽视。农村中，中农的确很多，他们自私小气，看不起贫农，这本是中农的特性，不应对他们产生憎恶的心理，而应看到这个责任不应由中农阶层去负，而应由我们从领导上来负。事实证明：真正执行减租减息之后，这些现象就克服了。

分局对中农曾有带原则性的指示，但被实际运动中的"推平"思想、迅速解决贫农土地等主导思想所抵消了。

第二，削弱地主是必要的，但在运动后期——民主斗争阶段，发生了消灭地主倾向。重罚、不示法令（群众决议就是法令）和激烈的斗争形式，成了比较普遍的现象。这些现象与"推平"思想结合起来，就形成了在缺乏有理有利有节的原则下，过重地打压了地主，而减租息的工作反而做的并不彻底。

今天我们的政策是削弱地主，而非消灭地主，这点在原则上大家都是承认的。分局指示提出要区别守法与犯法、罪恶大小、开明与顽固是很对的。但在实际运动中对于分局这个指示是忽略了的。究竟削弱多少，才算合乎我们的政策？我以为不能这样提出问题。是否合乎政策，应以具体内容来看。当然，假设运动的结果是大量的地主被消灭（不是生产方式的转化），那就值得注意并检查我们的政策。这次运动削弱了地主，这是不足惊奇的，问题在于民主斗争中缺乏明确的政策，乱斗、乱罚，没有掌握住有理有利有节的原则。我们有理却没有抓住理，很容易丧失社会的同情，引起恐慌。运动后期的"推平"思想，几乎打到一切地主身上，对有节的原则掌握不够。因为我们没有一定政策、一定法令的约束，不讲求策略。不仅地主，甚至有些普通群众都误解了我们的政策，有的干部也怀疑我们的政策有了改变。

今后在新的地区发动群众，对有理有利有节的原则应切实掌握。我同意运动应一般地约束在下面四个内容之内：

一、减租减息和负担政策。

二、反恶霸。

三、反贪污反黑地。

四、适当的增资。

一、四两项是无例外的、基本的。

这些内容都是党的土地政策范围和目的纲领的内容上所允许的，认为党的土地政策内容只有"减租减息"四个大字是不妥当的，如此我们的运动就会在一定范围内、一定法令约束下进行。我们是有理的，但是还有一个有节的问题。假使我们一定要解决贫农土地问题，就在这些项目上做到有节，也会达到预期的结果。所以，对于分局指示的罪恶大小、守法犯法、开明顽固的原则，应加以切实的掌握。再加上斗争方式，不仅斗力，而且强调提倡斗理，就会使运动得到更好的结果，对基本群众觉悟程度的提高也有很大好处。这样对我们是更有利的。不仅贫农、雇农和农村贫民能够获得今天范围所允许的利益，而且对于其他环节、对敌占区工作、对全国的影响和根据地其他工作的推动都甚为有利。

第三，对富农打击得太厉害。没有区别地主和富农，把富农当作地主来打击。这不仅会增加地主阶级组织反攻的力量，而且会影响到中农、贫农上升的道路。

对于富农封建部分的削弱，是完全应该的。这正是对待旧式富农和新式富农的区别，对富农应该进行适当的改造，应该让他们对国家担当起应当的负担，应该取消他们对雇工的额外剥削，应该按政府法令减息。就是说，作为一个富农阶层来看，一般地应该约束于这些范围之内。至于农村中一些当权的富农，如果他们是恶霸、汉奸、贪污分子，或隐瞒黑地，要斗争他们是不奇怪的，也是应该的。但这是对待个人来说，此次运动中有"斗好户"的说法（对于富裕中农亦如此），是不妥当的。

第四，斗争的方式比较生硬简单，愈到后面发动的区域就愈生硬简单。有些地区，对于先进地区（如滑县）好的经验没有正确接收，反而将有些不好的东西普遍采用起来，运动后期指导的作用需要特别加强也就在此。用恶劣的态度，在群众高度愤激的情绪下去对待个别最反动顽固的家伙，这是不可避免和不奇怪的，但不应该提倡起来使之成为风气。因为这样最容易丧失社会同情，增加地主不必要的仇恨。同时，由于在斗争中习惯于简单办法，容易忽视斗理的方面，这对于启发群众的政治觉悟也是有害的。

第五，后进地区群众发动的程度还很不充分，减租减息还不够彻底。这是因为民主运动后期，运动的阶级性不够明显。简单公式化的生硬斗争方式，加上着重经济果实的获得，而忽略政治觉悟的提高，群众的组织教育工作做得不够细致。同时，因为分配果实的关系，产生了群众组织的宗派关门倾向，农会会员数量还很少。

先进地区群众发动比较充分，这是运动好的一面，但不能认为这些地区群众发动已经非常充分。就是在这样的地区，群众在思想上跟着共产党走的观念还不明显。所以，今后还需要加强组织和教育工作，巩固现有运动中的好成果。将群众发动起来所引起的自满麻痹现象，也应引起注意。有些干部产生对上对下的骄傲自满情绪和对地主麻痹的现象，也应从教育上加以克服。

群众发动的程度在地区上还是不平衡的，这点也应有明确的认识，才好规定下一步的步骤。因为地主富农的大量削弱，不少地区雇农解雇、佃农退佃。据一般材料的了解，佃农分到果实较多，问题不大；雇农因为多系外村人，分配果实较少。今后急需注意在生产中对他们的扶植。

以上是运动中的弱点，产生这些弱点的原因有三：

1. 过于急性解决贫农的生产资本问题。这次明确提出解决贫农问题是很大一个进步，但在执行当中做偏了一点，企图一次解决贫农生产资本，特别是土地，就发生了毛病。根据滑县七个村材料，除中农外，地主和贫农的土地根据人口进行平均，每人平均五点四八亩；地主、富农和贫农土地根据人口平均，每人平均为四点零四亩。这说明滑县在土地较多的区域，如果要一次解决贫农问题，非把地主富农弄垮不可。如果照滑县后来由"推平"思想所引起的贫农要得四至五亩土地这样计算，更非打到中农身上不可。这一方面说明"推平"思想如果广泛地执行起来，一定普遍地打击到地主、富农加中农；另一方面说明一次解决贫农生产资本问题是不可能的。这次运动过分地削弱地主，严重地打击了富农，侵害到中农的利益。具体原因之一，就是过急地解决贫农问题。

切实照顾贫农利益，应在目前经济条件和政策所允许的范围内，去求得逐步解决。在民主运动中，从反贪污、反恶霸、反黑地、赎买、减息等合理斗争中所得的果实，应全部分给贫农，包括一部分贫中农，使贫农开始从长期贫困的危运中跳出来。如果不这样，都是极大的错误。虽然这样贫农得到的土地，不会有现在的结果这样多，但对各方面来说是好的，因为今天只能在现阶段的政治经济条件许可下来解决问题。党的土地政策是根据群众目前利益和永久利益的一致性而提出的，今天不能一次解决贫农问题，这不是什么奇怪的问题。反之，正因为有了这样的认识，我们才会懂得今后注意长期扶植贫农，组织他们生产，提倡劳动勤俭，一步一步地把他们扶植上升起来。经验证明这是可能的。

2. 在民主运动阶段，我们的政策不够明确。因此，民主运动本身，没有一定政策作为运动的约束，与大胆放手的领导方法结合起来，故自然难免形成无法观念和乱斗、重罚的现象。

相信群众、相信下级，是这次运动在思想指导上解决得比较好的一个问题。因此，才有可能形成这样的大规模的群众运动。针对过去长期严重的包办代替，在运动初期提出大胆放手的口号，也是完全必要的，问题是我们走偏了一点，由相信群众到认为群众一切都是对的，群众能够自己创造法令，群众能够完全自己约束自己、自己教育自己，因而在大胆放手之下，忽略了党的领导的作用。没有无产阶级的正确领导，农民的革命运动绝不可能得到胜利。

我们过去考虑问题，常常是从政策一面出发，不是理论与实际相结合、从群众切实的要求出发，所以犯了严重的主观主义。如果我们超出了毛主席所说的，逐步地展开为当时当地内外环境所许可的一切必要的斗争，就会发生错误。毛主席教导我们新的工作作风，主要的就是理论与实践相结合的作风、和人民群众紧密地联系在一起的作风、批评与自我批评的作风。因此，轻视理论是不妥当的。今天已经有了毛主席领导中国革命的完整的思想在指导我们，这就是我们要学习的理论。从群众工作方面来说，毛主席关于农民运动的调查报告[1]，为我们解决了立场问题、群众观念问题和方法论问题；新民主主义论、中央土地政策指示、论联合政府的报告[2]，为我们解决了在目前内外条件所许可的斗争纲领问题和策略指导问题。我们如果忽视了对这些理论的研究，就必然使运动带着很大的盲目性，而发生一些本可以避免的错误。

必须认识党的每个时期的纲领，是最大范围地把群众集中起来的体现，因此是合乎群众要求的，也因此是能够为群众所接受的。如果我们用党的政策和策略去教育群众，我们会看到群众乐于接受的正是毛主席和党中央所指示的正确方针。因为党的政策必须合乎最广大人民群众的最大利益，为最广大人民群众所拥护为最高标准，不仅与群众目前利益相一致，而且和群众的永久利益相一致。群众常常容易看到目前的利益，看不到永久的利益，这就需要党的领导。我们说要站在群众之中之前，而不要站在群众之上之外，也就是这个道理。这样才可能实现集中起来坚持下去的原则。所谓集中起来，不是群众运动现象的罗列与堆积，而是将运动的好东西加以发挥、加以贯穿用以指示运动，对于不好的东西加以抛弃。因为从群众中来的东西，好的东西最多，但不完全都是好的东西。

"大胆放手"，作为克服包办代替错误的口号，在一定时期是对的，但把它提高为领导方法是不妥当的，把毛主席完整的领导方法概括于这四个字之内，尤其是错误的。两个例子证明，只有用毛主席的领导方法来指导运动，才会是正确的。滑县的雇佃运动做得很好，正是因为他们不仅是放手形成了广泛的群众自己的运动，更重要的还在于领导与群众结合得好，时时注意把运动现象集中起来，用以指导一般。大胆相信群众，又发挥了指导作用，所以运动的结果很好，收效很大，对群众、对群众领袖、对下级干部都有很大教育意义，使他们大大提高了一步。南乐的材料我了解不多，据说南乐在大胆放手时期，也正是领导最忙最紧张的时期，因此南乐在运动中出的毛病较少，群众所得的果实不如别处多，但群众发动却比较充分，这不是无原因的。

3. 对于内外环境认识不够，也是发生一些偏向的原因之一。毛主席经常教导我们：戒骄、戒怠。特别在形势好的时候，胜利的时候，要防止骄傲，防止怠惰。在一九四〇年以前大发展之后，我们产生了骄傲情绪，丧失了应有的警觉性，结果遭到了敌人的袭击，形成了一九四一、一九四二年的大退缩。去年一年我们根据地得到很大的扩张，又要注意这个教训。

利用这个有利时机，放手地发动群众，找寻较快的道路解决群众运动这个基本环节，是完全正确的。如果斯斯文文地去做，就会使我们丧失时机，重复过去的错误。这点在分局指导下是做得很好的。运动的缺点在于我们对"内外条件所许可的斗争"这个道理了解不够，所以产生了上述的偏向。

今天我们还是处在严重斗争的对敌环境中。在反攻之前，还有一个很困难的阶段需要我们走。国民党坚持一党专政，正在准备内战，冀鲁豫边沿区还有国民党武装的存在，三角斗争的形势在这些区域还没有过去，在全国范围内是一个大的问题。我们还有敌占区敌伪军的工作任务，考虑我们根据地的群众运动，不能不注意这些内外环境的研究。

为适应于将来斗争的需要，今天根据地的中心问题，必须抓住解决群众运动这个中心环节。群众发动起来，才能够不断克服今后的困难。但是我们应该考虑得更谨慎一些，尽可能地避免和减少其他工作困难。我们要相信在目前党的具体纲领范围内，是既能充分发动群众，又能照顾内外环境的。

总的来说，上述这些弱点和偏向，都是在执行党的正确路线下所产生的偏向，有些还是在大运动中不可避免的弱点。把我们的重大成绩和一些偏向总结起来，就是为指导今后的运动，特别是要把此次运动中更多好的经验用之于尚未发动群众的地区，这是非常重要的。

三、对于今后群众工作的意见。

第一，从全区来说，分局的指导仍应以发动群众为中心，务求减租减息的政策贯彻到底。从地区来说，在原冀南区，发动群众是目前迫切的中心任务；在水东[3]，是依据当地今天的内外环境，适当地但是坚决地进行减租减息、发动群众；在原冀鲁豫区，大的浪潮已经过去，但不是说这些区域群众已经发动很充分。不平衡的状况是存在的，我们过去对于不平衡的状态常常估计不足，即已发动区的深入程度也有不同，以致减租减息不能贯彻到底，走了很多弯路，今天必须切实注意这个问题。就在这些已经普遍发动的区域，也不应放松对群众的指导。

第二，在南面几个分区，一般说来存在着三种不同类型。

一是群众发动比较充分的地区。这种地区的特点是贫农、雇农真正动起来了，获得了大量的果实，贫农和贫民的问题得到很大的解决。贫农的生产情绪较高，贫农的骨干作用树立起来了，这类地区即使是在运动中有着较大偏向，也是有条件弥补克服的。分局已经确定这种区域转入生产是对的，现在有的地区（如南乐）转入生产较早，已经开始获得成绩。在伤害中农比较厉害的区域，必须采取有效办法切实地团结中农，并且要恰当地解决一些遗留问题，如果实分配等，才能形成具有规模的生产运动。

二是地主富农已有很大削弱，贫农获得大量果实，但群众并未发动和充分发动起来的地区。群众政治觉悟程度较低、组织很弱，农村无产阶级和半无产阶级的骨干作用并未真正形成，少数村干部包办运动，果实分配多不恰当，甚至有一部分区域为地主所操纵，有的地区形成了村与村及农民内部的宗派斗争。这种地区的极大弱点，成为转入下一阶段的困难和障碍。但同时要看到，这种地区经过了这样大的运动，而且贫苦农民得到利益，开始有了自己的组织，群众觉悟程度有了一定程度的提高，只要我们细心地去研究各个村庄的不同特点，研究典型的经验，用以指导这种类型的工作，这些弱点是可以弥补的。这种地区首先应从解决遗留问题中加强群众的组织和教育工作，选拔成分好而又是群众所拥护的分子到群众组织和村政权的领导岗位。特别是注意切实地团结中农，在基本群众中进行教育，经过一段耐心的工作，是能够巩固群众的既得利益、胜利地转入生产的。要足够估计到工作困难，才会更耐烦地去指导这种地区的工作，否则转入生产很容易变为空洞的口号。

三是还没有进行减租减息、发动群众的地区。仍应坚持发动群众的方针，不过要利用过去的经验教训来指导运动，尽可能地少走弯路。这种地区一般是"插花"的，有其不同特点，需要专门研究。

在大运动过去之后，无论哪种地区都需要加紧领导的作用，因为运动转入了巩固阶段，需要细密的工作，处理遗留问题亦如此，转入生产亦如此。但在加强领导下，必须发扬群众自己运动的宝贵经验，而不是回到包办代替，只有使领导和群众结合起来，才能完成群众运动的巩固任务，也才能形成大规模的生产运动。

无论哪种地区，都要加强群众组织和群众教育的工作。没有数量很大的群众团体和基本群众的巩固团结，没有充分的教育提高群众的政治觉悟，就不能说基本群众已经获得巩固的优势，就不能说群众已经有了充分的发动。

无论哪种地区，都必须注意干部与群众的关系，教育干部和群众领袖防止脱离群众的可能倾向。

第三，南面几个分区提出转入生产的各县，不是说发动组织教育群众的任务已经过去。所以，凡是转入生产的地区，必须附带解决上一阶段遗留下来的农民内部关系的一些问题，如处理悬案、支部的作用、农会的组织等，首先着重巩固内部团结。有的地区甚至要正确解决了这些问题以后，才能顺利转到生产。

充分发动了群众，就具备了顺利转入生产的基本条件，但不是说在群众发动之后形成了生产运动，就不会遇到困难。指导的责任，就是要经过群众去克服这些困难。

首先，要使目前各阶段运动的状态安定下来。在充分发动了群众的区域，应宣布保障群众既得果实，不允许有任何改变；应宣布保障地主富农的财权、地权、人权，保障各阶级的正常收入。今后贫农在生产中的困难，应从政府、合作社办低利贷款和提倡勤劳节俭中去解决。这是今后扶植贫农上升的正确的道路。只有使这些政策为各阶级所相信的时候，才能提高各阶级的生产积极性。

其次，生产运动目标应有一个准备阶段和酝酿阶段，我提议把毛主席关于生产学说和陕甘宁边区、本区的一些重要经验印成大量的小册子，使干部人手一册。特别对于毛主席讲的，加以精确的研究，并在群众中进行宣传，强调提出劳动观念，树立新的劳动观念，这是指导生产运动中的基础。忽视了这一点，将使我们不可避免地要走些弯路。

再次，应该说服群众领袖和团体干部，首先进入生产运动，亲身创办和领导合作组织和互助组织，订立按家计划，积累经验，以促成群众运动。

生产运动目标应成为大规模的运动，这只有群众在内心自觉自愿的原则下才有可能实现，不能建立在任何强制的基础上。生产组织应服从农村个体经济的特点，不应有像群众团体一样的上下级组织。

领导生产运动是一个细密的工作，不能粗枝大叶，各级领导机关必须进行调查研究，提倡纪律作风。生产的重点应主要放在农业和手工业，其次才是商业。现在有些地区，采用"自动"的方式从地主富农和中农身上取得大批合作社资金，如果处理不好，会脱离群众，坏掉一批干部。其中已经分配给贫农的股份作罢，不可变动；其余未分配者，还请群众自愿归还一部分给中农和打击过重的地主富农。归还的部分，作为他们自己的股份，同时鼓励其他贫农、中农入股。要选举群众领袖和干部来管理合作社务，用这批基金组织生产，举办低利借贷，扶植贫农，调剂人民必需品，使之有利于全村人民。地主富农和富裕中农因为入股较多，分的红利较多，这是不可怕的。反之，它的好处是既可扶植贫农，又可安定地主富农情绪，这个意见希望大家考虑。

第四，对地主阶级拉的条件是存在的。因为一些地区基本群众获得优势，加上根据地今天的环境比较顺利。拉主要是在政策上，然后才是方法问题。今天最重要的是使地主知道，只要不反动不破坏，遵守政府法令，当一个好公民，现有的财产就能够也应该得到保障。加上合作社"自动"部分的恰当处理，对于降为中农、贫农的地主在互助组织中加以照顾，就可能取得实际的果实。在方法上，应主要通过基本群众自己去拉，这点群众很容易懂得的。同时政府应起到很大作用的。由政府召集地主士绅和群众领袖一起开座谈会，进行一些解释工作，宣布政府和群众团体的态度是必要的。但经验证明，目前不宜专门召集士绅座谈会，因为地主常常利用这样机会，进行反攻。政府与群众的立场应该一致，表明这个运动是正确的，对于国家、民族有利。但可对方式上的毛病和个别问题处理不恰当的缺点，根据不同区域的情形，由群众团体或群众进行主动的恰当的自我批评。

第五，要切实地团结中农，大量吸收他们参加农会，雇农、贫农取得优势就应该吸引中农中的积极分子参加领导，当干部（数目不宜过大）。在处理遗留问题中应切实照顾中农的利益，在生产中更应鼓励中农加入互助组织，实行等价的交换原则，不要再使他们吃亏。

第六，在北面几个分区应充分研究南面的经验和教训，依据冀南本身的特点，彻底解决发动群众的任务。对于北面情况了解不多，分局已有布置，这里就不详细谈了。

第七，对水东，那里是处在敌我顽三角斗争比较严重的环境，我们的基本地区还小，还是"插花"形式的局面。但是那里已有相当大的几块基本根据地，经过了几年斗争的历练。所以，必须抓住实际，解决减租减息、发动群众这个基本环节，但是要照顾这种地区的内外环境，不宜机械地搬运北面的经验，因为在别的区域是正确的东西，可能在那里是不正确的。在那里一般的使用中央"关于发展河南敌后工作的指示"[4]，应着重于彻底实现减租减息的政策，规定有利于基本群众的负担政策，进行必要的为广大群众广大人士所拥护的反贪污反恶霸斗争。处罚不宜过重，有些问题还可采用调解的方式。那里的群众斗争，应与发展大块根据地的任务密切结合起来。

第八，对边沿区应照顾其特殊条件，不能如中心区一样的做法，在原则上应执行得宽一些。

第九，克服偏向，防止泼冷水，要使干部了解过去的努力是有很大成绩的。认识过去工作的偏向和弱点，目的是为找出经验教训，指导今后的运动。方法上宜于自我检讨，更深刻和有效。

以上意见，因为我们了解情况不多，难免有不当之处，只作分局参考。

注　释

〔1〕指毛泽东一九二七年三月写的《湖南农民运动考察报告》。

〔2〕新民主主义论，指毛泽东一九四〇年一月九日在陕甘宁边区文化协会第一次代表大会上的演讲，原题为《新民主主义的政治与新民主主义的文化》，发表在一九四〇年二月十五日延安出版的《中国文化》创刊号，同年二月二十日延安出版的《解放》第九十八、九十九期的合刊以《新民主主义论》为题登载。中央土地政策指示，指中共中央一九四二年一月发布的《关于抗日根据地土地政策的决定》。论联合政府的报告，指毛泽东一九四五年四月在中国共产党第七次全国代表大会上的政治报告。

〔3〕水东，亦为豫东，花园口炸开后，因位于黄河水以东被称为水东。这里指水东抗日根据地，隶属于冀鲁豫抗日根据地。

〔4〕指中共中央一九四四年七月二十五日发出的《关于发展河南敌后工作的指示》。

上党敌情和我攻城部署 *

（一九四五年九月二日）

刘李陈[1]：

甲、据现有敌情大体是长治两个师（第六十八师、第六十九师缺一个团又一个营），潞城第六十九师一个营加保安队约千人，壶关第六十九师一个营加保安队八百人，长子第三十七师一个团及保安队二千人，屯留第三十七师两个团及保安队若干。

乙、我军太岳部明（三）日全部到达张店。冀南杜义德[2]今（二）日留贾壁，明（三）日到张家庄，四日到河南，五日到黎城附近集结。

丙、再道[3]昨（一）日动身去韦杰[4]处。

丁、估计时间，冀南部队过于疲劳，建议推迟两日，于八日拂晓开始攻击。

戊、请刘即下达命令，建议太行攻屯留，太岳（石志本[5]在内）攻长子，冀南攻潞城，另以一部监视壶关，防敌窜至长治集中。三城攻克后，即全部向长治集中。在攻城

---

* 这是邓小平给刘伯承、李达和陈赓的电报。邓小平当时任中共晋冀鲁豫中央局书记、晋冀鲁豫军区政治委员。

时各部自行向长治方向警戒，并各派小部抵近长治袭扰。如何，请考虑决定。

邓

九月二日六时

注　释

〔1〕刘，指刘伯承，当时任晋冀鲁豫军区司令员。李，指李达，当时任晋冀鲁豫军区参谋长。陈，指陈赓，当时任晋冀鲁豫军区太岳纵队司令员。

〔2〕杜义德，当时任晋冀鲁豫军区冀南指挥部副司令员。

〔3〕再道，即陈再道，当时任晋冀鲁豫军区冀南纵队司令员。

〔4〕韦杰，当时任晋冀鲁豫军区太行军区第五军分区司令员。

〔5〕石志本，当时任晋冀鲁豫军区太行军区第四军分区司令员。

关于军区纵队组织问题[*]

（一九四五年九月十九日）

滕薄[1]并报军委：

一、关于军区纵队组织问题经再三考虑，以不必一个为要，太行、太岳仍拟将军区纵队分开组成。太岳由决一旅、六旅及文张[2]部编成两个旅，共四个旅组成。太行纵亦由两个旅组成。目前为巩固长治沁县拟由两纵队各抽一部及一些地方武装组成临时的上党纵队，由富治、鹤峰[3]指挥。

二、冀南、冀鲁豫如何组成，请就近与分局同志交换意见。确定后，冀鲁豫即可由你们决定执行，冀南还需待宏坤[4]、再道意见，再做最后决定。

三、在野战军编成时，照顾地方武装特别是边沿地区很重要。惟冀鲁豫、冀南现有地方武装比重极大，而野战军各团均极不充实，组成野战军的任务又万分切迫。此点请与分局同志商定迅速组成的办法，此外充实原有主力兵团共两千人，比地方部队升级迫切得多，其中培养本地干部尤为重要。

四、大量抽调地方武装到平汉、陇海随主力行动，无论

在声势上锻炼上均属必要。

五、你们传达后，请早日回来以集结领导。

刘邓张[5]李

申皓

注　释

〔1〕滕薄，指滕代远、薄一波，当时分别任晋冀鲁豫军区第一副司令员、第一副政治委员。

〔2〕文，指文年生，当时任八路军游击第三支队司令。张，指张启龙，当时任八路军游击第二支队政治委员。

〔3〕富治，即谢富治，当时任晋冀鲁豫军区太岳纵队政治委员。鹤峰，即王鹤峰，当时任太岳军区政治委员。

〔4〕宏坤，即王宏坤，当时任晋冀鲁豫军区第二副司令员。

〔5〕张，指张际春，当时任晋冀鲁豫军区第二副政治委员兼政治部主任。

争取高树勋部起义 [*]

（一九四五年九月十九日——十月三十日）

一

一、高树勋[1]于八月初派王定南[2]（为过去党员，在北平被捕）来表示愿与我合作，干一件惊天动地的事，打击蒋介石。据王讲：高受蒋压迫很厉害，屡次要高离开军队，未果，故为蒋所忌，急于找一新的出路。此来主要是询问我们对他的态度，高曾经在河南与陈先瑞[3]见过面，此次亲笔写信给彭刘[4]。据王讲：高急于解决的问题是：（一）互不作战及因此应付办法。（二）联合政府中或与我合作中，其地位问题。我们本反蒋统一战线精神已作恳切答复，带去密本以沟通联络。联合可能时，准备伯纯[5]与高见面。

二、孙[6]亦变相受国民党冷落，新乡地盘势将不保，要求我们让滑濬[7]两县给他，我们当然拒绝。

三、张岚峰[8]在高致彭刘信上附笔，完全同意高的意见。

四、据此，西北系[9]似有结合形势，我们对策是要充分利用他们与蒋矛盾，争取中立，以便专力对蒋，但绝不能

---

* 这是邓小平和刘伯承等发给中共中央军委的三份电报。

将根据地地方让予一步，如高能去平津，拟赞助之。中央对西北系有何指示盼示。

（一九四五年九月十九日和刘伯承、张际春、李达
就高树勋与我合作意向给中共中央军委的电报）

二

一、对高树勋是争取中立的方针，并经过他联络西北系，进行反蒋统一战线。

二、如高本部北上，可放过。但必须：第一，只能是高本部，不能带其他部队。因孙连仲[10]部特务很多，易起变化（此点可对高说明）。第二，必须在我主力攻占安阳后。第三，由我们指定路线，在汤阴、安阳、邯郸一段铁路西侧，尔后可沿铁路大道走。第四，必要时在汤临[11]间打点假战，枪向天放。第五，沿途粮食，我予帮助。

三、伯纯最好争取与高迅速面谈一次。

（一九四五年十月八日和刘伯承、张际春、李达
关于争取高树勋工作情况致电杨立三转申伯纯
并报中共中央军委的电报）

三

一、高树勋本日已脱离副长官部及三十军、四十军，与我书面商定在我四面包围下宣布起义，巩固内部。由于此事影响及我连日打击之下，三十军、四十军已向南作有次序的撤退。我决以将其脱离邯郸城之一部先行歼灭。

二、高事如无特殊变化，大体不成问题。拟过来后，发表宣言热烈欢迎。

详情后报，请示今后方针。

（一九四五年十月三十日和刘伯承、薄一波、张际春、李达给中共中央军委的电报）

注　释

〔1〕高树勋，当时任国民党军第十一战区副司令长官兼新编第八军军长，一九四五年十月率新八军及河北民军起义。

〔2〕王定南，曾长期在国民党统治区从事党的地下工作。一九四五年五月到高树勋部，任冀察战区总部参议。

〔3〕陈先瑞，当时任豫中军分区司令员。

〔4〕彭刘，指彭德怀、刘伯承。

〔5〕伯纯，即申伯纯，当时任中共晋冀鲁豫中央局联络部部长。

〔6〕孙，指孙殿英，当时任国民党军新编第四路军总司令。

〔7〕滑濬，指河南滑县和濬（浚）县。

〔8〕张岚峰，当时任国民党军豫皖先遣军总司令。

〔9〕西北系，指国民党军中出身于原西北军的军官。

〔10〕孙连仲，当时任国民党军第十一战区司令长官、国民党河北省政府主席。

〔11〕汤临，指河南汤阴、河北临漳。

在中共晋冀鲁豫中央局第一次全体会议上的讲话

（一九四五年十一月十一日）

这次会议是晋冀鲁豫中央局成立以来的第一次会议，我主要谈集中统一问题。

中央十月二十日指示[1]：目前开始的六个月左右期间，是抗日阶段转变至和平建设阶段的过渡期间。今后六个月的斗争，将是转入和平的决定阶段。这一阶段与过去一样是很重要的阶段，除大后方的任务外，我党在解放区的中心任务，是集中力量反对顽军的进攻及尽量扩大解放区。具体说来，我们除有特殊任务如派干部去东北外，一切是为大量消灭敌人，干脆地消灭进攻我们的顽军，组织人民，扩大军队。另外，就是实现新区的减租减息，肃清汉奸，特别是组织人民明年的生产运动，这对于争取胜利关系重大。这就是我们的任务。

在过去的几个月中，我们取得了很多的胜利。首先是毛主席去渝谈判，争取了国共两党的平等地位，争取了中间力量，争取了今后和平、民主、团结、统一方向的一致。如决定召开的政治协商会议[2]，中间分子非常热烈地拥护我们的主张。国民党则是外强中干，举棋不定，只有我们提出方针，而国民党则没有，我们是主动的，取得了政治上重大的胜利。其次是东北问题。现在东北的局面很好，我们已有相当数目的军队与干部进入东北。营口、葫芦岛的苏军一撤，我们就接收了这些地方，一路上都是苏联红军一撤，我们就接收，取得了控制东北的优越条件。但国民党对东北并不放松，正准备布置军队进入东北，这是一场很大的严重的斗争。东北也同我们这里一样，要经过激烈的军事斗争才能有和平，才能站得住。再次就是我们两个月的自卫斗争，一般地说已取得了很大的胜利。如反攻开始时，毛主席就叫我们集中，由游击战转入正规战。虽然大城市未拿下，但向大城市集中，就集中了我们的部队，这是一个很大的转变。接着就叫我们分散，占领中小城市，我们拿了一百多座。接着又是集中反对国民党的进攻，这方面也做得不错。如现在徐州以北我们控制了一二百里铁路线，济南以北也控制了一百里，徐州以南也一样。绥平[3]方面已包围归绥[4]，迂回包头，张家口已巩固，而又能控制绥远，与陕甘宁、蒙古相连。同蒲线[5]上，我们控制了二百多里，运城方面也控制了几十里，鄂豫皖方面也做得很好。就拿我们本身来说，上党战役[6]取得了完全的胜利；平汉战役[7]现在至少可以说第一阶段已取得了胜利，这都是歼灭战。而且平汉线上高树勋的起义，还是政治上的胜利。这些胜利是由于前后方一致，军民一致，上下一致取得的。特别是地方工作，组织一切支援前线，做得很好，后勤部门也尽到了责任。前方部队作战打得很好，但如果没有地方工作的支援，后勤部门的努力，不能设想会胜利。我们取得的这些胜利，中央说是相当大的胜利。

　　从国民党方面来看，它想要夺取东北，想要夺取各个解放区，虽有它的便利条件，如有美国人、日本人及伪军的帮助。但它也有不利的条件，如地区宽广，兵力不够分配，地方人情不熟悉，无后方作战，孤军深入，脱离人民群众，补充困难，系统不一，等等。还有不少使蒋介石头痛的事。如西北军退出内战的运动，大后方的民主派的民主运动也闹得凶，等等。从整个看，国民党是很慌张的，举棋不定，步骤很乱。这些说明，只要我党有明确的方针，大量地消灭国民党进攻的部队，以巩固我们在华北的地位，然后在有利于我的条件下与国民党妥协，看来是完全必要和可能的，这样就可以转到和平新时期。

　　和平、民主、团结、统一，这是我党既定方针，也是它国民党被迫不得不走的道路。这个方针在协定[8]上已经确立。问题是如何转入到和平时期。国民党是想拿住东北、华北而进入这个新时期，使我们居于困难的地位；而我们则是要拿住东北，巩固华北而进入这个新时期，只有这样才有真正的和平、民主。蒋介石不愿意，我们就要用实际的力量，迫使他不得不走这条路。因此，目前斗争是激烈的，甚至可以说带全面性的内战局面是存在的。但这个内战不同于过去，这是过渡阶段由抗战转入和平的内战。过去没有一面打仗一面谈判，现在则是又打又停，一面打一面谈。既然军事斗争不可避免，我们就要采取又团结又斗争的方针，争取斗争的胜利，取得有利地位，转入和平时期，这样就可以使中国革命奠定百年之基础。因此，虽然是六个月，但这是决定的关键。我们的胜利愈伟大，和平就愈来得快，对全国人民也愈有利。同时要估计到斗争的剧烈，时间也应估计得长一点，当然不会很长。如再加上要巩固新区，使新区成为全国模范的话，我们就应作长期打算，把时间多估计一些，这与我们目前的任务并不冲突。只要我们多打些胜仗，也可缩短时间，因此我们要努力，要看到我们所遇到的障碍与困难。

下面还想讲四个问题：

第一，要反对骄傲自满。如果骄傲自满，就会使我们失败。历史上没有一个骄傲的军队不失败的，因此我们要防止骄傲自满，特别是我们的军队。现在我们觉得，军队中已有骄傲自满的现象，而且还不少，某些方面可能在发展。应该知道，只有我们执行了党中央、毛主席的指示，才可以骄傲，其他就不能说我们哪一个人、哪一部分部队有什么了不起。我们的敌人还相当强大，蒋介石有美国的援助，虽然是有限度的，但不能忽视。我们现在作战尚未遇见飞机、坦克，以后就可能遇见。再说任何胜利也不只是我们军队取得的，还有党、政、民、学的努力。因此，我们军队不应该有什么值得特别骄傲的。

我们军队还存在不少的缺点，主要是军阀主义倾向正在发展，这是很危险的。军阀主义倾向的主要表现：（一）群众观念很薄弱，群众纪律很坏。（二）违背党的政策很严重。如城市政策，虽然也有执行好的，但多数城市搞得很糟。甚至发生了奸淫、掳掠的事情。（三）兵骄将横的现象在发展，不讲道理。（四）党与政治工作虽然某些方面有开展，但是空前的削弱。（五）战场纪律虽然还好，但日常的军事纪律废弛。（六）对地方干部参加军事工作重视得不够。（七）个人总要比党高一点，个人服从党这一条，有的就干脆取消了。这些现象归纳起来就是军阀主义倾向在发展。这些现象的发展是否是兵的问题？自然有的部队兵换得多，但这不是主要的问题。主要的还是我们党的工作问题，我们干部的态度和干部的思想问题，因为许多问题还是干部带头的。如果再追一下，就是我们军区的、中央局的负责同志未负到责任，由于新成立不久，对这些现象有了放纵。虽然我们平时也讲这些问题，但未采取具体办法。究竟如何做法，大家可以来研究。总之，我们距毛主席、刘少奇同志的要求还太远，如果不克服这种军阀主义倾向，我们就会脱离群众，就会腐蚀我们的战斗力，使战斗力削弱下去。由此看来，我们还有这样的缺点，不能骄傲，要努力克服之。

第二，不要忽视长期打算。现在我们要扩大军队，保证军队供给，这与根据地人民的负担是有矛盾的。现在地方上对军队的供给是注意的，但军队应注意防止过高过苛的要求，要从全面着眼，不仅要看军队的需要，还要看人民能否拿得出来。现在，有的部队机关就已忽视了生产，野战军也不生产了。我意部队不要做生意，但在可能的时期内要注意生产。虽然我们在谈判中说编二十个师，实际上兵是不能减少的，那时就要采取屯兵政策，这是这次预算的原则。再就是一些超过可能的规定和制度应取消，因为这会消耗民力。大家应该清查出这些不合理的制度，立刻或逐渐取消之。再就是货财，不知浪费了多少。首先是军队有这种现象，地方上也不少。有的是对这个问题注意不够，有的则是办法少。有的同志不懂装懂。我们要提倡老实，不懂就是不懂，要脚踏实地去经营货财。如果我们知道这是人民的财富，就可以想得通了，否则就会增加人民的负担，忽视长期打算。今后的供给虽可改进一些，但是也要量入为出，不增加人民的负担，原则上是必须的支出要增加，不必要的开支要节省乃至取消，自然还要开展人民的大生产运动，不要增加人民的负担。要实现这些，财经就要集中统一。

第三，要防止因战争而忽视其他工作，特别是发动群众、减租减息的工作。支援前线自然还要，这是分工的问题，现在要特别防止轻视或忽视军区的工作。军区与纵队不能说哪个不重要，没有军区，纵队哪能打仗？有的同志不愿意做军区工作，其实，在一定程度上来说，军区工作是更复杂、更困难的工作，好的共产党员应该有勇气去担任这个工作。

第四，注意全局观念，防止忽视全局。比如派好部队去东北是应该的，应该愉快地去做。在部队中，这部分应该多照顾另部分。这次冀南部队照顾冀鲁豫部队就很好。如二纵队自己只吃小米，白面让给冀鲁豫部队，冀鲁豫部队也受感动，只领了一半面。局部服从全局，更多地照顾别的部分，这两句话很重要。今后各方协同一致是很重要的，否则就会增加困难。我们要能防止这些现象，就有团结，就有力量，就有我们的胜利，并能取得更多的胜利。

当前这个过渡时期是很紧张、也是很重要的时期。我们工作做得好，就可以奠定我党的百年大计。这就要求我们集中统一，更明白地说，全党集中统一于党中央、毛主席的思想与方针下。现在的思想相当复杂，因此，首先是我们的思想要统一。其二是党的组织的统一。其三是对一些具体问题的规定的集中统一，如财经问题，今后军队的供给、兵员的补充等问题。

注 释

〔1〕指一九四五年十月二十日毛泽东为中共中央起草的《中共中央关于过渡时期的形势和任务的指示》。

〔2〕指一九四六年一月十日至三十一日在重庆召开的有国民党、共产党、民主同盟、青年党和无党派人士的代表参加的政治协商会议。

〔3〕绥,指绥远省,辖今内蒙古中部地区,一九五四年撤销。平,指北平,今北京。

〔4〕归绥,今内蒙古呼和浩特。

〔5〕同蒲线,即同蒲路,见本卷第65页注〔27〕。

〔6〕上党战役,是抗日战争胜利后,晋冀鲁豫解放区部队在山西东南部以长治为中心的地区(古属上党郡)反击国民党军进犯的战役。一九四五年八月中旬,国民党军阎锡山部集中十三个师的兵力,在日伪军的配合下,先后自临汾、浮山、翼城和太原、榆次出发,侵入晋东南解放区的襄垣、屯留、长治、潞城等地。九月十日至十月十二日,解放区军民在刘伯承、邓小平指挥下展开自卫反击,歼灭国民党军十一个师及一个挺进纵队共三万五千余人,俘国民党军第十九军军长史泽波和师长多名。

〔7〕平汉战役,是抗日战争胜利后,晋冀鲁豫解放区部队对平汉铁路及由该路伸向冀南抗日根据地内的主要公路展开的破击作战。一九四五年十月中旬,国民党军队自河南新乡一带沿平汉铁路侵入晋冀鲁豫解放区。十月下旬,其先头部队三个军到达河北磁县、邯郸以南地区。解放区军民在刘伯承、邓小平指挥下奋起自卫。经一周激战,国民党军第十一战区副司令长官兼新编第八军军长高树勋率该军及河北民军约万人起义。其余两个军在溃退中被围歼。全役共毙伤国民党军三千余人,俘第十一战区副司令长官兼第四十军军长马法五以下一万七千余人。

〔8〕指一九四五年十月十日国民党政府代表和共产党代表签署的《政府与中共代表会谈纪要》,即双十协定。

必须在停战前获得更大成果[*]

（一九四六年一月十一日）

各纵队各军区并报军委：

（一）蒋[1]密令各顽在停战命令[2]公布前后应迅速出动控制有利地点，因此各地应严密警戒，防顽伪袭击，占去地盘。

（二）国共停战命令已于十日下达，因此我各部在十五日后即应停止军事行动，前线必须在此四天内获得更大成果。聊城、永年务必在十五日前攻下。冀鲁豫有可能收复沛县，太岳应攻占一二段铁路，太行收复修武。

（三）沁州[3]到东观段应加快行动，即使十五日后亦应继续。因系收缴日军武装。

（四）各地一切部队及边县民兵均应出动，干部尤应认识此事重要。

刘邓李

子真

---

　* 这是邓小平和刘伯承、李达给晋冀鲁豫军区各纵队、各军区并报中共中央军委的电报。

注　释

〔1〕蒋，指蒋介石。

〔2〕一九四六年一月五日，中共代表和国民党政府代表达成关于停止国内军事冲突的协定。一月十日，中共中央和国民党政府分别向所属部队下达停战命令。这个协定规定双方军队应于一月十三日午夜在各自位置上停止军事行动。

〔3〕沁州，今山西沁县。

我们有权要求永年伪军受降*

（一九四六年一月二十一日）

军委并转叶滕[1]：

马（二十一日）午接获北平军调部删（十五日）和字第一号关于停止永年军事冲突之命令，该命令系于篠（十七日）由来援之飞机投于永年北四十里曲陌镇，今日转来此间。查永年系一孤城，环城皆水，双方隔水相持，不能交通。城内守军伪永年保安联队王泽民[2]部、鸡泽伪保安联队一部及土匪许英吉[3]部（外号铁木头）、会门赵秀生部，以上四部战前多为本地土匪，事变后投敌，荼毒人民，有悠久历史，现总共一千六百人，并无所谓"政府军"。反攻后该城伪军即为我地方武装包围，但经常乘隙出扰。我乃于子文（一月十二日）向其进攻，奉到停战命令于元（十三日）辰即已停止战斗，改为监视，令其投降。因永年与其他城市不同，为我根据地腹心残留之伪军据点，离邯郸很近。现顽利用以破坏根据地，我方有权要求受降，似不应听国民党颠倒是非，指为政府军，迫我放弃受降。如何，请考虑，电复。

刘邓李

马未

---

* 这是邓小平和刘伯承、李达给中共中央军委并转叶剑英、滕代远的电报。

注　释

〔1〕叶滕，指叶剑英、滕代远，当时分别任北平军事调处执行部中共代表、中共代表方面军事顾问。

〔2〕王泽民，当时任国民党河北省保安第一纵队司令。

〔3〕许英吉，当时任国民党河北省保安第二纵队司令。

一九四六年政治工作的中心[*]

（一九四六年一月二十五日）

各军区纵队并报中央：

根据中央一九四六年工作中心指示^[1]和今后的任务，特提出如下几项政治工作作为本地区部队一九四六年政治工作的中心，希望加以注意。

一、保卫解放区。军事冲突停止，和平逐渐实现，但破坏和平民主的势力还相当强大地存在，反动派的政治进攻以至特务活动，将会更加积极。我们必须提高全体官兵对于解放区的政治责任心与警惕性，关心和爱护艰苦抗战获得的胜利果实，忠诚地捍卫解放区，粉碎任何反动派的进攻、袭击、破坏与封锁，使解放区成为今后全国人民和平民主的坚强基地。

二、部队生产。为了更好地支持与巩固解放区及进一步进行解放区的各种建设，今年部队除了捍卫解放区与教育练兵任务外，应以最大的努力组织部队生产，增加解放区的财富。必须在农业、工业、运输业等生产中完成给部队的生产任务。今年的成绩应比过去任何一年要好，以达到减轻人民

负担及改善部队生活的目的。生产中必须采取公私兼顾、军民兼顾、生产与节约并重等原则，一方面提倡生产，同时必须提倡节约，克服贪污浪费、违反政府法令和政策上抓一把的现象。政治机关应善于组织生产，热情于劳动英雄和模范工作者的选拔运动。此外，部队在练兵与生产的可能空隙中，还应积极组织部队帮助群众生产。

三、部队教育和练兵。部队由于大的编组与战争频繁及教育缺乏的影响，在政治认识和思想上很不齐一，甚至开始生长着倦怠情绪，必须加强部队政治文化教育、时事教育，开展文娱活动，以提高部队的政治觉悟与巩固部队，尤其连排级干部仍然很缺乏，应利用一切可能来做培养干部的工作。应特别注意本地区干部的爱护与培养，教育干部的内容中主要是党的七大文件与毛主席的思想的学习，同时提高干部各自的业务。在练兵中，必须保证战士技术教育任务的完成和官教兵、兵教官、兵教兵群众运动练兵方法的实行，并在生产与教育练兵过程中克服军阀主义倾向，改善官兵关系、上下级关系、军事政治工作关系。

四、军民关系与群众工作。部队中违犯政策、脱离群众和忽视群众工作的现象必须迅速克服。首先是遵照中央指示，使全体官兵从思想上解决问题，深入进行人民军队为人民服务的教育，必须保证"三大纪律、八项注意"的认真实行，在部队中建立不断检查军民关系的制度，进行部队拥护政府、执行各种法令政策的教育与检查，还必须恢复群众工作的优良传统，调查、宣传、组织、帮助群众文化教育，参加根据地各种建设。在目前，部队应普遍地协助地方的减租减息运动，这对于部队官兵群众观点、群众路线的培养体验也是有益的。

五、加强部队在和平民主斗争中又团结又斗争方针的教育与锻炼。和平实现后，部队与其他党派、团体、军队的来往与接触可能会增多，这正是我们团结广大和平民主人士的机会，但同时也给了反和平民主分子破坏我们的可能。我们必须一方面要善于运用党在抗战中获得的有利地位与党的和平民主的政策，去团结更广大的和平民主人士、民主势力，争取国内巩固持久的和平；另一方面还必须保持我军在政治上、思想上、组织上的纯洁性与优良传统。要提高部队对于特务破坏的警惕性，同时应防止在和平民主斗争中"左"倾关门主义或者失掉立场的尾巴主义倾向的发展。

六、改造部队的政治工作。这一工作首先要深入学习了解古田会议[2]与谭政同志的报告，大胆地揭发部队中存在着的形式主义、教条主义，同时发扬部队中合乎实际需要的好的有力量的政治工作的做法，好的政治工作的做法是什么呢？

1. 每一个重要的措施着重从思想上解决问题，而不是只从形式上解决问题，首先着重于思想上的领导。

2. 以实事求是的态度进行工作，有其实际的内容和需要，而不是只图形式，特别是调查研究、了解情况、执行政策。

3. 贯穿着群众观点、群众路线、民主作风。工作发动大家来做，而不是少数人做，即是把政治工作成为群众的工作。

4. 党的工作中以支部工作为核心，支部工作成为政治工作的骨干，特别强调支部在连队的堡垒作用和首先善于组织党员的积极性，这是一个作风的改造和正确作风的建立问题。不揭发缺点错误，不发扬正确的好的作风，就不能达到政治工作改造的目的，也就不能很好地保证保卫解放区教育、练兵、生产、团结官兵、团结军民、团结友军和瓦解敌军诸任务的完成。在这方面应特别努力。

其他中心及关于政治工作中各部队的具体工作，即根据上述中心及各部队的具体情况去讨论实施，这里不详述。

邓薄张王[3]

子有

注　释

〔1〕指一九四五年十二月十五日毛泽东为中共中央起草的对党内的指示。这个指示以《一九四六年解放区工作的方针》为题，收入《毛泽东选集》第四卷。

〔2〕古田会议，指一九二九年十二月二十八日至二十九日在福建上杭古田召开的中国工农红军第四军党的第九次代表大会。会议根据中共中央九月来信精神，通过毛泽东起草的古田会议决议，其中最重要的是关于纠正党内的错误思想的决议案，确立了思想建党、政治建军的原则。

〔3〕王，指王新亭，当时任太岳军区司令员。

为《人民的军队》报[1]创刊号题词

（一九四六年二月十七日）

人民军队的责任是随时随地为人民服务，一切为人民的利益着想。今天我们必须亲自动手，努力生产，克服困难，以减轻人民负担，使人民经济向上，逐渐恢复八年战争的创伤，走向丰衣足食的道路。

邓小平

二月十七日

注　释

〔1〕一九四六年二月二十四日，晋冀鲁豫军区政治部主办的《人民的军队》报创刊，一九四八年三月更名为《人民子弟兵》。

关于春季整训的计划*

（一九四六年二月二十二日）

中央：

一、国内经过剧烈的军事政治斗争，已开始进入和平民主建设的新阶段，巩固国内和平，实现民主改革，争取全国政治民主化是今后的斗争任务。我党我军在和平民主斗争中，一如过去一样，仍然占着极重要的地位。为了保证我军在新的形势和新的任务下，适应新的要求，负担新的使命，决定自三月一日起，进行一场春季大整训，并决定把整个重点放在时事和思想教育上面。

二、时间分配：决定以四分之三的时间进行时事思想教育，以四分之一的时间进行军事教育（每日除军操和晚间游戏外，四小时作为正式整训时间，三小时政治，一小时军事）。

三、整训要求：

1. 主要是深入目前形势和任务的教育，使全体官兵正确地认识新阶段中的新形势新任务，澄清存在着的糊涂思想，克服部队中松懈倦怠情绪，保证全体人员从思想行动上顺利进入到新阶段，团结在党的方向的周围，积极地参加新

形势下新的斗争。

2. 其次是保持人民军队的本质，保持党与毛泽东同志的思想在部队中的领导，时时为人民服务，为反帝反封建而奋斗。为此，必须贯彻毛主席建设人民军队的思想，关心人民利益，密切军民关系、军政关系、军党关系、军事政治工作关系、官兵关系，实行拥政爱民，三大纪律、八项注意，使我军在和平民主斗争中成为坚强的支柱。

3. 根据七大新的党章，加强部队中党的教育，并在三个月内，大量发展党的组织，保持党在部队中必要的比重。

四、在实施方法上，应采取召开党内活动分子会议作报告、小组的或集体的座谈会讨论、个别谈话、上政治课、政治雄辩会、军人大会上首长讲话、举行政治测验等，深入时事思想教育。

初步须首先弄通干部思想，然后深入到战士中去。尤其团以上干部更应深入检查反省，因为一切思想上好坏倾向的发展或纠正，领导干部起着决定的作用。

军区和纵队在领导上，除一般领导，着重抓住一两个部队进行个别领导。首先打通该部队首长的思想，然后通过他们自己下决心，这样来创造典型经验，普及全体。军区和纵队的报纸及通讯员，在这一期间要集中报道整训，报道部队发展的情况和经验介绍，展开文化娱乐活动应与环境密切配合进行，这样来推动群众性的时事思想学习的浪潮，并在适当的时机中展开创造模范学习者的运动。

五、给养与生产。整训前，应注意在现有供给的基础上适当改善给养。团、旅（分区）在整训中，应注意指导连队的给养的合理管理经营。发扬给养好的连队的经验，以改善给养的工作。

今年的生产任务，已经低到不及供给标准的百分之十到百分之十五。部队中种菜、喂猪等活动，在此三个月内不应花费巨大的时间，应好好地利用整训中的空间及组织适当的人员去进行，在部队中每个人都有参加整训、受到教育的机会。

此计划适用于全区所有部队、机关。有些部队尚有军事行动和警备任务，得根据具体情况在时间上加以伸缩。参考材料为中央有关指示、《解放日报》有关社论及重庆政协会材料以及政治部所发材料与《人民的军队》报上的文章。

刘邓滕王薄张

丑养

关于交通问题谈判情形[*]

（一九四六年三月十日）

恩来同志并告叶饶罗[1]：

一、安阳小组[2]到邯后争论焦点如下：

1. 管理问题。我方提出交通部代表与我方路局合作修路，该段路政由我方管理，国方和美方以违反和字四号命令[3]第七项及其附件一及附件二为由予以拒绝。我方坚决反对，并谓小组无权命令交通部代表任用我方委派之人员后，国方提出由我提出名单以供考虑任用，但不承认我方路局机构。

2. 开放交通问题。我方提出平毁由安阳到开封之封锁，国、美双方同意平毁安阳到新乡（其实是幌子），美方谓安阳以南归第十小组管理。

二、美方宣布彼坚持用人问题：只属政府代表机构，并谓我方坚持用人是错误的，且违反四号命令，彼要向三委员[4]报告。在交通问题上，三委员到新乡后，国、美露骨地一致，美方较前更坏，并出面与我对立，用高压办法；国方不发言，甚至不调解。此现象，应采取如何对策？

---

* 这是邓小平和刘伯承、薄一波给周恩来并告叶剑英、饶漱石、罗瑞卿的电报。

三、根据现况，交通问题已变为美国人与我方的直接争执问题，这对我方是很困难的。美国人不惜采取压力，更值得我们注意。我们认为，如不冲破美方压力，将来问题更多，新乡小组福格逊[5]及米干主教[6]已采取横蛮态度，企图强迫我们同意组织焦作煤炭小组到焦作调查（已为我拒绝）。如我对美方压力一味迁就，将会有许多新的所谓三人小组出现，其压力也必日益加重。

四、因此，我们除坚决拒绝谈焦作煤矿问题外，对铁路谈判决定：

1. 坚持要求由我方铁路局管理石安段[7]，最后争取到我们的人必须加委。我们的人能进到整个平汉路局中去，他们的人亦可有几个到我方这一段来。

2. 修路由我之铁路局负责，欢迎国方技术人员，材料除现有者外，由交通部供给。最后让步到由交通部负责修路，这一段可管理，护路由我们负责，并平毁碉堡等，同时并进。现我提出安阳至开封，将来可让步到安阳至新乡。

五、总之，国方和美方绝不会承认我们的管理权或参加管理权，我们必争管理权或参加管理权。和字四号命令管理权问题确对我不利，因此邯郸谈判必陷僵局，但求不决裂。我们觉得这不要紧，我们下面硬一些，对上面有好处。

六、对铁路谈判：我们应让步到何种程度，务请中央及北平迅速电示。

刘邓薄

寅灰

注　释

〔1〕饶罗，指饶漱石、罗瑞卿，当时分别任北平军事调处执行部中共代表方面军事顾问、中共代表方面参谋长。

〔2〕安阳小组，即北平军事调处执行部驻河南安阳的第十九执行小组。

〔3〕和字四号命令，指一九四六年二月十一日北平军事调处执行部公布的第四号命令《关于恢复华北华中交通的协议》。

〔4〕三委员，指军事调停三人委员会成员，即中国国民党代表张群（后换为张治中）、中国共产党代表周恩来、美国总统特使马歇尔。

〔5〕福格逊，当时为北平军事调处执行部驻河南新乡的第十执行小组美方代表。

〔6〕米干主教，当时为天主教河南新乡教区美籍主教。

〔7〕石安段，指平汉铁路河北石家庄至河南安阳段。

政治、军事、经济问题及转变[*]

（一九四六年三月十二日）

三个问题，三个转变，政治、军事、经济。

一、政治问题。

美国统治是目前形势的特点。

美国准备第三次世界大战——反苏战争。在美国统治下的中国，把机构改造成为反苏战场，但是一个拉长线的布置——故停战、政协。他画个圈子，让儿子——国民党进入圈子，也拉我们。我们自觉地、有准备地进入这个圈子，形势所趋非钻不可，否则不会停战。和平准备、合法地位、保存地位。如不钻，学不会外交、经济、政治。与外国斗争的一套，不下水学不会游泳，淹死的人是有的。在这一时期还要受气，不仅要有高度警惕性，而且要有忍耐性。我们与美国加国民党斗争，有联合有斗争。开始反"左"之后，中心是反右——长期反对的一种倾向。到处是美国人的主席（总督），三人小组和军事参谋团伸延到一切方面，军事、战争、交通、物质交换、煤炭，经济收买，教会拉拢反动派。脑筋转变是个大问题，关起门来只搞减租减息，非失败不行。每

---

* 这是邓小平在河北邯郸召开的晋冀鲁豫军区讨论生产节约问题会议上讲话的要点。

日要斗心，不仅是统战斗争，而且是外交斗争，故要敞开来搞，要下水，这个协议[1]都是叫我们下水。

这叫在劫难逃，形势所在。我们是要钻进去。美与蒋有矛盾，美要拉长线，蒋要拉短线；蒋要独裁，美要先放。我则抓光明，抓生存，避黑暗，避死亡。将来我有苏之外援。现在美苏关系很紧张，不打则钻进去。马歇尔[2]称三人小组为微妙的、长期的、有效的，不是说空话的组织。拉长线，美要和平，我亦需要和平。十八个师也是好的，因争取到近代装备与技术。

拉长线于我有利。因回旋余地大，于苏也有利。现把马歇尔抛到云端，让人民认识美是帝国主义，苏联不是拿民族主义对我。

二、军事问题。

第一期减二分之一，第二期减三分之一，余十万人。

两个问题：整编与复员。

复员：第一期拟减到十八万人。

整编：一次痛苦，三个师，九个旅，余八个旅到保安队去。现我二十七万人中，机关七万，顶用的不过十五万。现编三个师，六万人。我区按两个省计划，现编六万人——太行、太岳二万五千人，冀南一万人，冀鲁豫二万五千人。县保安队重要县只一个营，小县一个连，按一百一十七个县总和十四万人。

所有后方机关四万人，尽量减后勤，不自做被服，关铺子订货。分区人减少，要善于做小机关。后勤转生产，医院拿出去，大城市开医院。兵工厂转为铁木工厂，被服厂转为成衣局。政治干部转入经济、文化、政府，准备将来政治部小或无。

编制：以决死队加六旅为一个师。二纵两个旅、三纵两个旅编一个师。七纵两个旅、六纵三个旅作一个师。太岳一个旅两个团，冀南一个旅四个团，太行两个旅，冀鲁豫一个独立旅，一个七纵旅，再拨两个旅，共组四个旅，二万人；再组织五个独立团，二万五千人。

二纵一个旅系护路大队。

干部问题：三分之一转行、改行，加入县区委管理民兵。

重武器转保安队。师不好调动，保安队可以在省调动。

划五个分区，五个旅，不成立旅部，每旅足五千人。

改进宣传机关。

三、经济问题。

发展国民经济，减轻人民负担，为党准备基金。

发展国民经济应强调以农业为主。恢复战前产量，深耕细作，改良农具、种子积肥，不因新的工业计划而影响农业第一。

互助，发展有方向。建设手工业、机器工业，利用私人资本，民办或合办，生产纸、油、粮酒、罐头、皮革等，发展合作社经济。

减轻人民负担，完成得是好的。

增加党的财产，为将来社会主义经济打下基础。具体办法：

1. 把我们的国家经济主要部分转到党。主要用名号，利用此力量伸入到一切经济生活中去。不仅能够解决党的经费，还能创造经验、培养干部。民主斗争多数就是经济斗争，为将来社会主义经济打下基础。经济民主才能政治民主，只有经济的改革才能实现国家的民主化。边区大生产运动后才彻底解决了民主问题。无经济基础则不能与帝国主义、资产阶级作斗争，则无民主可言。民主斗争本质上就是经济斗争，否则会变成资产阶级的附庸。解放区搞经济建设才会成为模范区、民主区。只有如此才能影响资产阶级跟我们在一起，不做资产阶级附庸。过去靠武装，今后靠经济。

人民经济向上，向工业化道路走。

银行除留部分撑架子外，其它转给党。除工商农贷外，我们主要投入工商业及农业，搞纸庄、钱号。

中央局设经济部，区党委亦设，即管理生产。

经济分两种：一种属中央，一种属地方。凡大工厂、大商店统交中央局，地方搞小的。现在先转过来，将来再划分。

2. 区党委决定：一些同志管地产、工商业。杨秀峰[3]为经济部长，下分四个部门：金融与地产，贸易、工矿、运输。全国大城市开货店。交通主要干线归中央，小城市归地方，公共产业不要动，基本上是没收部分不分卖。交通工具，火车、船、汽车，除军区纵队留一辆外，都集中组织搞大事业，建立将来摩托化的基础。

党政军的财产都交给党。机关住出房租，经济部要收房租。军队工厂马上转，合作社可留给军队。交大公，小公可适当照顾。军队只能搞合作社，一为士兵建立家务，与国民党区别，军内军外关系，主要靠干部模范作用；二为集中一切精力解决全体官兵之福利。

要抽五分之一或四分之一干部学经济。军队要学会近代军事技术，经济上要学会近代工业技术，政治上要学会群众的议会的斗争。现在是零分，从头学起。

在革命未成功之前要学会军事与经济。

今后党的工作，没有钱过不了日子。给中央的需百万万冀钞，必须超过。地方自己费用代管部分，本利不许动用，私从公，小从大。毛主席的思想是保存自己，发展自己，提高自己，武装人民反对武装的反革命。这个根本特点未变，只是斗争形式转变——武装隐蔽。

后勤部取消，只搞供给部与卫生部，搞民营工厂，出卖炮弹。

3. 军队与地方干部都转经济、教育。仍调东北干部。先转军队之三分之一的隐蔽干部，大批干部转工农商业，一批转入教育与社会教育。

党的干部最好兼课（政府亦然）。一律社会化。

群众团体干部主要搞合作社。工人干部搞工人事业。弄个群众团体会址，筹措群团基金。将来基本靠自己，政府只能津贴一部分。

注　释

〔1〕指一九四六年一月五日中共代表和国民党政府代表达成的关于停止国内军事冲突的协定。

〔2〕马歇尔，美国退役五星上将，当时为美国总统特使，到中国"调处"国共关系，参与国共谈判。

〔3〕杨秀峰，当时任中共晋冀鲁豫中央局常委、晋冀鲁豫边区政府主席。

新阶段要转变工作方式 *

（一九四六年三月十五日）

一、关于新阶段。

现在是新的阶段，新的情况需要我们党的全部工作方式的转变。中国革命的性质与任务并没有变，今天仍然是毛主席所规定的无产阶级领导的人民大众的反帝反封建的革命，但斗争形式与方式要转变。

和平民主建设的新阶段已到来了，特别表现于停战命令、和平建国纲领与整军方案[1]的公布。和平大体上实现，民主要开始取得。政协决议[2]之后，国民党内一部分反动法西斯分子，具体来说是中统、军统[3]企图破坏新阶段的一切。但潮流是挡不住的，因为这是三国外长会议[4]决定的，马歇尔是代表三国以美国的面貌来中国的。还有我们力量的强大与力量的发展，必须认识自己的力量，这是十八年来奋斗的结果，特别是抗战八年奋斗的结果，几个月来坚决自卫战争奋斗的结果。没有党发展到一百二十万党员，一百二十万正规军，二百余万民兵等，没有上党、平汉作战[5]的胜利，就没有这次政协决议的成功。

对三个决议本身，有些同志还想不通，这不要紧，只要

---

* 这是邓小平在中共晋冀鲁豫中央局和晋冀鲁豫军区干部会议上的讲话。

关心，警惕性提高些是好的。三个决议对中国人民是有好处的，当然也有黑暗的一面，否则马、张[6]不会签字。和平对中国有利，打下去对我们不利。队伍内也需要和平，这是普遍要求，对我们内部也是有利的。当然，党要我们打，我们还是打，而且打得好（如白晋线），这正说明了无产阶级领导的军队是不同的，同时也表现为人民军队的本质（过去叫党军是错误的，脱离群众从此而来）。为什么法西斯要反对呢？因为对他们不利。民主好吗？好！和平建国纲领基本上以我们的主张为基础，纲领也不坏，但这还是纸面上的，还需要经过一番斗争。这一纲领同样对法西斯大买办大地主是不利的。整军方案一般说来订得很谨慎、很满意，十八个师也差不多，再多一些好是好，但办不到。对国家、人民有利，应该说对自己也是有利的，这是立场。不管法西斯怎样破坏，不管怎样曲折，大的方向已确定了，这次三人委员会一走，把大界限定了。

这一阶段对我们起了什么变化？为什么要转变？

党的地位：以往在解放区外，党是秘密的，今天是取得了平等合法地位。虽然在过渡中法西斯要破坏阻挠，但取得全国范围内的合法是一定的。同时，别的党派也要到我们的区域来，国民党、民主同盟等会来设立党部、办报等等，还要在议会中来竞选，将来这儿的参议会也要恢复了，我们应该被选上，但不等于一定会选上。以往个别同志习惯于凶，一开口就是"老子抗战八年"，今后可不行了。总之，我们要求别人开门，我们自己也不能关门，我们要伸到全国去，全国也要伸到我们这儿来。

军队：军队国家化是一个变化。

政权：政权是统一的，我们要去，也开门让人家来，取决于议会斗争、纲领与竞选的成功，政府的变化是很大的。

经济：变化也是一样的，以往的统制不行了，税收要取消，闭关自守的情况没有了，中外的大中小资本家要来，我们也要去。

总的一句话，要开门有好处也有坏处，不开门没有理由，也关不住。开了门又有很多困难，如外货倾销等。

斗争方式也变化了。一方面，伸入全国去，需要大批干部转业，钻入到一切方面去。有利的方面是，依靠有利基础钻入全国的各方面去，更有利地发展中国革命，把革命推进一步，更密切与全国人民的联系，组织与影响更多的群众在党的周围。另一方面，这是下水到大海中去游泳，看学会学不会，善于学会新的方式方法就能大发展，否则会吃大亏。以往是关起门来，以后要深入社会来生活，旧社会会来侵蚀我们，国民党会用金钱、美女、地位来收买我们。

国民党说我们逃不过三条：地位、金钱、美女。全党是经得起这个考验的，因为有以毛主席为首的中央，这是百分之百的保证。暂时想不通不怕，只要相信"毛主席不会错的"，这不算是盲目。二十四年的历史可以证明。但是对每一部分、每一个党员来说，毛主席正确不等于我们一定正确，也不等于每一个人不会淹死。历史上从来未有过这样大的变化，考验也要比任何时期要大。大革命失败后经得起考验，那时力量小、范围小，比较容易。后来略一发展，"左"倾机会主义出来了，吃了亏，犯了错误。第二次是红军改编转变好了（由于保持了组织的独立性），总的来说是经得起考验，转变时范围也小。现在不同了，今天是大党范围大了

（全国），这次转变的困难比哪一次都多些。美国，中国法西斯，其他政派都是有经验的、老练的，我们缺乏外交经验，一不警觉，就要吃亏。中央告诉我们，国民党比我们更困难些，但我们也有困难。我们要自觉地来转变，转变不是容易的，我们太习惯于简单化，脑袋不灵了，一接触外界就觉得迟钝了，大部分同志没有经过这些政治考验，我们的对手都是老练的，这次国大各党派都派第一等人物参加，力量雄厚。边区此次参议会在派代表这方面还是老一套，以为与去年一样，不懂得这次国大代表一定要有保证，一个人、一票也不能马虎，必须有五百一十三票（共两千零五十人），否则要失败，少一票也不行。往往打仗打得很好，一举手就完了（比如平汉铁路的争执），在政治斗争中签了字，再反对也没有用（比如苏联参加对日管制委员会）。

今天的观点要改变。一切要变了，不能拿旧的方式来用，要转变，一直转变到日常生活方式。马枪也要变，警卫员制度将来没有了，它适合以往的环境，将来不合理了。这种变有好处，没有坏处，转得快占便宜，慢一些要吃亏。我们变得快，群众跟着我们，国民党要吃亏。他们闹，我们应该高兴。总的将来很长的阶段取决于手，取决于枪，（过去很长一个时期是隐蔽的，不出风头的），自己要变快些。任务没有变，斗争形式要很快学会。

二、关于美国与国民党。

今天恭维美国，不恭维不行，这是今天的宣传方针，包含策略意义，"爬得高，跌得痛"就是这么一回事。政协决议马歇尔压着干，真正后面是帝国主义面貌还没有被看清，今天是提他高些。毛主席的厉害就在这儿，什么时候联合、什么时候斗争的分寸很恰当，要体验这些不容易。毛主席的著作都很通俗，但极其深刻。《论持久战》出来后，很多懂得的人认为是了不起的著作。有些桂林的小文化人认为："毛主席的持久战太浅薄了"，这些人是一窍不通，根本不懂。能知道它的深奥的已入了门，连它的深奥也不知道的，连边也没有摸到。毛主席的其他报告与著作都是很深奥的，毛主席看问题能够像下象棋一样，看到五六步，到了重庆一次就看透了国民党外强中干。这些策略运用不好不能保存自己，运用好了能学到新的方式，还能保存与发展自己。

国民党与美国是父子关系，国民党对美国说一个"不"字都不行。但是父子不是一个人，因之有矛盾，不完全一致，要善于观察。比如步骤上，美国是拉长线，国民党是拉短线，方针是一个：反苏反共。斯大林在报告中没有肯定说三次世界大战不可能，而说要生产多少钢才能有保证。为什么美国也赞成国家民主化与军队国家化呢？因中国假如混乱与战争，就不能做反苏战争的准备。这是比较宏大而长期的准备，因之必须拉长线。基本是要钢、要交通，再加上为了经济危机的缓和，要扩大市场。中国和平美国也赞成，要求安定环境好做准备，从美对东北问题的态度上就可以充分表现，东北有全中国百分之七十五的重工业。美国在政治民主化上压国民党，在军队国家化上压我们；在停战上压国民党，在交通上压我们。帝国主义面貌毕露！不懂得拉长线的策略就不能了解美国。美国有一个套，套上了国民党也套上了我们，一定要承认这一点。问题在于，我们是有意识有准备的，也就是自觉地钻进去。我们有我们的目的，要大胆地钻这个圈子，不是盲目的无意识的，要钻进去才能摆脱。为什么要钻？不钻首先就不能保存自己，国民党拉短线会实现。内战不停止我们要吃亏。不能保持强大力量，不能学会新的斗争本领，甚至不懂得不钻进去，就不能进一步发展中国革命，这是光明的一面。黑暗的一面，是我们有很多困难。国民党与美国在基本立场上是一致的。表面上公正，骨子里美国是站在国民党背后。钻进去要受很多压迫，要受气，有很多约束。例如，把焦作煤矿也放在停战范围内，要成立什么"煤炭小组"的圈子来套我们。圈子会一个一个来套，如停战小组、交通小组、煤炭小组。石家庄成立贸易管理委员会，也是美国的一个圈子。将来美国会出来假装说公道话，外交上就是这样斗争复杂，这就是黑暗的一面。军队中也受气，师可能有顾问参谋团，要成为反苏的武力。国防军要受气，派去执行小组的，有不愿干的提出不干还得干。学外交本领，将来美国会派顾问之类的到焦作来，来就来，我们要学习技术，苏联曾这样做过。钻进去会吃些亏、上些当、受些气，要自觉地当阿Ｑ也可以，只要学到本事，学会了本事再看高低。现在可是比不得，受气也干，到斗争中去学，关起门来是学不到的。要在此中间才能进步，才能学到东西。困难很多，圈子很多，要钻进去摆脱它，把圈子弄大，能自由进出，然后粉碎圈子。将来教会小组也会有，教会房子不要住，不能逞英雄，心里恨，但惹不得，这不是怕外国人，这是一个时期的策略，今后必须谨慎。国民党与美国用欺骗利诱等各种方法来收买，各种花样会来，此次把大家放出去后要注意。以往圈子太小，范围太窄，所以进步慢，进步必须从斗争中求得。比如军事上我们有进步，因与比我们强的日本进行斗争，在政治上就不如地方工作同志，他们领导了群众斗争，特别是一九四二年后的进步很快，而我们没有参加，这一点必须有足够估计。金钱、美女、地位等等，特务也会更凶的，我们可能有的缝隙会更多，有了漏洞敌人会钻进来。

美国拉长线要多久呢？美国称霸会有一阶段，这是历史条件决定的，必须经过这一阶段。至于时间，不能说决定于什么时候学会本领，毛主席号召大家三五年内学会经济，我们要学会军事的、经济的、政治的、议会的各种斗争本领，更广泛与群众联系起来，此外还有国际形势的影响，一定条件下，国际的力量很大。

总的来说有下列四点：

1. 国民党的主要部分与美国的本质必须认清。

2. 美国有圈子（反苏反共的企图），要有警惕。

3. 有意识地钻进去，有好处也有困难，要学会运用，要讲策略。

4. 要埋头苦干，卧薪尝胆，学会本领。

附带说一下东北问题。了解长短线就了解了美要拿东北作为反苏基地（工业原料等），国民党想利用之，以挑起对苏战争，马歇尔也不十分同意，苏绝不让出东北，这是保障世界和平的基地。美苏战争东北是主要的战场。苏要巩固和平，美要战争，这也包含民主不民主的内政问题与国家民主化问题（内战因素或和平民主的重要因素），实质就是如此。这是国际和平与战争、国内和平民主与内战独裁的分别。国民党利用狭隘民族主义观念，苏的条件是苛刻但对世界及中国有利，为什么学生游行？就因为当时不了解这个本质。现在东北地区我占优势，我们不会放弃，苏亦决不让东北成为反苏基地。

三、民主斗争的实质就是经济斗争。

一般来说，经济是下层基础，政治是上层建筑，经济可以决定政治，政治可以影响经济，经济基础动摇了，政治才能推翻。

从实际来说，中国要真正民主化，必须要建立在一定经济基础上才可能。民主革命的任务是反帝反封建，农民从土地上解放了，工业资本才能去发展，这说明了为什么美国与资产阶级也同意减租减息。民主革命的内容都在乡村，是反封建，是民主斗争，又是经济斗争，必须经过土地改革，没有农村经济的大改革，不可能有政治大改革。中央屡次着重指出要放手发动群众减租减息，必须贯彻执行这一指示。目前的主要危机是许多干部畏首畏尾不敢放手，特别是军队干部对发动群众采取不闻不问的态度，有时还阻碍了斗争。还有个别干部家是地主，也被斗了，心中不安，有些想不开。要从整个阶级来看，不要只看到一个家。欧洲比我们搞得快，群众文化程度高，容易发动，土地改革搞得快。像巴尔干半岛诸国，土地改革后再要利用作为反苏基地不可能了，因为群众发动起来了，觉悟了。中国要达到民主政治必须要实行彻底的土地改革，减租减息。国民党区域内，也要争取做，这是合法的。农村改革以摆脱封建统治，发展工业以摆脱帝国主义束缚，这是政治民主化的基础，中国革命反帝反封建必须做这两条。农民革命必须干得彻底，争取全国范围做，同时要建设工业。有人问，将来外货侵入，倾销内地怎么办？这是一个问题，进来后挡不住，不能用关税政策来阻止，吃亏就在这儿。要会利用英美帝国主义间的矛盾来发展工业，主要办法是靠发展工业来抵制外货。

没有农村改革加上发展工业，就不可能使中国现代化打定民主基础，这说明了为什么今天中国还是独裁加民主的政治，为什么还有美国来当太上皇。

经济是民主政治的基本条件。

再从我们根据地来看，假如没有一九四二年以来的减租减息运动及大生产运动，就没有民主基础，为什么会有黎城暴动[7]呢？当时不懂得毛主席思想，以为就是特务捣乱，其实这是代表群众普遍对我不满，到了一九四二年减租减息后，群众才这样说："八路军是咱们自己的队伍"，这也不是偶然的，在以前，群众并不举我们的手，之所以还不致赶掉我们，主要有抗日维系着。

没有经济工作和斗争，人民就不会拥护我们。在今后，如果我们不能使中国人民摆脱封建官僚买办资本的经济束缚使国民经济向上，我们就得不到人民的拥护。要为民兴利除弊，人心才能向我，就是要从经济基础上来做。

我们要建设工业，要钻到国民党区域去搞工业，没有工业基础是不行的，有了工业才有了保障。要想办法开工厂、开商店来保障人民的经济，才不至于吃大亏。亏是一定要吃的，苏联在开始时也吃过亏，吃不到牛乳和鸡蛋，用以换机器，斯大林还亲自做生意借款。要发展工农商业，要多办工厂，今后更不要浪费。民主斗争要有经济做基础。我们还要同民族资产阶级联合起来，反对帝国主义助长资产阶级的动摇。再从更小的来说，今后民主斗争中党的经费也要靠搞经济工作来解决。比如在北平办报需要一大笔钱，钱从哪里来呢？党员要交党费，将来要按收入的多少累进交党费，生活应保持艰苦一些，不能腐化。这是一种收入，但主要靠搞生意。现在做出决定，凡能交党的都交给党，现在总不该再打埋伏了，小公可以照顾些，但要服从大公。除特别困难外，要坚决执行中央局所规定的具体办法。

今后有些地方要花些钱，如外交上就得场面些，特别要聘些技师与教授，花钱一定要很多，大家要想开些，主要为了学技术、学本领，我们不会的就得请教人。苏联在开始时还用很多法国、美国的工程师，这是必须的。工程师来了就得住洋房吃牛乳，我也有一份牛乳可以捐出来给他们。大家要学米朗[8]，现在要重演《前线》[9]，拿米朗为主角，经济上我们连戈尔洛夫[10]也很少。要从新学起，学会了技术才是大事。

张家口的经济建设工作做得好，我们聘了三个人到张家口去，我们区域的名誉要改变一下。有人觉得我们有十八年斗争历史，今天反居于那些人之下有些不甘心。十八年没有什么了不起，人家是几十年的研究，只要今天为革命来用，他们的几十年也同我们的十几年一样，我们就得尊重这些人。不愿意像李自成[11]一样地失败，就一定要学，承认自己不懂。今后党要抽调重要干部做经济工作，经济工作需要大批干部，单拿一个有二百辆汽车的公司，就得要三千工人，五百干部。一个货栈，有的就要一百多职员。做经济工作的同志，无论在薪水、地位等方面，要让别人，因为别人有技术、有经验。思想准备要够，要甘当小学生，向人请教。也不要空叫，叫喊没有用，还是吃不开，只有学到了本领才能吃得开。

四、关于军队问题。

整军方案很好，很成功，这是三个协议中最成功的一个。十八个师行了，是很大成功。六个月后我编十个国防师。国民党五十个国防师中，至少有二十五至三十个师给杂牌，否则解决不了问题。我们可以建立联合战线，国民党在东北占多了，兵力分散。今天不是这个方案合理与否的问题，而是要快做的问题。做到了就对了，将来装备都是一样的，争取换得的东西就很多了，像中央指示中所说，我们的数目虽小并不可怕，只要军队本质不变，这将是无敌的了。困难一定是有的，国民党的困难要更多，他们要有十几万军官失业，现在新乡一地就有数千失业军官。我们没有失业问题，大家提了些意见，不要像上次精兵一样，这是对的。此次在领导上一定慎重地处理，宁可慢一些也要恰当处理。当然每个同志应该有这种思想准备，组织上处理每一个人的问题，不可能完全使每个人都如意的。

这次统编的关键就在保持本质。每个党员要做到四个更加，即更加团结、更加守纪律、更加学习马列主义与毛泽东思想、更加提高政治工作。另外，还要把保安队、民兵搞好。国民党要搞地主武装（民团），只要群众发动起来后这就行不通。

各地讨论中，对取消党的组织（政治机关也大体上没有了），普遍提出，这是否是机会主义和投降主义？根本问题就在保存与发展自己。上次取消了政委，不易保存自己，易遭袭击。这不是一个人的问题，而是保持党的独立性的问题。应该保持党的绝对领导，保持独立性。今天不接受统编，连十个师也没有，虽不至被消灭，但会大大削弱，使中国革命走大迂回。不如此，不能保存与发展自己。要保持人民军队的本质，学技术提高质量就是发展，今天是对的。只有反击才能保存与发展自己。

这一相当长的阶段，并未改变中国革命的根本特点：武装的革命反对武装的反革命。今天的部队表面上不活跃，实际上是隐蔽起来做准备，责任很大。因特点未变，准备什么时候也能用，技术要提高，影响国民党军队，而不能被同化。谁影响谁的问题又来了，怎样改造人家呢？将来我军与国民党军的区别何在呢？制度、供给、装备、服装等都一样了，区别一个是军官是共产党员、一个是实质上保持人民军队的本质。特别重要的是军队民主化，表现为官兵关系上与军外的军民关系上，打骂制度要取消，这个问题直到今天我们仍没有解决好，军阀主义残余还未肃清。要自己生产，帮助士兵搞家务、安家，物质条件好也要生产。编入了国防军，生产尤其重要，因为不脱离生产，观念就不同，不脱离劳动人民，干部要亲自动手，战士生产对保持本质很重要。手上有茧是光荣的，对自己是修养，往生产接近会在思想上密切与人民和党的关系，美国顾问可能限制我们，我们要冲破这个限制。军民关系上，三大纪律八项注意要做到，军队不能参加人民政治活动，但可以代耕，用这些去扩大我们的影响。拿这些模范行动去影响别人，相比之下，他们开始不得不装装样子，慢慢就起了变化。

将来军队同志责任更大，包括国防军、保安队、民兵等。国防军是正规军，机动高效是保安队了。保安队与国防军是同等战斗力的军队，同等重要，不能只重视哪一个。此外，还要有大批很好的干部转业，志愿地当个职员等工作。他们应当准备防止袭击，随时与地方、军队联系。他们是联络员，是最机动的部队，防止袭击，他们是主要的力量。他们的数目是不少，按现有能力分配工作找职业，生活不一定好，要自愿参加。

这次整军，一定要使不在军队的同志各得其所。

关于党纪、党籍等问题，中央会有规定与办法，反正不会丢掉这十八个师的，办法会有的，每个党员要顶一个人用。党员犯错误，将来会用法律来解决，对蜕化了的分子，大家应该起来谴责他，不叫他存在。贪污腐化在国防军内是有罪的，必须依法处理。

五、关于个人问题。

今天党要重新分配力量，比如派一批人当资本家，当革命的资本家；又如在县保安队内要培养一个排，准备做民兵干部。二百万民兵很重要，外国人懂得，军队反而不懂得，没有民兵就没有平汉、上党战役的胜利，兵源的补充也是以民兵为基础的。

关心自己是对的，不是坏事，应该考虑什么工作、什么岗位才能工作得更好。有两种出发点：一个是从党的工作出发、怎样为党工作得更好来考虑个人工作的问题；另一个是从个人出发，如何舒服一些。这是立场问题，应该采取正确的出发点。老实人是不会吃亏的，自作聪明的人反而会吃亏，因为老实干的人转变得快些，不安心的人老是跳来跳去，转得慢。

这次不是精兵，而是重新布置力量。工作人员要减去三分之二从事经济工作。将来不能用党费来养同志，除少数党务工作人员外，要在社会上想办法。要想通道理，将来连生活方式也要改变，要自己计划生活，不如现在方便了，不满意也没有办法。大体上生活要好些，但不能打包票。个人对党的要求不能过高，不能摆老资格，不好好工作一样会被开除，不管你是什么老资格。今后经济要大发展，大家要学本事，还有机动任务（万一袭击来）。这些同志党一定要照顾，特别是红军时代的老干部，但不能单方面责备党。今天干部不是多，而是少，还不够，现在有几千人马上也能安置。

生活方式要变，以往部队内的生活带些军事共产主义性质，许多不合理，很浪费。将来家庭、婚姻等问题由自己解决，用自己的薪水，要自找职业。开始会有焦虑，过惯了就没有什么了，反正在根据地总有办法。在个人问题上，党对大家有两点要求，一个是态度要正确，从党的工作着想，要学米朗。第二个是工作中要有前进心，不是单为了生活，有党的任务。

六、关于倾向。

短期是"左"倾关门主义，表现在怕右、怕钻、怕开门，不优待技术人员，局面打不开。接着是右的投降主义。合法顺利时易发展右，思想上同化于资产阶级，生活上庸俗化，搞私人生活，由革命者变成普通人，甚至腐化享乐不择手段；政治上是投降主义（阶级的与民主的）。一般说来我们干部是不怕外国人，立场好、办法少、不灵活，久了亦成怕外国人的民族投降主义与怕国民党的阶级投降主义。将来每个同志更要关心政治生活，各行都离不开政治。政治情绪要高，特别在商业、军队内，要好好研究毛主席的著作与党的宣传品，不要庸俗，不要脱离政治生活，少犯错误。我们好比在大海中游泳，自己要学会游泳，就不会被淹死。不管哪一行，都要有正确的政治方向。

我们要自觉地努力，要有更高的自觉性与创造性，时刻与党的政治生活相接近，永远跟着共产党走！永远跟着毛主席走！

注　释

〔1〕停战命令、和平建国纲领与整军方案，分别指一九四六年一月十日国共双方签署的关于停止国内军事冲突、恢复交通的命令和声明，一九四六年一月三十一日政治协商会议第十次会议通过的和平建国纲领，一九四六年二月二十五日国共双方以及美国共同签署的关于军队整编及统编中共部队为国军之基本方案。

〔2〕政协决议，指一九四六年一月在重庆召开的政治协商会议上，在中国共产党和第三方面的努力下通过的五项议案：（一）关于政府组织问题的协议。（二）和平建国纲领。（三）关于国民大会问题的协议。（四）关于宪法草案问题的协议。（五）关于军事问题的协议。

〔3〕中统，国民党中央执行委员会调查统计局的简称，是国民党统治集团的特务组织。一九三八年设立。其前身是国民党中央组织部调查科。一九四七年改组为国民党中央执行委员会党员通讯局。军统，国民党政府军事委员会调查统计局的简称，是国民党统治集团的特务组织。一九三八年设立。其前身是中华民族复兴社的核心组织力行社的特务处。一九四六年军统局改组，属于公开武装特务部分划归国民党政府国防部二厅，秘密核心部分组成国防部保密局。

〔4〕三国外长会议，指一九四五年十二月在莫斯科召开的苏、美、英三国外交部长会议。在会议公报中，三国外长重申坚持不干涉中国内政的政策；苏美外长一致同意苏美两国军队尽早撤离中国。一九四六年五月三日，苏军全部从中国东北境内撤出。但美国政府却完全违背了自己的诺言，拒不撤走军队，并且变本加厉地干涉中国内政。

〔5〕上党、平汉作战，指上党战役和平汉战役，见本卷第293页注〔6〕、注〔7〕。

〔6〕马、张，指军事调停三人委员会中的美国总统特使马歇尔、中国国民党代表张群。

〔7〕黎城暴动，即黎城离卦道暴动，见本卷第64页注〔21〕。

〔8〕米朗，苏联话剧《前线》中的人物，是具有进取精神的飞机工厂经理和飞机研发专家。

〔9〕《前线》，苏联剧作家柯涅楚克一九四二年创作的话剧。毛泽东曾将其作为延安整风学习材料，并要求排演出来"到处演"。一九四四年秋，邓小平调八路军第一二九师先锋剧团到中共中央北方局和八路军总部演出该剧。

〔10〕戈尔洛夫，苏联话剧《前线》中的人物，是前线总指挥，战功卓著，却保守骄傲、故步自封，在剧中与米朗有激烈争论。

〔11〕李自成，明朝末年农民起义领袖。一六四四年率部攻入北京。进入北京后，产生了骄傲自满、享乐主义思想。不久，在明将吴三桂勾结清兵联合进攻下失败。

准备应对内战的指示 *

（一九四六年四月四日）

一、国民党最近积极准备大规模的内战。在新乡谈判时，刘峙[1]之参谋长赵子立公开宣布在豫北及东明地区发生不幸，应由共方负责，并否认水东有中共部队。这说明顽方有随时大规模进犯我晋冀鲁豫解放区之可能。至周围顽方动态，业有专门通报。

二、我各部各地必须做紧急的、充分的自卫准备，并迅速做好下列工作：

1. 加强周围特别是豫北、晋南沿陇海线的警戒，组织联防加强侦察，于必要地区、必要时间可宣布戒严。对于顽伪之袭扰，应有组织有计划消灭之。

2. 各主力兵团应就现势适当集结，加强整训，提高斗志，进行必需的战术技术教育，准备随时调动作战。但各兵团必须随时支持地方部队，及时打击袭扰我区之顽伪，或独立地担任这个任务，不得因集结训练而放松当前斗争，以致愈加陷于被动。

3. 各地方部队和民兵应全线动员，进行充分的政治动

---

* 这是邓小平和刘伯承、张际春给晋冀鲁豫各区党委、军区、纵队并报中共中央军委和北平军事调处执行部中共代表团的电报。

员，组织边沿斗争，坚决打击顽伪出袭部队，封锁消息，掩护主力，适当休整。

4. 为使主力兵团遂行大的作战任务，各军区应与有关纵队商定，充实纵队的具体数字和计划，务使每旅至少达到五千人，由抽调地方武装完成之。

5. 各区党委和军区应大力以更快速度发动边沿及各铁道干线的群众，尽情揭露法西斯及其头子蒋介石的罪恶和发动大内战的阴谋，以教育和动员群众，并报导法西斯挑战事实（如在水东、东明等地）。对于平汉、同蒲、道清[2]及估计可能成为战场的地区，应准备空室清野和地雷战争。

6. 各军区纵队应即计划爆破队，加以切实训练研究技术，准备炸药工具（炸药即发各地），以便一声号令，即可迅速对所有铁道实施广泛彻底的破坏。

7. 对于作战所需的粮食、弹药、服装等，即应按时准备妥当。大军区已有计划，其属于各区自行准备者，应大力完成，趁此收买子弹、山炮弹非常重要。

8. 准备的作战纲领另行命令。

注　释

〔1〕刘峙，当时任国民党军郑州绥靖公署主任。

〔2〕平汉、同蒲、道清，指平汉铁路、同蒲铁路、道清铁路。

悼念"四八"烈士 *

(一九四六年四月十六日)

惊闻王若飞、秦邦宪、叶挺、邓发等同志死难之讯，悲痛几绝。诸同志半世辛劳，一生奔走，端在谋求中华民族和中国人民之解放。孰意反动派万般阴谋，倒行逆施，致使诸同志遂蒙此难。死者为人民解放而牺牲，生者当为人民解放而继续奋斗，特电致唁。并请转慰诸同志遗族节哀永志，为诸同志未竟事业而继续努力。

---

* 这是邓小平和刘伯承、滕代远、王宏坤、薄一波、张际春给中共中央的电报。一九四六年四月八日，参加政治协商会议的中共代表王若飞、秦邦宪和新四军原军长叶挺，中共中央职工运动委员会书记、民运工作委员会书记邓发等同机从重庆返回延安。途中因飞机失事，在山西兴县黑茶山遇难。

把悲痛变为力量，
与人民密切结合[*]

（一九四六年四月二十一日）

我们以最大的悲痛来追悼王若飞、秦邦宪、邓发、叶挺诸同志和黄齐生[1]老先生，以及其他同时被难的同志。他们因为国民党蒋介石及其法西斯集团破坏三大协议[2]，为了求得和平民主的实现，为了国家和人民的利益，不惜冒着最大的危险，从空中飞来飞去，结果遇难了，这是我党和中国人民不可补偿的损失！他们的牺牲，是我们很痛心的事，同时也再一次提醒我们：中国法西斯及其头子永远是仇视中国人民的，永远是仇视和平仇视民主的，中国人民只有把他们的彻底反动性看得透透彻彻，充分表现自己的伟大的不可战胜的力量的时候，中国的和平与民主才能得到真正的实现。毛主席号召我们：把悲痛变为力量，我们要用解放区的力量，用全国人民的力量，来继承先烈的遗志，制止法西斯的反动，坚持三大协议，实现和平民主。

我们的力量在哪里呢？在于我们能否把人民大众充分地

　＊　这是邓小平在中共晋冀鲁豫中央局召开的党内干部追悼王若飞等殉难同志会上的报告，发表在一九四六年五月十七日出版的晋冀鲁豫中央局机关报《人民日报》。

发动起来，用自己的力量翻身起来，变成国家真正的主人翁；在于我们始终如一坚固不拔的团结。

去年反攻以来，全边区各地抓紧了诉苦复仇、减租减息、发动群众的中心环节，这是很对的，但是我们大家应该冷静的反省一下：发动群众工作做得够不够？是否有人只看到某些斗争方式上的不妥当（当然是应该纠正的）而高喊"左了"，实际把自己放在束手束脚、不敢大胆放手、甚至反对群众运动的地位上？是否懂得今天是发动不够而非"过火"？我们做群众工作的同志，是否还有不调查、不研究、粗枝大叶、单凭几条原则和主观要求去发动群众的毛病？是否还有"恩赐观点"、包办代替的毛病？是否看到由于包办代替和主观主义的错误而使许多地方的群众没有真正发动起来，空白地方还很多的现象？是否还有侵犯中农利益等等违反政策的毛病？我们做城市工作的同志，是否犯了把农村的一套搬到城市的毛病？我们做工人运动的同志，是否懂得劳资两利发展生产的方针？是否有要求过高妨害了繁荣经济的毛病？我们军队的同志，是否以最大的热情去保护人民的翻身运动？是否表现了人民军队的本质去积极地参加人民的翻身运动？是否还有人因为自己家庭被群众斗争而怀疑或反对群众运动？是否还有人因个别地方优抗不够或其他缺点而在感情上与群众运动对立起来？如果有这些缺点就要好好改正，因为人民大众得不到翻身就无从发挥力量，人民大众不充分发挥出自己的力量，和平民主的事业就无法实现、无法巩固。而我们领导和拥护人民的翻身，绝不能是空洞的概念，而要以具体的实际行动来表现。

这里，我们要谈一谈作风问题。毛主席教导我们，我们的作风是理论与实践一致的作风，是结合人民与人民利益相一致的作风，是批评与自我批评的作风，有了这样的作风，我们才能真正做到为人民服务，当人民的勤务员。我们一定要警惕，反攻以来，我们进入中小城市。以后是否保持了艰苦奋斗和联系群众的作风？每个同志都想想，我有无享乐主义的思想？有无浪费的毛病？这点要引起我们严重的注意，如果这种现象发展起来，就一定要脱离群众、腐化自己、遗害党。我们不反对在制度范围内个人应得的享受，我们不是提倡吃苦到底，但是必须使我们的生活与人民大众的生活不能相差太远，我们每一文钱的开支，都是人民付出的血汗。今天中国还是法西斯横行，大敌当前，八年抗战的创伤尚待医治，人民生活还是很苦的时候，如果不照顾人民的担负能力，浪费起来，我们就必然脱离群众，招致失败。从前，李自成未到北京前，的确是作战勇敢，政策不坏，纪律良好，所以能够得到群众的拥护，获得胜利。不料一到北京，就对敌麻痹了，不讲政策了，脱离群众了，纪律败坏了，士无斗志了，短短几十天，弄得功败垂成。大革命的后期，也有所谓"五皮主义"，以有皮包、皮鞋、武装皮带、皮鞭、皮绑腿为荣，腐化了好多的革命战士。这些历史的教训，应引以为鉴。固然今天不同于大革命时期，更不同于李自成时代，因为有了以毛主席为首的共产党中央的领导，但不能说毛主席领导正确，我们各个区域、各个同志就当然正确，如果我们要想不犯错误或者少犯错误的话，就要实行毛主席的号召，警惕自己，反省自己，时常洗脸，检查工作，改进工作。能够这样，我们才能与人民站在一起，人民力量充分发挥出来了，我们才有不可战胜的力量。

　　讲到团结，我们是团结的，但是有无缺点呢？是有缺点的。拿军队与地方的关系来说，如果发生了不协调的现象，应该首先检查军队的责任，当然地方也应检查自己。互相着重自我批评，加以纠正。从整个关系来说，不能把地方的责任同军队的责任平列起来，因为历来的经验证明：只要军队对地方好，地方没有不对军队好的；军队对地方好一分，地方总是对军队好两分。还有一种说法是不对的，就是所谓民可爱、政不可拥的糊涂观念，事实上政就是人民的政，不拥政的人也就不会爱民。拥政爱民是不能分开的。

　　最后，在悼念王若飞等同志的时候，我有两点感想。一点感想是，这些同志个个都是经过几十年的锻炼，坚贞如一地为党和人民的事业奋斗。王若飞、叶挺两同志并在为党为人民事业斗争中，还坐了好几年的监牢。他们不计较个人的荣誉地位，不计较个人的享受，一心一意地为人民做事，对于他们的死，我们是万分沉痛的。我们更要学习他们不顾一切牺牲，终身献身革命的宝贵品质。另一点感想是，我们党的历史证明，当我们违反了毛主席的思想和方针的时候，我们就必然要犯错误，就是很努力工作也做不出成绩来，甚至给革命以损害；当我们多少理解了毛主席的思想和切实执行毛主席的指示的时候，我们就可以发挥更多的作用，为人民做更多的事情。这些同志在毛主席的领导下，为了人民的利益，与反动派作不屈不挠的斗争，他们是毛主席的好学生，是群众的优秀领导者，他们的死怎能不令我们悲伤呢！

　　同志们！团结在毛主席的周围，学习毛主席思想，锻炼出更多的毛主席的好学生，来接替死者的岗位！用更大的努力，把群众发动起来，更亲密地团结起来，用我们的力量，

用我们的团结，去制止反动派的阴谋，坚持三大协议，实现
和平民主！只有这样，才能补救四月八日的损失，以慰死者
的英灵！

注　释

〔1〕黄齐生，中国近代教育家、民主人士。

〔2〕三大协议，指停战命令、和平建国纲领与整军方案，见本卷第 328 页
注〔1〕。

从各方面准备粉碎敌人的
大规模进攻*

（一九四六年四月二十二日）

各军区、纵队，军委：

除卯灰真（四月十日、十一日）两电外，再续发本区目前军事斗争纲领如下：

一、情况：估计东北内战已大规模展开，反共逆流高涨，本区周围之顽军，亦正集结加紧"剿共"训练，豫北地区反动派集中达九个军、约二十三个师之多，正加紧封锁构筑碉堡（安阳至新乡沿线大型碉堡即达一百九十六个，平均一里路即有一个）。其他各地之蚕食跃进，寻隙侵袭，消灭我边沿忽于警戒之部队，时有所闻。平陆、孟县〔1〕、安邑反动派，均控制桥头堡垒，在永年、东明等我腹地，则积极扶持被我困之伪军倚为内应，此外普遍发展第五纵队威胁我心脏。凡此种种，均系创造其向我作更大进攻之条件，时机一到可能以主力沿交通要线施行其大的突然闪击进攻。这在反动活动于东北大受挫败之后，更应警惕。

二、目前斗争任务：主要是以主力确定基点适时打击，

---

* 这是邓小平和刘伯承、张际春、李达给晋冀鲁豫各军区、纵队并报中共中央军委的电报。

铁拳支援边地游击队，坚决消灭顽伪违令向我蚕食与奔袭部队，确保边疆。同时从各方面准备与完成大的自卫作战，以便随时将主力从其基点集中，粉碎敌人的大规模进攻。

三、斗争纲领（不另发作战纲领）：

1．一般原则如皓（十九日）申电所示，此外特应注意。

2．在边地组织游击集团一元化斗争，使全县区村指挥部机构必须以八年来对付日本强盗的顽强性对付当前的法西斯反动派。此点要从领导上及各级干部思想上深入检讨，组织实施。对那些轻视与取消游击战争、不下大决心培植与加强边地游击部队的现象，必须立即纠正。

3．基干部队主力立于机动基点，强化情报，对一切来犯之敌要尽一切可能地给以歼灭的反击，一切新的被反动派犯扰所占据的地方必须夺回，一切敌人点线以外的空白地必须坚决控制。最近某些边地缺游击与警备的组织，纵深无机动铁拳打击，情报更差，听任顽伪猖獗未受惩办，以致我方反受意外之损兵失地的现象必须克服并做出教训。

4．强化工兵敷设地雷，加紧破坏铁路公路的一切准备，以便在必要时寻敌可能利用的交通线进行大规模的破击作战。同时空舍清野工作，边地就实行，交通地带就准备，以使顽无法用大兵团闪击。

5．对顽方，军民展开反内战之政治攻势，从直接间接方面松懈与瓦解敌军的斗志。

四、为保证斗争胜利，应即根据抗日游击战争和上党、平汉两大战役经验，加强部队训练，尤其着重射击、刺杀、投弹和利用地形地物、土工作业、夜间动作等技术训练，同时更应练习村落战及对敌坚固阵地攻击作战与大兵团协同作战的战术动作。

　　五、为适应新的战斗局面，应根据总的布置，将现在部队做局部的适当调动，但必须夜间运动以免暴露企图。至全区性的调整，本部当另行个别令行。

刘邓张李
养午

注　释

〔1〕孟县，今河南孟州。

目前晋冀鲁豫区作战部署[*]

（一九四六年五月九日）

军委：

（一）对顽军事部署，详五月八日电。如顽大举进攻五师^[1]，我们决心集结优势兵力，争取主动，消灭孟县或修武出动之敌。争取在焦作地带打一个胜仗，同时以主力一部出新乡、开封，威胁敌之后方。如敌先我出平汉线北上，我除以有力一部钳制正面外，主力亦拟出新乡、开封。在战役组织上，将重点放在平汉、道清地带，四纵一半兵力拟加入主要战线。

（二）津浦线，我们没有主力兵团，七纵必须使用在平汉线及归德以西之陇海线。因此津浦线应由山东负完全责任，并请令山东以适当兵力位于路西夹路作战，否则敌若沿路西而北上，可能影响整个战局。至我们津浦路西之军区部队，可统一由山东指挥。

（三）石家庄甚空虚，现仅三军三个团及侯如墉^[2]三个团分布于石家庄及其周围。如能拿下，甚为有利。如对石家庄作战，我们可以陈宋纵队^[3]全部参加，晋察冀如能出一个纵队，就够用了。

---

* 这是邓小平和刘伯承给中共中央军委的电报。

（四）山西为战略基地，对阎锡山[4]斗争，各区步骤极不一致，配合极差，此事请军委统一规定具体办法，以便遵行。

（五）请考虑是否可令东北经山东给我们一批子弹和炮弹，我们现在甚为困难，并望作长期打算。

刘邓

佳

注　释

〔1〕五师，即新四军第五师，当时已与八路军南下支队、河南军区部队及冀鲁豫军区一部组成中原军区。五师是当时的习惯说法。

〔2〕侯如墉，当时任国民党军第一战区先遣军总司令。

〔3〕陈宋纵队，指陈再道为司令员、宋任穷为政治委员的晋冀鲁豫军区第二纵队。

〔4〕阎锡山，当时任国民党军第二战区司令长官、国民党山西省政府主席。

目前形势与党的方针任务 *

（一九四六年六月十一日）

这些意见是传达中央指示性质的，共分七段来讲：

一、毛主席对目前形势的四条基本估计。

（一）以苏英美同盟国的力量，特别是苏联和人民的力量打垮了德意日法西斯，开阔了人民民主的道路。

（二）法西斯残余和反动派相结合，必然想发动第三次世界大战，如人民力量不能克服它，它将发动第三次世界大战。

（三）全世界各国，除工农和小资产阶级可资联合外，资产阶级均分左、中、右三派。

（四）任务是放手发展人民民主势力，联合左派，利用中派，反对右派。我们把蒋介石列为中派，但现在的中派不同于大革命时之中派。蒋介石为什么是中派呢？因为他所采取的是两面政策，在若干方面、某种程度下是可供我们利用的，如政协决议。民盟是左派，是主张和我们联合的。

以上对形势之基本估计，世界如此，中国也一样，我们一切政策都是依此做根据的。

二、中央认为斗争是长期、迂回、曲折、复杂的，对世

---

* 这是邓小平在中共晋冀鲁豫中央局高级干部会议上的报告。

界与中国的估计都如此。

第三次世界大战是可能的，与两次大战间隔的时间是短是长呢？一般的估计是时间要长。

苏联战后要求和平休息，以生息力量，但它也看到反动势力结合想打第三次世界大战，所以也要做准备。它如有了六千万吨钢，帝国主义就不敢干了，即便干起来也要失败。每个五年计划，产两千三百万吨，因此三个五年计划才能达成此要求，以苏联的五年计划四年完成来计算，共需十二年可达到此目的。

毛主席对战后资本主义的发展，是估计将有一个短期的繁荣，这是因战争期间人民积蓄起一点购买力，非真正繁荣，这期间约两三年，接着就要有短期的恐惶。然后才会有较长时间的繁荣，大体是七八年。这个加起来的时间与苏联准备力量之时间相差不多。此情况的估计表现在苏英美对世界的政策上。如苏联即积极准备力量，以英美为首的反动势力也在积极准备力量。这是所谓拉长线。中国的 C.C.、复兴[1]反对派希望拉短线，想投世界第三次大战的机。美国是要拉长线的，把中国变为它的殖民地和附庸。因此摆在我们面前的问题，即如何渡过十五年的问题，途径即放手发展人民力量，团结多数。这个斗争是带长期性的，我们革命的胜利都要在此十五年内准备好力量，如十五年革命能成功，时间是不算长的。

三、刘少奇同志对战争前途与斗争结果，估计的三种可能。

一种是最坏的，在长期艰苦曲折复杂的斗争中，可能我们被削弱掉一部分。现在我们有一百二十万军队，有一百五十五万党员。军队被人家搞掉一部分，党员蜕化跑掉一部分，最坏的情况我们还能保持二十万军队和党员。这是从最困难方面着想，这个可能性不大。如大的战争与大的形势到来，我们现在的力量绝不小于大革命时期与抗战初期，但化掉一部分是可能的，如化掉三分之一，我们还有一百八十万，比抗战初期大二十多倍，抗战初期军队和党员共七万。

第二种可能，即把现在力量保持起来，个别小部分可能发展一些，也可能跑掉一些，但保持不是一般地保持，而是提高保持。大战到来我们一定能胜利，这种可能是接近实际的，可能性最大。

第三种可能，我们还要发展，即全党力量的发展。因为我们党员在全国人民中的比例数还很小。意大利三十八人中有一个党员，包括民主力量党影响的军队等。如这个可能实现，我们在七八年内即可能把蒋介石挤掉。按现在来说，国民党加上美国是占优势的，这种可能不大。

最坏的可能也不大，最大的接近实际的可能即提高质量，保存起来，革命一定会胜利。如果十五年内，能干出一个胜利来，那将是了不起的，时间不算长。

四、和平民主在中国的特点。

和平是什么样的和平？为什么能得到和平？中央的看法是：

第一个特点是和平是能够消灭者则消灭之，不能消灭者则暂时保留之。了解了这个即不难了解执行小组为什么谈不出名堂来，即可打破谈判可达和平的幻想。国民党也如此。为什么政协决议那几个协议双方都签了字呢？即因为谁也消灭不了谁。但保证不是静止的，是双方都在做准备，准备力量，准备将来决斗。实现和平的时候即暂时保留之的时候，但一直到最后和平，斗争仍是存在的。这个特点即势均力敌的特点，因此我们的担子还要担十五年。

有的同志对我军队六分之一的比例不服气、怀疑。我们现在军队六分之一的比例是合理的，因人家的力量大，中央说拿不下大城市，不是机会主义，是力量问题。

在和平中也有能消灭者则消灭之，不能消灭则暂时保留之，所谓保留包括革命对象，如反动集团、复兴、C.C.、蒋政权，保留起来是多方面准备力量，斗争仍是很复杂的。

第二个特点是长期紧张，时紧时松。世界如此，中国也如此。为什么长期紧张时紧时松呢？因为双方都在准备力量，戒备森严，这是由于双方都互不相信，都想争取对自己有利的条件。这是必然的，也是应该的。

第三个特点是，中国的民主很特别，背后谈判，当面通过国大代表。不太重要的是张群[2]、马歇尔、周恩来的谈判，这是特种的民主形式。这是个力量问题，有多少力量即有多少民主，我们有六分之一的力量，只有六分之一的民主。

五、东北问题。

大体上这一时期经过三次变化，首先我们不是企图完全拿下东北，其次是企图全部拿下东北，再其次我们又不企图全拿下东北。中国问题中有一条，即要照顾美国一下，一切问题是个力量问题，又不完全是力量问题。最近我们是拿到一些大城市，也丢了一些城市。原因是美国帮助国民党运兵到东北打内战，故力量上有些变化，苏联不能援助我，条件不允许。这三种变化是中国各种形势凑成的，今后还会有变化的。在东北，苏、美和国共都各有一定盘子，将来看斗争结果和国际变化才能看出来，这与全国形势也是有联系的，整个全国斗争的好坏决定盘子的高低。

六、武装在任何时候的重要性。

斯大林早为我们下了定义，即武装的革命反对武装的反革命这个特点，和平到来也是不变的。任何时候要准备武装力量，绝不能放松这个特点。我们看得清楚，国民党也看得清楚，马歇尔更清楚。马歇尔到中国来的最大阴谋是想消灭我们的武装，政治上钓我们的鱼，军事上压我，停战压国民党，交通压我们。马歇尔要最后消灭我们的武装，故提出混编以团为单位的统编，这一点我们要高度的警惕。武装始终占主要位置，这是革命的特点，只是在某一时期斗争形式变一变，即使在斗争形式变了的时期内，双方也都是在积极准备。

七、当前的工作。

（一）发动群众准备力量。我们是否能保存下来，决定于这一条，这一条是一切问题的母亲。

（二）加强斗争是多方面的，只提三条。

1. 军事斗争。反攻以来我们的军事斗争是有成绩的，大家都卖了力，最后我们冀鲁豫从打济宁连下数城，抓得好。我们曾得到中央的称赞。但有一段，二一指示[3]后，我们表现出斗争松懈，思想混乱，组织领导太弱。如何组织边区，斗争口号是什么，是出了毛病的，在中央局提示前为止，曾失了三百多个村子，但纠正后有成绩，站住了脚，给进攻者以打击。

最近按照形势之许可进行了些报复作战，过去不允许，现在允许了。但为什么打与不打常在变动呢？这不是犹豫不定，因毛主席的领导不是教条主义，是根据实际情况发展的。骂蒋介石、骂美国，也要看风驶船，要看延安《解放日报》，现在对马歇尔只能捧不能骂。当中国一般人还不完全认识帝国主义本质时不能骂。最近骂美国是民主同盟开始的，所以我们现在瞅个空子骂它一下。在军事上也如此，我们应该时时刻刻准备好力量，瞅着空子重重打它一下，我们今后则应时时准备消灭它一些。至于打多久，分寸如何，那由中央决定，要看时机。

在政治工作上，真正走群众路线，军政一致实现红四军九代大会的决议案[4]。

在思想上，仍要克服斗志松懈，气要打足。能消灭则消灭之。经常做战斗准备，准备几个战斗方案，做些实际的训练，准备的中心即加紧练兵。

在组织上，紧缩统帅机关，加强战斗单位。克服头重脚轻的现象，来个革命，来个整军复员。这不是谈判的问题，是我们的财力不可能养活这么多人。现在后方统帅机关要占全人数三分之一，我们想减少人，又要不影响战斗力，中心就是紧缩统帅机关。过去做不好的原因是我们历来原则同意，具体反对，因此非由思想上弄通不行。

在工作上，一切集中在下面，不能在机关打圈子。原因就是由于头重。少奇同志说领导健全与否不在人多而在方向正确、了解情况、领导及时。我个人带几个秘书和电台，就觉得领导健全。机关大的工作不深入，短小精干的工作倒实际深入，这就是一个和尚担水吃。要做到这一条，必须要组织上的精干。

因此，即应加强教育。现在是大批力量的浪费，对工作是有损无益的，个人问题多，工作效率低。究竟如何做，大家研究。作战要求实事求是，调查研究，充分准备，鼓起勇气，只打歼灭战，不打消耗战。

2. 外交工作。这一时期一般地说是掌握住了中央的外交方针的，但也出了些毛病，不过这也是难免的，可当作教训。特别是新乡谈判的签字，是原则的错误，不是技术的错误。我们有时思想上警惕性很高，外交原则做基础，但还要有灵活性，应当是原则性与灵活性的结合，过于灵活则要犯机会主义的错误，过于原则则要犯关门主义的错误。今后外交工作更不好办，因为双方都有经验了。这几个月来没有签定一个字，为此我们的原则，一是宁肯战斗失地，不在谈判中失地；二是做外交工作，看是不是对得起人民，不要怕对不起国民党和美国人。国民党对付我们的办法有两条，一条是压，一条是骗，灌米汤。阎锡山说你们共产党是全国的问题，我们是在山西等，就是给我们灌米汤。对此，我们是吃过亏的，不过吃的亏不大。群众观点不能用在对付国民党谈判的哀求。因此，我们的工作要加强，人员要调整。加强外交工作有两条：一条，指导上加强；一条，做外交工作的同志好好学习。另外，从事外交工作要灵活，要做交朋友工作，会议上是敌人，会后是朋友，可让他占一些小便宜，以后对好的美国人要隐蔽一些才行。我们要做美国人的工作，六百个美国人的执行小组人员，为什么我们不做他的工作？做多少算多少。会议上争得面红耳赤，会后仍是朋友。其他工作要与外交工作配合，今后各区有关问题要很好地配合。我们重概念，国民党重材料；我们讲的是抽象的，人家讲的是物质的。今后也应注意。

3. 经济斗争。关于生产方面的材料不多，这里不谈，只谈美国。确定了的侵入，是不可抗拒的，如准备不好即要糟糕。现在美国轮船是在运兵，是个空隙，如运货的话，这股风是很厉害的，我们要好好准备。因此，我们即要劳资合作，廉价劳动，减低成本，好好经营。我们的道路是节衣缩食，建立工业，节衣缩食，和外国资本作斗争。搞不好，解放区也会变成殖民地。我们要以节衣缩食换取机器，好好渡此一关，苏联曾不吃鸡蛋而到美国去换机器。

经济上我们一直到现在未摆脱混乱状况，好在铁路不通，否则不堪一击。如我们给国民党解决煤与粮的两大困难，则国民党就可以打内战。

现在我们虽然掌握了煤与粮，但步调不能一致，各自为政，上下隔阂，指示命令毫无效果，发洋财的人很多。这个时期我们没有什么出入口，是吃了亏的，我们要调整阵营。

物价涨是由内部混乱来的，即我们内部经济情报透露出去了。历来是山地货物贵，而现在是倒流现象。这就是因为有许多张伯伦[5]在搬石头砸自己的脚。以后会有人说，国民党是官僚资本，我们是公营合作社。

（三）一切从长期着眼。前途是光明的，但困难是长期的。苏联困难，我们更困难，我们胃口很小，经不起打击。土地问题解决是不是能发展了，问题在恢复人民经济并设法使之向上，工业建设是建筑在人民经济之富足基础上的，故今后一切应从人民经济向上着手。今后军队不能超过百分之一点二，我们要看人民的负担力，每人三斗，超过则不能持久，工业发展了，三斗还要减，在三斗负担内有两条道路，一条是节衣缩食而多养些人，一条是生活富裕而少养活些人，我们要选择一条走。我们的精简不是考虑整编方案，而是考虑人民负担，一切由长期着眼，按现在状况是不能持久的，只凭印票子是解决不了问题的。这个会要解决这个问题，到会的一百八十个同志，定能想出办法来解决这个问题的。

　　总结起来说，根据中央指导精神，即是要斗争。共产党不隐晦自己的目的，我们是要反帝反封建把革命干成功。我们要明确，这个斗争是长期的，要斗争十五年，要在思想上弄通，否则革命有前途，个人无前途，问题即要复杂化。老老实实地说，自己就不要享福了，或者享点后福吧。斗争中有两项基本工作，一是发动群众，二是练兵。今天需要，明天也需要。在一个时期武装斗争可能不出风头，变为隐蔽形式，但不是不重要，把发动群众和军政工作搞好，我们将来就有了保障。

注　释

　　〔1〕C.C.，是国民党内以陈果夫、陈立夫为核心的一个派系。因为它最初的组织形式"中央俱乐部"的英文译名 Central Club 和"二陈"英文字的缩写都是 CC，所以被称为 CC 系。复兴，即中华民族复兴社，是国民党带有特别性质的派系组织。其特务处在一九三八年复兴社解散后成为国民党政府军事委员会调查统计局，简称军统。

　　〔2〕张群，当时任国民党政府主席成都行辕主任兼四川省政府主席、参加国共和谈的国民党代表。

　　〔3〕二一指示，指一九四六年二月一日中共中央发出的《关于目前形势与任务的指示》。

〔4〕指一九二九年十二月在福建上杭古田举行的红军第四军党的第九次代表大会通过的决议，又称古田会议决议，是毛泽东根据一九二九年九月二十八日中共中央给红军第四军前委的指示信的精神，结合红四军的实际情况，总结红军创建后的两年多时间里所积累的丰富经验写成的。它是中国共产党和红军建设的纲领性文献，对党和军队的建设发挥了重大作用。

〔5〕张伯伦，英国保守党领袖，一九三七年至一九四〇年任英国首相，在任期内实行纵容德、意、日法西斯发动侵略战争的绥靖政策。

为涉县烈士陵园题词

（一九四六年六月）

涉县抗日烈士永垂千古。

人民的解放是用人民自己的血换来的。

邓小平题

一九四六年六月

加紧练兵的指示*

（一九四六年七月一日）

各军区、纵队并报军委：

蒋美反共反人民的大内战，已从宥日围攻五师[1]开始，我亦将进行自卫作战。今后各部应抓紧一切空隙进行突击训练，尤其应适应现实情况，在战斗之前进行攻村落、攻城堡、防空、反坦克、夜战、爆炸等战斗演习，并随时总结战术经验，提高干部指挥能力。这是保障胜利极重要因素之一，万勿松弛。各军区在整建民兵自卫队中，加紧业务训练，这是兵力源泉，在自卫战争威力尤大，不可放松。各军区各纵队之干部轮训队仍应加紧办，应成为自卫战中下级干部的补充和提高之来源。内容仍照前练兵指示，一般着重四大技术与军人到班战术教练。

刘邓

午东

---

* 这是邓小平和刘伯承给晋冀鲁豫各军区、纵队并报中共中央军委的电报。

注　释

〔1〕指一九四六年六月二十六日国民党军二十二万人开始对中原解放区大举进攻，全面内战爆发。原新四军第五师等中原军区部队奋起自卫并分路开始突围。

黄河问题已到最严重关头 *

（一九四六年七月三日）

中央并转周董：

一、据冀鲁豫报告：

1. 我以二十万人进行复堤工程，第一步二十天计划已完成，花钱一百万法币以上，救总[1]不给钱，使我产生极大困难。

2. 由花园口至东明段二百里是国民党区，根本未进行复堤工程，却在南岸筑一长堤，其用意在于放水北流，淹我解放区。如国民党不在这二百里路复堤，我们在下游的工程毫无用处。

3. 花园口已于二十二日开始抛石，拟估计一个月可完成放水，顽方正积极挖引河，准备放水。

二、黄河问题已到最严重关头，国民党（包括马歇尔）放水淹我解放区，隔断我山东、华中的阴谋已十分清楚。

三、如我不在半月内或在外交上有有把握的成就（主要是停止堵口）或在军事上做坚决的斗争，则黄泛必然大祸临头，不堪设想。

---

* 这是邓小平和刘伯承、薄一波、杨秀峰关于黄河复堤工程问题给中共中央并转南京中共代表团周恩来、董必武的电报。

四、我们现已停止第二步复堤工程（没有钱，也没有用），中心是号召人民保卫生命财产。

五、继续休战与我有利，但对黄河问题困难增多、危险加大。

六、请中央考虑指示方针，请周叶[2]示以外交可能程度。

刘邓薄杨

午江

注　释

〔1〕救总，指国民党政府行政院善后救济总署。

〔2〕周，指周恩来，当时在南京任中共代表团团长。叶，指叶剑英。

电慰北撤抵烟东江纵队[*]

（一九四六年七月十日）

你们为争取全国和平民主，忠实执行中共中央的和平方针，忍痛让出血战八年艰苦创造的东江解放区，离别家乡亲朋父老，毅然北撤，博得国内外人士一致的同情与赞扬。在此，仅向你们致以亲切之慰问！现今内战烽火弥漫，愿共同携手保卫和平，予好战之徒以严重打击！

刘伯承　邓小平

七月十日

关于反对蒋介石出卖祖国
进攻我解放区的军事斗争纲领 *

（一九四六年七月十三日）

关于反蒋介石出卖祖国、进攻我解放区的军事斗争纲领：

一、蒋介石出卖祖国，美帝国主义者从军事、政治、经济、文化上发挥其对殖民地的统治作用，以支援蒋介石独裁政府，扩大反独立、民主、和平的内战。他们将继承与发挥过去反共反人民一套经验，以摧毁我民族独立、民主自由、和平建设的力量。估计蒋介石对各种地区的进攻做法如下：

1. 在蒋军占领区，加强特务、保甲、警管区法西斯的统治，镇压民族独立、民主、和平的运动，以买办官僚资本，结合美帝国主义垄断资本，摧毁民族工业。尤其繁重的捐税压榨，使所造成的灾荒逐渐扩大，民不聊生。由于大量抽调正规军进攻解放区，杂牌地方异己军队被吞并排斥，后方空虚，不能不以各地方部队参加后方守备与清乡。

2. 对蒋我交界区，一般逐步蚕食，步步为营，但也有

---

* 这是邓小平和刘伯承、薄一波、王宏坤、张际春向晋冀鲁豫军区所属部队和解放区地方部队发出的中共晋冀鲁豫中央局、晋冀鲁豫军区的军事斗争纲领。

跳跃蚕食者。其特务机关除向我腹地布置里应外合的奸细情报网外，普遍结合伪军组织地主与汉奸还乡队、爱乡团、复仇队等大批地主武装，为正规军的前驱，布成所谓外干中强的阵势，实行打篱笆与奔袭战术，杀人不惜命，镇压人民翻身运动，侵蚀边地，藉以造成赤白对立，以封锁解放区。特别对黄河归故堵口不复堤，意在淹没解放区，并企图造成黄泛区与解放区人民对立。蒋之嫡系军队则控制与驱策杂牌军向我进攻的同时，巩固与扩大进攻基地。

3. 对解放区，现在蒋军在整军掩盖下，美帝国主义装备以飞机、装甲、火车、汽车、坦克、大炮、火箭筒以及火焰喷射器等，正集中于其进攻基地，将在恢复交通与自卫的口号之下，各路长驱直入，分进合击，企图消灭我有生力量，控制铁路矿山，以便输送大军获得补给资材，发挥现代技术之长，尤其利用快速部队的威力，欲先压缩我军于农村，以攻山地而便于各个消灭之。阎锡山采纳日本顾问意见，正扩大筑城用的水泥生产，训练装甲车如何掩护铁路输送突击兵团，辗转突击，在此地突击成功，将转移彼。在突击之前，即筑水泥碉堡固守之。

二、各军区、纵队军事指导要则。

必须贯通发挥与统一上述的蒋军占领区、蒋我交界区和解放区各种不同的保卫民族独立、和平、民主、民生的战斗力量，有机地协同动作，以争取军事胜利。就是依托解放区的基本力量，展开蒋军占领区民族、民主的统一战线，展开合法结合武装的斗争。用隐蔽合法的斗争方式，把我们的力量进到国民党区域中去。开展高树勋运动[1]，强化边地反蚕食斗争，消除赤白对立，以适应我们积极自卫的作战，粉碎卖国贼的进攻。在这样作战指导中，要正确估计现在敌我各种力量的变化，各有强弱之点，尤要发扬我们抗日战争中的经验，而求其适应情况的长趋进步，才能于半年左右争取作战的胜利，以达成独立、和平、民主总的任务。

三、组织军事斗争的几个要点。

1. 运动战与游击战的有机配合。集结野战军（基干部队），宽大机动消灭敌人有生力量。野战军寻求有利时机和地点，作宽大机动，结合当地军区部队人民武装，大量消灭敌人，力争主动，使战局向有利方向发展。在军区范围内，大小各级的一元化的作战集团，由于各有人民武装，各有分队活动，尚各有其野战兵团实行机动突击，因而遂各有独立作战。但各军区主要决战方向，必须从数量、质量上增强野战军（基干部队），使之形成重点大踏步的追击，抓住敌人弱点，消灭其有生力量，争取胜利。须知作战胜利自然极为宝贵，但仍然是局部的小胜利，而主要作战胜利才是全面的大胜利，这是与抗日战争尤其中期所不同的特点。这是我军发展壮大与客观要求的作战法则，此点必须弄清。为得如此，又必须有计划地健全县区村指挥部及其所属自卫队、民兵与适当数目的县区村干队，才可以使游击面积宽大而有力（过去对县区扩大部队，尤其开展游击队指导与表扬不够），也才可以由此增强军分区以上的野战军的兵力及其集结进行宽大的机动，求得抓住与突击敌人弱点。否则，县区游击集团不健全，反而将军分区以上基干部队平均分配于各县以行分散，游击指挥不一致，策应不灵活，致胶着于狭小地区，则无所谓机动，这将是暴露给敌人以各个击破的严重弱点。我们以前的历史经验即集中主力主动地机动地各个消灭敌人，如果处处顾全，必然引起处处失利。

2. 蒋我交界区及边沿地带的斗争。无论敌人逐步蚕食或跳跃蚕食，在敌人后方要留置或派出必要部队与工作人员繁殖游击战争，以配合正面的抗击，才能使敌人陷于腹背受敌的地位。同时，发展革命两面政策（边沿地带合法斗争与非法斗争相结合），才可以消除赤白对立，而便于掩护游击队的生存与发展。由党政军民组成的武装工作队或秘密工作人员派往敌人后方，之后必须使之散布生根，结合群众切身利益，适应各种情况去斗争，即在国民党区域发展我之力量，为适应斗争需要与蒋我之交界区在敌人侧背活动之。武工队应生根繁殖壮大，成为强有力的县区干队。而各该县区干队，又必须从政治、军事上提高质量，使之具有与武工队同等的战斗力。边地游击守备地带乃由一元化各县区指挥部及其游击集团组成纵横的联防游击，形成横条的地带，其机能为：（1）滤敌方渗透我区之毒，厉行防谍。（2）抗击蚕食。（3）消除赤白对立，开展敌人后方工作。（4）组织情报网以为纵深地带联防村庄警报，使其减小重层放哨的劳动力。其次，各县区指挥部要指导所属游击兵团进行道沟、地道、掩袭洞、隐蔽洞、据险机动作战工事等的构筑，以便于坚持游击，奇袭敌人，结合（支持）群众斗争。特别要展开普遍群众性爆炸运动，地雷封锁与配合伏击，尤其是炸药爆破，去破坏铁路与公路及据点、堡垒，以断敌人之后方补给。同时空舍清野，以断其就地取食。如此，足以限制敌人现代装备的大军辗转作战，足以消磨摧毁其活动能力，再加上政治的瓦解，争取以配合我军野战军（基干部队）机动作战。那么，我们消灭敌人是有相当条件和足够信心的。我们人民军队是白手起家，由三条半枪建军，不断战胜优势敌人的历史一定要发扬。再者，为着进行有力的边地斗争和不断地施行爆破和政治攻势，在所有铁路干线两侧组织数队至十数队武工队，抽调有经验的勇敢的军政干部领导，加以短期训练，派出活动，在每个武工队（约三四十人一队）中必须有一个强有力的爆破班务，使其能在一声号令之下同时动作，使敌人的交通干线支离破碎。

3. 野战军（基干部队）在各地实行少而扼要的要点守备与移动防御，以钳制敌人，消耗敌人，争取时间。其目的原是掩护自己的弱点，创造敌人的弱点，以辅助主力进行自身的或友邻的进攻，机动消灭敌人。在要点构筑掩蔽的据点，必须十分节约守备兵力（如同时同地以重兵守备工事，则减少了反突击队，必然消极挨打）。抽集主要的兵力位于适当的机动位置，窥视敌人弱点，进行内守外攻或进行突击与反突击和发扬奔突剿击伪军的经验，机动消灭之，以避免消极挨打。这要各野战军（基干部队）指挥员调查研究，判断敌情，拟定通盘计划，指导所有一切力量协同动作，即使是友邻战略区的力量也要主动请求其协同动作，力求打有目的、有准备、能消灭敌人的仗，而不打无目的、无准备、徒消耗自己的仗。

4. 练兵是胜败关键之一。所以，训练战斗急需的技术战术是战前、战中、战后急切的准备工作。部队各就现地，务须抽出时间贯彻练兵计划，基干部队要注意步兵、工兵、炮兵协同动作，对某些组织战斗没有主攻助攻的协同，尤其在炮兵、工兵发扬火力时，步兵不乘势迅速突击以致失利，甚至逐次调用，被敌各个击破的流血教训，进行反复告诫。

特别要根据敌情，依本身任务进行预习，在战斗结束后立刻作经验结论，以行教育。敌人新式兵器如飞机、装甲车队（坦克、汽车）、化学兵种（如火焰喷射器这类东西），必须预先研究对付手段，编出教材，贯彻部队练习，切不可在精神上防护、训练上毫无预备。保守军事秘密，节省弹药，要通过干部反复训练部队。军事政治纪律乃我军生命线，尤要首长亲自领导整饬之。干部除练兵外，还要认识战斗不只斗力，更重要的是斗智。必须进行本职战术学习，要善于侦察研究判断敌情，善于发挥我军之力量及长处，以痛击敌人弱点而消灭之的艺术。这只有遵守毛主席放下包袱、打开脑筋的教导去学习毛泽东军事学说（遵义会议决议[2]、中国革命战争的战略问题、游击战争战略问题、论持久战等），并生动运用之于实战中，才可以成为智深勇沉的将校。

5. 自卫队尤其民兵的建设与锻炼。自卫队尤其民兵的组织，必须与农民翻身运动结合进行。要选拔群众领袖为其首长并不断培养之。它是人民军队的源泉，在斗争中将起决定作用。各军区、各军分区要用大力健全武委会与其他一切基层组织，并普遍检查一次。要抓紧对民兵实施军事训练、防谍教育与政治工作，尤其是支部工作，提高政治觉悟，使之认识武装斗争是人民自己解放的重要手段，以加强其斗志。在适当的作战地点有计划地给民兵以示范的战斗锻炼，这在将要作战与可能发生敌人奔袭之地区，实行战斗准备特别重要。要充分估计到某些中心地区也有可能到达敌人，所以在一切中心地区都必须加强人民武装的工作，切不可松懈斗志。对于土豪劣绅的反攻、特务的破坏，亦须严加防止。

6. 对蒋占领区的工作。各军区必须将抗战时武工队工作方式方法的经验再提高一步，各向其接壤的蒋占领区有计划有步骤地去开展工作。自蒋占领区撤出的工作人员和积极分子，应领导其研究该区现在的情况，提出行动口号，加以政策策略和工作方法的训练，即可以组成武工队秘密前去。其做法着重于适当的政治攻势，进行民族民主统一战线，结合群众利益采取合法方法，进行反特务、反苛难、反抓丁的斗争，并可发展武装支持其合法斗争，打入其军事、政治、社会各种组织，取得合法地位，隐蔽埋伏，便于潜藏人民力量。特别要开展保护群众利益运动，逐渐提高群众觉悟。向农村、城市敌军地下发展，在适当时机开展高树勋运动，以利于里应外合的工作。

7. 保证充分的战斗后备力量。首先是兵员补充，要用最大努力补充各个野战兵团，并在每个军区成立若干补充部队，使野战兵团能够连续作战。对于作战的弹药、炸药、医药及物质供给，应尽一切可能与努力筹备之，减少前线困难。在一切部队中尤应加强巩固部队，消灭非战斗减员并保证弹药物资的节省。

8. 保守军事秘密为制胜与失败的重要关键。这是我军历史上不可一时忘记的严重教训。应在机关中、部队中、群众中进行深入教育，特别要采取有效的组织办法加以保证。各级首长对此务须亲自动手，万勿马虎。

注　释

〔1〕高树勋运动，一九四五年十月三十日，国民党军第十一战区副司令长官兼新编第八军军长高树勋率新八军等部一万余人在邯郸内战前线起义，在全

国影响很大。为了进一步加强分化、瓦解国民党军队和争取国民党军队起义的工作，中共中央决定对国民党军队开展宣传运动，号召国民党军队中的官兵学习高树勋部队，拒绝进攻解放区，在内战战场上实行怠工，和人民解放军联欢，举行起义，站到人民方面来。这个运动，被称为"高树勋运动"。

〔2〕遵义会议决议，指一九三五年二月中共中央政治局会议通过的、张闻天根据毛泽东在遵义会议上发言内容起草的《中共中央关于反对敌人五次"围剿"的总结的决议》。《决议》着重总结了第五次反"围剿"失败的经验教训，重新肯定了毛泽东等指挥红军多次取得反"围剿"胜利所采取的战略战术原则。

发动群众执行纪律，
反对自由主义 *

(一九四六年八月四日)

目前部队的纪律是不好的。但根据卫河支队^[1]的实际调查结果，破坏纪律的人，在一百人当中只有三个，问题之所以严重，是在于这一百人中的九十七个人，对三个破坏纪律的分子采取自由主义态度，这九十七个人当中也包括负责干部在内。卫河支队有一个连队有五个破坏纪律的，由于连队里的党员团结了积极分子，一共七十五个人，在半年中改造了那五个人，创造了模范连。所以要在所有的部队里，发动执行纪律的群众运动。这一运动要实行下列的三条：一、百分之九十七的人应对百分之三破坏纪律的分子发动群众性的检查，坚决反对自由主义的态度；二、各级首长负起责任来，决不能纵容；三、把纪律执行起来。

卫河支队的事实说明，百分之九十七的人是完全可以保障纪律执行并教育改造那百分之三的人，问题是我们有些同志还未觉悟到这百分之三破坏我们百分之九十七的名誉的严

---

* 这是邓小平在晋冀鲁豫野战军第七纵队干部会议上讲话的一部分，发表在晋冀鲁豫军区政治部一九四六年九月十一日出版的《人民的军队》报。邓小平当时任晋冀鲁豫野战军政治委员。

重性，从而纵容、包庇、原谅这些破坏纪律的人，使得正气不能抬头，这是一种自由主义的作风。今后必须发动群众性的检查、监督与批评，使整顿纪律的运动发动起来。在这个运动中，各级首长是应该负责的。如果发生破坏纪律的现象，该部队首长是不能没有责任的，至少是一种纵容。所以首长负责是很必要的。

纪律有了，更重要的是把它执行起来。我们耐心地说服教育，已经等待好久了。有的同志甚至公开表示要等待思想打通了才执行纪律，我们的军队就要成了只有打仗、只执行作战命令还可以的军队了。如果军事纪律、群众纪律、经济纪律不执行起来，纪律可有可无，那么就要搞到连打仗也不行的地步了。一定要警惕到，群众不是命里注定要跟我们走的，如果我们纪律不好，如果国民党军队纪律好，为什么老百姓不可以跟国民党走呢？现在宣布：既往不咎，今后纪律一定要执行。你思想没有打通，可以保留，到党的会议上去说，去检讨，但纪律须得马上执行。不然为什么要规定一个党章？不然为什么党章要坚持列宁的原则，而不降低到马尔托夫[2]的原则呢？

百分之九十七的人团结起来，反对百分之三破坏纪律的分子。首长负起了责任，纪律执行起来，我们军队的纪律是一定可以整顿好的。

注　释

〔1〕卫河支队，这里指晋冀鲁豫野战军第七纵队第二十一旅第六十二团，其前身为抗日战争时期成立的八路军晋冀鲁豫军区第九军分区卫河支队。

〔2〕马尔托夫，俄国孟什维克代表人物之一。一九〇三年在俄国社会民主工党第二次代表大会上，主张任何人皆可自行列名入党，不必参加党的组织和服从党的纪律，反对列宁的建党原则。十月革命后，对苏维埃政权采取敌对立场，一九二〇年逃亡国外。

豫皖苏边区组织与任务[*]

（一九四六年十一月一日）

中央并薄王宋：

已派吴张[1]近日赴陇海路南组织豫皖苏边区，党委及军区统一领导六、十两分区，该地区目前任务与方针由芝圃同志提出意见，并经我们同意如下：

一、在坚持斗争中求得发展，首先打通豫东、皖北，并逐渐向黄水以南开拓游击区。加强顽统治区秘密工作，组织民变，求得逐渐和在有利形势下，打通与豫皖和豫西的联系。

二、为完成此任务，主要以展开群众性的游击战争，打击反动派，控制广大乡村及小城镇，保护人民利益并积极发动群众，扩大地方武装，培养地方干部，与人民建立血肉不可分的联系。同时，注重国军工作与其他战线工作，孤立敌人。

三、在思想上，坚定干部胜利信心及使对今后困难有充分估计，作长期打算，并防止干部和部队脱离群众的不良倾向。在组织上，要短小精干，适合环境。在政策上，要以团

---

　*　这是邓小平和刘伯承、滕代远、张际春、杨立三给中共中央并告薄一波、王宏坤、宋任穷的电报。一九四六年十一月八日，中共中央复电批准，中共豫皖苏区委和豫皖苏军区正式成立。

结大多数，打击面小、得利面大为出发点，以各种口号和方针于群众兴利除弊，同时不放松在可能条件下解决土地问题，或使群众获得可能得到的利益，并注意合法斗争、公开武装斗争的配合。

四、区党委确定吴芝圃（书记）、张国华、王其梅（原豫东地委书记）、金绍山（豫东司令）、张太生（八分区司令）、寿松涛（八分区副政委）、何启光（八分区副地委书记）七人组成。

五、许多具体问题，则到该地研究后再确定。以上意见是否适当，请示。

刘邓滕张杨

戊东

注　释

〔1〕吴，指吴芝圃，当时任中共中央华中分局第八地委书记、华中军区第八军分区政治委员，一九四六年十二月任中共豫皖苏区委书记、豫皖苏军区政治委员。张，指张国华，当时任晋冀鲁豫军区第七纵队副政治委员，一九四六年十二月任豫皖苏军区司令员。

严明战场纪律的指示 *

（一九四六年十一月四日）

过去我军的战场纪律尚不够十分严明，以致影响到未高度彻底地消灭敌人，影响到我军争取独立民主和平的政策和政治声誉，特明令规定：

一、一切上级的命令必须严格执行。特别要发扬政治责任心、政治热情，想到和做到一切可能的方法克服困难，达成命令所规定的任务，不得有任何苟安、推诿、犹豫和不坚决执行以致故意违抗的现象。

二、在一处敌人已被消灭或大部消灭时，首先派出战场内的追击队追击逃走之敌，然后指定战场扫除队打扫战场，或留少数兵力肃清战场散伏残敌，其余部队应即迅速集结，整理就绪，恢复组织，以便组成有力的追击队，继续战场内的追击而发扬广大之，或者以此协助友邻或单独进攻他处之敌，扩张战果。不得有乱抢胜利品和私物而不重整力量，以现形成混乱，丧失战斗意志，甚或互相斗夺，妨碍战斗团结，放松彻底追灭逃敌、放松再攻他处敌人时机的现象。

三、一切胜利品如武器、马匹、弹药、车辆、粮食、服

---

* 这是邓小平和刘伯承、滕代远、张际春、李达给薄一波、王宏坤，晋冀鲁豫野战军各纵队和各军区首长及全体指战员和工作人员并报中共中央军委的电报。

物和其他器材等均应成为强化人民军队的财源，作为公物必须切实爱护保管，呈报上级以便妥为分配与处理，不得有看作个别单位或少数人的私有物而私自隐瞒或任意损坏，以致变卖等现象。

四、俘虏政策必须严格遵守。一切放下武器的敌方官兵，除严加管理、严加警惕和看守、勿使逃散并严格搜出官长和武器外，不得有任何搜腰包和变相搜腰包，以及侮辱其人格或随便放走遣散的现象。对俘虏必须严守我军秘密，一切可以经过俘虏泄露秘密的事项，均须切实防止。

图书在版编目（CIP）数据

邓小平文集.一九二五——一九四九年.中卷 / 邓小平
著. -- 北京 ：人民出版社，2024.8. -- ISBN 978 - 7 - 01
- 026800 - 2

Ⅰ. A491

中国国家版本馆 CIP 数据核字第 20249AF896 号

邓 小 平 文 集
DENG XIAOPING WENJI
（一九二五——一九四九年）
中 卷

邓小平 著

人民出版社 出版发行
（100706 北京市东城区隆福寺街 99 号）

北京新华印刷有限公司印刷 新华书店经销

2024 年 8 月第 1 版 2024 年 8 月北京第 1 次印刷
开本：680 毫米×960 毫米 1/16 印张：24
字数：276 千字 印数：00,001—20,000 册

ISBN 978 - 7 - 01 - 026800 - 2 定价：70.00 元

邮购地址 100706 北京市东城区隆福寺街 99 号
人民东方图书销售中心 电话 （010）65250042 65289539